COURS COMPLET DE GÉOGRAPHIE

à l'usage de l'enseignement secondaire (programmes de 1902)

LA FRANCE

ET SES COLONIES

PAR

E. GUILLOT

AGRÉGÉ DE L'UNIVERSITÉ
PROFESSEUR D'HISTOIRE ET DE GÉOGRAPHIE AU LYCÉE CHARLEMAGNE
ET A L'ÉCOLE SUPÉRIEURE DE COMMERCE
SECRÉTAIRE DE LA SOCIÉTÉ DE GÉOGRAPHIE COMMERCIALE DE PARIS

Ouvrage contenant 28 cartes ou croquis en noir
et 40 gravures intercalées dans le texte

PREMIER CYCLE
CLASSE DE TROISIÈME

PARIS

LIBRAIRIE CLASSIQUE EUGÈNE BELIN
BELIN FRÈRES
RUE DE VAUGIRARD, 52

1905

SAINT-CLOUD. — IMPRIMERIE BELIN FRÈRES.

AVERTISSEMENT

Les nouveaux programmes établis en 1902 vont, en ce qui concerne la géographie, recevoir leur application intégrale et définitive dès la rentrée d'octobre 1905; or ils prescrivent, dans la classe de Troisième des lycées, l'enseignement de la Géographie de la France et de ses colonies, digne couronnement des études faites dans les classes précédentes du premier cycle sur les pays étrangers et sur l'Europe.

Le temps consacré en Troisième à la géographie étant fort limité, et la méthode prescrite différant sensiblement de celle qui doit être plus tard employée pour l'étude de la France dans la classe de Première, il nous a semblé utile de présenter aux jeunes élèves un manuel court et simple, facilement accessible à tous, et qui leur permît de coordonner et d'éclairer le cours forcément restreint du professeur.

Sa composition a été inspirée par les mêmes principes que nous avons exposés ailleurs : emploi de la méthode descriptive, la seule vraiment rationnelle et profitable; exclusion, sauf dans la géographie administrative qui n'est guère qu'un tableau, de tous les noms auxquels ne se rattache pas une idée, un fait ou un souvenir; enfin proscription rigoureuse des termes techniques difficiles ou des néologismes prétentieux, qui troublent le plus souvent l'élève et ne sont guère qu'un vain étalage de science.

Qu'il nous soit permis, avant de terminer, d'exprimer un regret auquel s'associent la très grande majorité des professeurs chargés de l'enseignement de la géographie. Il suffit de parcourir les nouveaux programmes pour être frappé de la place si restreinte accordée à la géographie au profit d'autres notions dont l'utilité est plus que contestable. Plus que jamais s'impose donc la nécessité de faire court sous peine d'être en contradiction avec l'esprit même des programmes. Nous avons dû, quoique à regret, nous conformer à cette exigence, souhaitant bien vivement qu'un jour vienne où la géographie puisse enfin obtenir dans l'enseignement la place à laquelle elle a droit et que les programmes de 1902 n'ont pas jugé à propos de lui accorder.

Paris, mai 1905.

PROGRAMME OFFICIEL DE GÉOGRAPHIE

(31 mai 1902)

PREMIER CYCLE

CLASSE DE TROISIÈME

La France et ses colonies.

Géographie physique. Notions élémentaires de géologie. Relief. Climats. Cours d'eau. Côtes. Ressources naturelles.

Géographie politique. Organisation militaire. Organisation administrative. La frontière.

Géographie économique. Traits caractéristiques.

Les colonies. L'Algérie; le protectorat de Tunisie; l'Afrique française; Madagascar; l'Indo-Chine; les colonies du Pacifique; les colonies d'Amérique.

GÉOGRAPHIE DE LA FRANCE

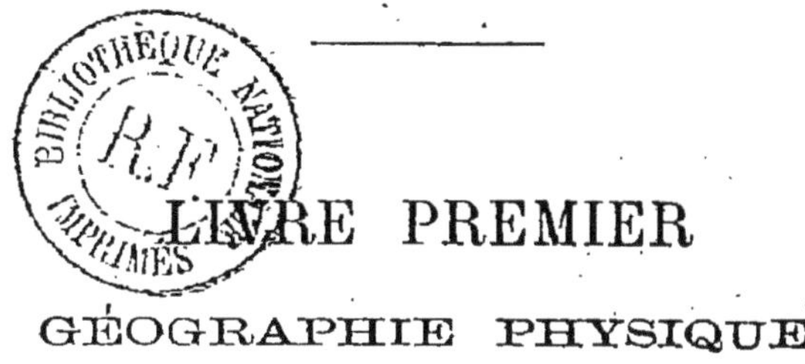

LIVRE PREMIER

GÉOGRAPHIE PHYSIQUE

CHAPITRE PREMIER

Situation et limites de la France. Sa formation géologique.

I. — Situation de la France

La France est située dans la zone tempérée de l'hémisphère boréal, et occupe à l'extrémité de l'ancien continent l'isthme assez étroit qui sépare l'Océan de la Méditerranée. Elle ne représente que la 250e partie des terres du globe et la 18e partie de l'Europe. Dix fois plus petite que la Russie, elle se rapproche par **sa superficie** qui est d'environ **536000 kilomètres carrés**, de l'Espagne, de l'Allemagne, de l'Autriche-Hongrie. Ses proportions sont assez régulières (environ 1000 kilomètres du nord au sud et 900 kilomètres de l'est à l'ouest). Comprise entre le 42° 20′ et le 51° 5′ de latitude nord, entre le 7° 8′ de longitude occidentale et le 5° environ de longitude orientale, la France ressemble à un **hexagone** dont les côtés seraient formés par des lignes allant de Dunkerque à la pointe Saint-Mathieu, de la pointe Saint-Mathieu à la Bidassoa, de la Bidassoa au cap Cerbera, du cap Cerbera au ruisseau Saint-Louis, du ruisseau Saint-Louis au mont Donon, et du mont Donon à Dunkerque.

II. — Caractères généraux de la France

Cette position, en assurant à la France plusieurs avantages, explique la plupart des événements de son histoire et le rôle qu'elle a joué à travers les siècles.

Pays essentiellement tempéré et moyen, la France n'a à subir ni les froids rigoureux de la Russie et les brumes intenses de l'Angleterre, ni les chaleurs torrides de l'Espagne et de l'Italie méridionales : aussi les productions des pays du nord et du midi se trouvent-elles réunies sur son sol.

Par **sa situation sur deux mers**, et grâce à la médiocrité du relief de l'isthme qui la constitue, la France, présentant des communications faciles entre l'Océan et la Méditerranée, est merveilleusement disposée pour le commerce de transit entre l'Angleterre et l'Orient, dont le percement du tunnel de Fréjus lui assurait jadis la possession, et dont l'ont privée le percement du Saint-Gothard et le chemin de fer qui aboutit aujourd'hui à Salonique. La France est le pays de l'Europe où l'on passe le plus facilement d'un versant à l'autre.

Tandis que l'Espagne, tournée surtout vers l'Océan, est séparée du reste de l'Europe par la muraille abrupte des Pyrénées, que l'Italie et la presqu'île des Balkans sont des régions purement méditerranéennes, la France, touchant à la fois à l'Océan et à la Méditerranée, **a pu successivement porter son activité dans deux directions** : au dix-septième siècle elle a colonisé le Canada, de nos jours, l'Algérie et la Tunisie.

Enfin les **principales formes du relief de l'Europe se trouvent résumées en France**; la grande plaine russe, allemande et belge, se continuant à travers les régions qu'arrosent la Seine, la Loire et la Garonne, vient finir au pied des Pyrénées; la France possède une partie des Alpes, qui forment pour ainsi dire l'ossature du continent européen; le Jura est partagé entre la France et la Suisse, les Vosges entre la France et l'Allemagne, les Pyrénées entre la France et l'Espagne. Un seul groupe de montagnes, le massif central, est entièrement français.

III. — Formation géologique de la France

Formation lente du sol de la France. — Le sol de la France, tel qu'il existe aujourd'hui, avec ses montagnes, ses plaines et son réseau hydrographique, s'est formé lentement et par des révolutions successives, dont on peut, grâce à la géologie, suivre la manifestation générale. Pendant des périodes géologiques, dont chacune a duré des milliers d'années, les soulèvements des principaux massifs montagneux se sont produits, et en même temps des dépôts successifs ont peu à peu comblé la mer primitive, réunissant entre eux les îlots montagneux jadis isolés, et contribuant à donner à notre pays sa forme et sa composition actuelles.

On distingue dans la formation graduelle du sol de la France quatre grandes époques géologiques, que l'on désigne sous les noms de **périodes primaire, secondaire, tertiaire** et **quaternaire**.

Période primaire. — Au début de la période primaire, la **France future n'est représentée que par quelques massifs montagneux** formés de terrains primitifs, émergeant au-dessus de la mer qui les sépare les uns des autres. Telles sont les roches granitiques du massif central, la partie granitique des Alpes et des Pyrénées, les collines de Bretagne, du Cotentin, du Poitou et le massif du Morvan. Dans cette période primaire, les Vosges soudées à la Forêt-Noire et les Ardennes rattachées aux collines et plateaux de l'Allemagne occidentale ont également émergé; enfin les dépôts de végétaux formés dans les tourbières, les lacs ou les golfes marins ont produit l'accumulation des **terrains carbonifères**. Les roches primaires composent ainsi plus du tiers de la superficie de la France[1].

Période secondaire. — Au commencement de la période secondaire, la France n'est donc constituée que par quelques îlots montagneux dont le principal est celui qui portera plus tard le nom de massif Central. **Trois grands golfes marins** le séparent des autres îlots émergés : au

---

1. Superficie des terrains primaires en France : environ 190 000 kilomètres carrés.

nord, le **golfe parisien**; au sud-ouest, le **golfe aquitanique**; au sud-est, le **golfe méditerranéen**.

Terrains calcaires. — Des dépôts de trias, de calcaire, puis de craie, se sont accumulés au fond de ces golfes dont ils ont rétréci peu à peu les rivages, provoquant l'émersion de terrains nouveaux qui ont commencé à opérer la jonction entre les îlots montagneux datant de l'époque précédente[1]. Le **trias**, qui tire son nom de sa subdivision très nette en trois étages et qui comprend le grès, le calcaire coquillier et les marnes irisées, se trouve principalement dans le plateau de Lorraine, entre les Vosges et Nancy.

Les **terrains calcaires jurassiques** se sont déposés suivant un plan merveilleusement régulier, et constituent ce qu'on appelle le **grand 8 jurassique**. Ils ont en effet la forme d'un X ouvert vers le nord et presque fermé vers le sud (8). La boucle méridionale circonscrit presque entièrement le massif central auquel elle est bien inférieure par l'altitude; la boucle septentrionale, au contraire, est disposée concentriquement autour des terrains crétacés et tertiaires qui constituent le bassin géologique de Paris, et possède une altitude bien supérieure à celle des terrains qu'elle entoure. D'après cette disposition générale, **on trouve le terrain jurassique**, en faisant le tour du massif central, dans les Causses, le Quercy, une partie du Poitou, le Berry, le Nivernais, la Côte-d'Or, le plateau de Langres, l'Argonne et le Jura tout entier. Le terrain calcaire se trouve en Normandie, depuis la Sarthe jusqu'à l'embouchure de l'Orne et à la baie d'Isigny; une grande partie des contreforts des Alpes françaises, et dans les Pyrénées, le pays basque, au sud de la Bidassoa en sont composés; enfin, le Boulonnais forme dans le nord de la France un petit îlot jurassique.

Terrains crétacés. — Après les dépôts calcaires, **des dépôts de craie** sont venus ensuite s'accumuler en zones concentriques autour de la plaine tertiaire dont Paris occupe le centre. **Ils constituent** les pays de Caux et de Bray, la Champagne, se trouvent en bandes étroites, dans la Bourgogne, vers Auxerre; dans le Berry, vers Sancerre; dans les vallées du Cher, de l'Indre, de la Vienne; dans

1. Superficie des terrains secondaires en France : environ 180 000 kilomètres carrés.

l'Anjou, le Maine et dans la partie de la Normandie à gauche de la Seine. Au nord et au sud des Pyrénées françaises se développent deux lisières continues de terrains crétacés; la Saintonge et une partie du Périgord en sont composés; enfin, quelques bandes éparses se trouvent sur la rive droite du Rhône, entre Viviers et Tarascon, et dans les contreforts des Alpes françaises.

Période tertiaire. — Durant la **période tertiaire, de nouveaux dépôts** sont encore venus réduire l'étendue des golfes parisien, aquitanique et méditerranéen. **Les terrains tertiaires composent la plus grande partie des plaines de France**, plaines de l'Escaut, de la Seine et de la Loire moyenne, de la Garonne, de la Saône, région entre l'Aude et le Rhône, plaines du Forez et de la Limagne enclavées dans le massif central. De terribles **éruptions volcaniques** produisent à la même époque les laves et les basaltes du massif central, en même temps que se manifestent dans les Alpes et les Pyrénées des **soulèvements** qui bouleversent les dépôts déjà accumulés[1].

Période quaternaire. — La **période quaternaire** ou moderne, à laquelle se rattachent les modifications qui s'accomplissent chaque jour sous nos yeux, est inaugurée par l'**érosion d'immenses glaciers**; tel était le grand glacier qui allait de la Furka au lac de Genève, les glaciers des Vosges qui remplissaient les vallées où coulent aujourd'hui la Moselle et ses affluents supérieurs; d'autres glaciers occupaient, dans la région pyrénéenne, les futures vallées de l'Ariège, de la Garonne, de l'Adour et du Gave de Pau.

Puis le **climat s'adoucit**, les **eaux courantes prirent naissance** et commencèrent à charrier les débris du sol en même temps qu'à creuser leurs vallées; les **volcans du massif central vomirent de nouvelles laves** et l'Homme apparut sur la terre.

Depuis ce moment, le relief et l'aspect du sol intérieur ou des contours de la France n'ont cessé de changer sous l'influence de causes très nombreuses. **Des alluvions** ont comblé les anciens golfes de Flandre et du Poitou, et se sont accumulées le long de la côte des Landes. Les étangs du

---

1. Superficie des terrains tertiaires en France : environ 150 000 kilomètres carrés.

littoral du Languedoc sont peu à peu fermés ou comblés par les apports constants du Rhône, dont le delta augmente chaque jour; enfin, quelques alluvions se remarquent également dans les plaines que traversent les grands fleuves français.

CHAPITRE II

Relief de la France. — Le massif central.

Montagnes et plaines de France.

Aspect général du sol français. — Si l'on joint par une ligne droite Bayonne à Givet, on divise la France en **deux parties d'aspect très différent** : à l'est, **la région de montagnes et de plateaux**; à l'ouest, **la région de plaines**, à peine sillonnées par quelques massifs de collines isolés.

La **plaine française**, continuation des plaines russe et allemande, se développe presque sans solution de continuité depuis les terres basses de la Flandre jusqu'au pied des Pyrénées : elle est généralement inclinée du sud-est au nord-ouest, dans la direction que suivent la Garonne, la Loire et la Seine; cependant, une longue dépression, dirigée du nord au sud, et marquée par les vallées de la Saône et du Rhône, est enclavée entre les Cévennes et leurs prolongements d'une part et les massifs alpestres de l'autre.

Presque au centre de la France, entre la Garonne, la Loire et le Rhône, s'étend un vaste groupe de montagnes et de plateaux où dominent les terrains primitifs : c'est le **massif central**, le seul complètement français. A l'est, entre la France et l'Italie, commence le plus important soulèvement de l'Europe, le **système des Alpes**, dont une petite partie seulement dépend de la France; plus au nord, entre la France d'une part, la Suisse et l'Allemagne de l'autre, partagés entre ces divers pays, s'allongent deux massifs moins élevés et moins épais, le **Jura** et les **Vosges**, que prolongent à l'ouest, jusqu'à la Moselle, le plateau de Lorraine, et, au delà de cette rivière, les **plateaux de l'Argonne et de l'Ardenne.** Au sud-ouest, vers la frontière espagnole, commune également à deux nations, la muraille des **Pyrénées** forme un système de montagnes extérieur à la France et constitue le talus septentrional du plateau de Castille, tandis qu'elle est séparée des autres montagnes françaises par la dépression qui s'ouvre entre l'Atlantique et la Méditerranée. Les Alpes, le Jura, les Vosges, les Pyrénées forment ce que l'on peut appeler le groupe de montagnes franco-européennes.

Enfin, **isolés au milieu de la plaine** française du nord-ouest, s'élèvent **quelques massifs de collines** tels que les hauteurs de Normandie et de Bretagne, les collines du Poitou et de Gâtine, et les faibles ondulations de la Picardie et de l'Artois.

Voies historiques de la France. — La nature géologique du terrain et la disposition du relief du sol français ont contribué à établir des lignes naturelles de communication auxquelles on peut donner le nom de « **voies historiques** », parce que tous les grands faits de l'histoire de la France se sont accomplis sur leur parcours. Le massif central a paru de tout temps aux hommes une contrée à éviter, à cause de la difficulté de ses abords, de la rigueur de son climat et du peu de fertilité de son sol. Aussi, tandis que les voies de la région du Nord de la France partent de Paris comme centre et rayonnent, sans rencontrer de difficultés appréciables, vers la Belgique, l'Allemagne, la Suisse, la région de la Loire et la Normandie, les voies terrestres ont dû se diviser pour éviter le grand obstacle du massif central.

L'une d'elles relie la vallée de la Seine à la plaine de la Saône et du Rhône, à travers la partie la plus basse de la Côte-d'Or. **Une autre, qui unit Paris à l'Espagne,** traverse la Loire, contourne à l'ouest les dernières ramifications du massif central et, par les vallées de la Vienne, du Clain et de la Charente, atteint Bordeaux, puis gagne à travers la plaine des Landes Bayonne et la Bidassoa.

Ces deux grandes voies sont reliées entre elles par **deux voies naturelles transversales,** l'une qui, se détachant de la Loire, remonte le long de l'Arroux et la Bourbince, et par la dépression qu'emprunte aujourd'hui le canal du Centre, atteint Chalon-sur-Saône; l'autre qui, partant de

Bordeaux, remonte la Garonne jusqu'à Toulouse, et, suivie aujourd'hui par le canal du Midi, traverse, à la base méridionale des Cévennes, la dépression du col de Naurouse, et, par la vallée de l'Aude, atteint la Méditerranée à Narbonne. Presque toutes les cités, dont les noms rappellent de grands souvenirs, sont situées sur les grandes voies historiques[1].

Les deux pôles de la France. — La disposition générale du relief de la France et des cours d'eau qui sillonnent les grandes plaines françaises a permis de distinguer deux pôles : le **massif central**, par son relief assez puissant, par la forme de ses vallées divergentes, par la pauvreté du sol qui force sa population cependant assez peu dense à émigrer, constitue ce qu'on appelle le **pôle répulsif de la France.** Paris, au contraire, par sa position au centre d'un important bassin géologique, et de la plaine tertiaire où convergent toutes les voies de communication de la France, à proximité de grands affluents qui conduisent vers la Belgique, l'Allemagne, vers les plaines de la Saône et de la Loire, forme comme une grande oasis entourée de régions fertiles; son choix, comme capitale du pays, est à la fois justifié par l'aspect physique du sol et par la géologie. **Paris** a été surnommé avec raison le **pôle attractif** de la France.

Le massif central.

I. — Caractères généraux du massif central

Limites; dimensions; forme; pentes. — Le **massif central**, qui couvre plus de la sixième partie de la France, comprend l'ensemble de montagnes et de plateaux situés entre les régions de la Loire, de la Garonne et du Rhône. Limité à l'est par les vallées de la Saône et du Rhône, au nord par la dépression du canal du Centre, au sud par le col de Naurouse, il s'abaisse au nord-ouest dans la plaine du Berry, au sud-ouest dans la plaine de Guyenne

1. Il suffit de mentionner Orléans, Blois, Tours, Poitiers, Bordeaux, Dijon, Chalon-sur-Saône, Lyon, Vienne, Avignon, Arles, Agen, Toulouse, Carcassonne, Narbonne, etc.

et s'arrête à l'ouest à la trouée du Poitou. Sa largeur est d'environ 300 kilomètres.

On a souvent comparé le massif central à un **trident** dont le support serait les Cévennes méridionales, et les trois dents seraient constituées par les montagnes appelées improprement Cévennes septentrionales, par les contreforts entre Loire et Allier, par les chaînes qui séparent la région de la Loire de celle de la Garonne.

Sa **pente** est double, car, tandis que les chaînes qui le constituent finissent presque à pic vers l'est, les terres sont inclinées vers le nord-ouest dans la direction de la Loire, de l'Allier, du Cher, de la Vienne, et vers le sud-ouest dans la direction du Tarn, du Lot et de la Dordogne.

Composition géologique. — Le massif central comprend des terrains de différentes époques. Les **terrains primitifs** (granit, gneiss, porphyre) dominent dans les collines du Beaujolais, du Lyonnais, dans la chaîne des Boutières, dans le massif des Bois Noirs et les monts de la Madeleine, dans la Margeride, les collines du Limousin, les monts de l'Espinouse et les Ségalas.

A la suite des éruptions volcaniques qui se sont produites durant les périodes tertiaire et quaternaire, **des granits recouverts de laves et de basaltes** composent les monts du Vivarais, du Velay, le plateau d'Aubrac et toute la grande chaîne des monts d'Auvergne.

Les **terrains calcaires** se rencontrent dans les collines du Charolais et du Mâconnais, dans les monts Garrigues et les plateaux des Causses.

Le coteau Saint-Félix, prolongement de la montagne Noire, forme un îlot de **terrain tertiaire**. Enfin les plaines du Forez et de la Limagne, enclavées dans le massif central, sont couvertes de terrains tertiaires et d'**alluvions**.

Climat; hydrographie. — La région du massif central est soumise à un **climat essentiellement continental**, qui a pour principaux caractères une faible moyenne de température[1], un grand écart entre les moyennes de température d'hiver et d'été[2], l'abondance des pluies et

---

1. La température moyenne de l'année, étant comprise entre + 9° et + 10°, est inférieure à la température moyenne de la France qui est + 11°.
2. La température moyenne de l'hiver, + 3°; température moyenne de l'été, + 18°.

la violence des vents. Les neiges qui séjournent souvent pendant six mois dans les monts d'Auvergne, et les pluies considérables dont la quantité, variable suivant les contrées, atteint jusqu'à deux mètres dans les monts de la Lozère, font du massif central un vaste réservoir hydrographique ; à l'est coulent des torrents dangereux qui viennent grossir le Rhône; au nord-ouest se détachent la Loire et ses affluents, l'Allier, le Cher, la Vienne; au sud-ouest le Tarn, le Lot, la Dordogne, viennent alimenter la Garonne.

Populations; productions. — La **population** de ces régions montagneuses peu productives est forte, rude, laborieuse, économe: mais les habitants émigrent fréquemment dans les villes voisines, dans les autres parties de la France et jusqu'en Espagne.

A l'exception des plaines du Forez et de la Limagne, anciens bassins lacustres devenus des régions agricoles assez importantes, le massif central forme une **contrée généralement pauvre** et peu fertile. On y trouve cependant de beaux **pâturages** où s'élèvent des races de bestiaux estimées (race charolaise et race de Salers).

Grâce à la disposition autour du massif central de **bassins houillers**, dont les principaux sont ceux du Creusot, de Saint-Etienne, de la Grand'Combe et Bessèges, de Graissessac, de Decazeville, de Champagnac et de Commentry, des **industries** mécaniques ou **métallurgiques** se sont établies dans ces différents centres. On fabrique les **draps** sur les deux versants des monts de l'Espinouse et de la montagne Noire (Castres, Mazamet, Bédarieux, Lodève, Saint-Pons). Des **manufactures de porcelaines** existent à Limoges et une manufacture de **tapisseries** à Aubusson.

Importance militaire. — Bien qu'éloignée des frontières, la région du massif central n'en a pas moins une grande **importance militaire**. Pendant la guerre des Gaules, et, au moyen âge, pendant les invasions anglaises, elle a été le dernier réduit de la défense nationale. C'est là que Soult, en 1814, et Chanzy, en 1871, proposaient de prolonger la résistance. Les voies ferrées qui jadis, par la vallée du Rhône, par la trouée du Poitou, le seuil de Chagny et le col de Naurouse contournaient le massif central en l'évitant, ont été raccordées par des voies nouvelles [1]. Clermont,

1. De Paris à Nîmes, par la trouée de Villefort; de Paris à Toulouse.

quoique ville ouverte, est devenue, grâce à sa situation, un centre de ravitaillement et l'arsenal de la France centrale.

II. — Description du massif central

Les Cévennes. — Le nom de **Cévennes** (du mot cel-

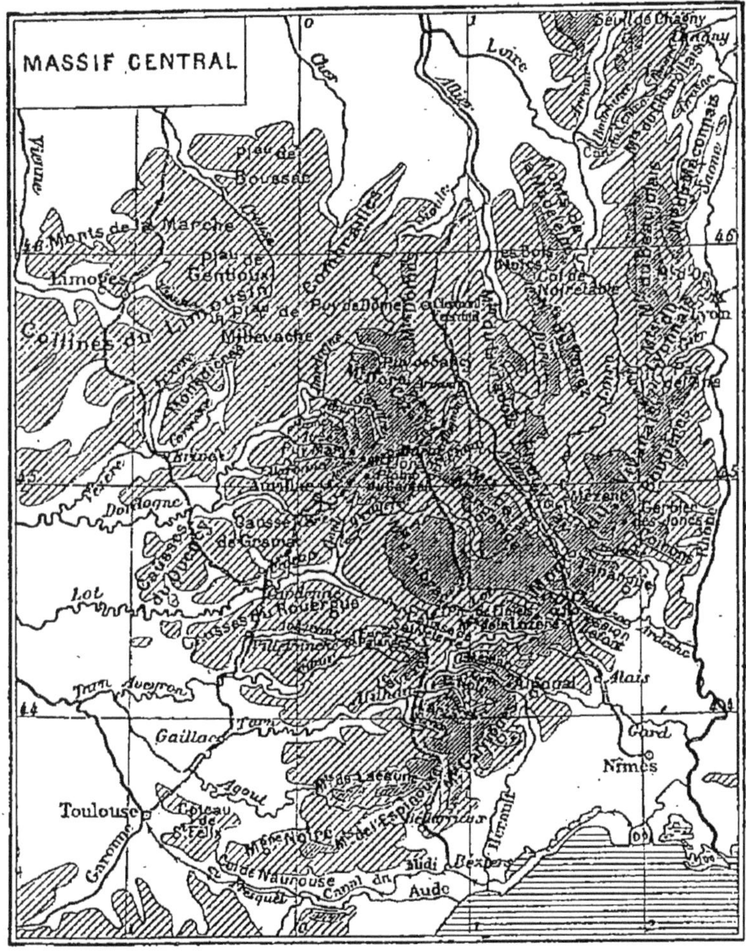

par Limoges, Brive, puis Figeac ou Cahors; d'Arvant à Figeac, par le tunnel du Lioran, ligne dite du Grand Central; de Limoges à Clermont, par Ussel; de Paris à Béziers, par Arvant, Neussargues, Milhau et Bédarieux, etc.

tique *kefin*, qui signifie *crête*) doit être exclusivement réservé aux chaînes qui vont de la dépression de Villefort au col de Naurouse; mais, par une convention tout à fait arbitraire, beaucoup de géographes étendent cette appellation aux massifs de composition géologique très diverse qui, commençant au canal du Centre, se prolongent jusqu'à la ligne du chemin de fer de Paris à Nîmes : ils distinguent alors les Cévennes septentrionales et méridionales séparées par la trouée de Villefort.

Les Cévennes séparent nettement deux climats : à l'ouest la région de la neige, de la pluie et de la verdure, où coulent d'abondantes rivières; à l'est le pays de la sécheresse et de la poussière, de l'olivier et de la vigne, où souffle le mistral et où les torrents sont souvent à sec.

Le **Morvan**[1] est un îlot montagneux granitique formant le bastion avancé du massif central, auquel il était jadis rattaché. Dans ce pays au climat rude et au sol peu fertile, l'exploitation des bois et l'élevage des bestiaux sont les principales sources de richesse; les céréales ne sont cultivées que dans les fonds de vallées que couvraient d'anciens étangs. Les riches gisements houillers du Creusot, d'Epinac, de Montceau et de Montchanin ont donné à cette région une grande activité industrielle. Les points culminants du Morvan sont le **Bois du Roi** (902 mètres) et le mont Beuvray où se voient les ruines de l'ancienne cité gauloise de Bibracte. Autun en est pour ainsi dire la capitale.

Au sud du canal du Centre commencent les plateaux calcaires du **Charolais** (770 mètres), couverts de bois, auxquels succèdent les collines porphyriques schisteuses du **Beaujolais** (1000 mètres) profondément entaillées par les affluents de la Loire et de la Saône. Les collines calcaires du **Mâconnais** (800 mètres), couvertes de vignes comme les précédentes, forment un contrefort entre la Saône et la Grosne.

Les monts du **Lyonnais**, qui leur font suite, sont composés de terrains primitifs s'étendant jusqu'à la **dépression du pas de l'Ane**, qu'emprunte pour passer de la vallée du Gier dans celle du Furens le chemin de fer de Lyon à Saint-Etienne : on y remarque le **mont Tarare** (1000 mètres) et le massif fortifié du **mont d'Or**, au nord-ouest de Lyon.

1. Morvan vient d'un mot celtique qui signifie *montagne noire.*

Avec le mont Pilat (1430 mètres) commence la chaîne des **Boutières**, où les sommets volcaniques reposent sur un plateau de granit. La chaîne des monts du **Vivarais**, granitiques et volcaniques, dénudés pour la plupart, contient les plus hauts sommets des Cévennes, le **Mézenc** (1754 mètres), et le **Gerbier des Joncs** d'où descend la Loire, et se prolonge jusqu'à la trouée de Villefort ; ils envoient comme contreforts à l'est les deux coulées de laves des **Coirons** au nord de l'Ardèche, et du **Tanargue** entre l'Ardèche et son affluent le Chassezac.

Le **col de la Bastide**, continué par la **dépression de Villefort** où passe la ligne ferrée très accidentée de Paris à Nîmes, marque le commencement des Cévennes proprement dites, qui, à l'exception des monts Garrigues et du coteau Saint-Félix, sont en majeure partie granitiques. Les **monts de la Lozère** qui forment une des plus tristes régions de la France, où se prolongea sous Louis XIV la résistance des Camisards, culminent au pic de **Finiels** (1700 mètres) ; dénudés vers le nord, ils sont couverts de forêts vers le massif de l'**Aigoual** (1570 mètres), arrosé par des pluies abondantes, balayé par des vents furieux, centre hydrographique d'où descendent à l'est l'Hérault, à l'ouest le Tarnon, la Jonte et la Dourbie ; un observatoire météorologique, dû au général Perrier, en couronne le sommet.

Les **Garrigues** n'appartiennent plus aux soulèvements granitiques du massif central ; ce sont des plateaux calcaires moins élevés (1 000 mètres), que continuent les Causses vers l'est et qui se terminent au-dessus des plaines du Bas-Languedoc par les collines abruptes des **Seranes**.

Avec les monts de l'Espinouse (1 100 mètres), qui séparent de leurs escarpements rapides le Jaur du Thoré et de l'Agout, reparaît la nature granitique des Cévennes ; ils envoient au nord de l'Agout le contrefort des **monts de Lacaune**, et sont séparés de la montagne Noire par la dépression du **col de la Feuille** qu'emprunte le chemin de fer de Castres à Béziers.

La **montagne Noire** (pic de Norre, 1 210 mètres), ainsi nommée à cause des sombres forêts qui, avec d'énormes fougères et des genêts, couvrent son versant septentrional, reçoit des pluies abondantes qui permettent aux cours d'eau tributaires de la Méditerranée d'être aussi réguliers que ceux du versant opposé. Grâce à elles, on a pu créer les deux grands réservoirs de Lampy et de Saint-Ferréol, qui reçoivent les eaux destinées à alimenter le canal du Midi.

Le coteau tertiaire de **Saint-Félix** (500 mètres) se termine par les **pierres de Naurouse** (215 mètres), que surmonte un obélisque en souvenir de Riquet, le constructeur du canal.

Montagnes entre la Loire et l'Allier. — Entre les vallées supérieures de la Loire et de l'Allier se développent les **plateaux du Velay** (1 400 mètres), volcaniques comme les monts du Vivarais, auxquels ils étaient jadis rattachés avant que la Loire eût séparé ces soulèvements de même origine. Ils sont remarquables par leurs aiguilles et colonnades de basalte, telles que les orgues d'Espaly et les deux rochers, Corneille et Saint-Michel, dans la ville du Puy.

La vallée de la Dore sépare les **monts** purement granitiques du **Livradois** de la chaîne granitique volcanique des monts du Forez (1 640 mètres), qui se termine au col de Noirétable, point de passage du chemin de fer de Clermont-Ferrand à Lyon par Thiers.

Au delà, le massif des **Bois-Noirs** a pour point culminant le puy de Montoncel (1 300 mètres), et se prolonge entre Loire et Allier par les **monts de la Madeleine** (1 100 mètres).

Montagnes entre les affluents de la Loire et ceux de la Garonne. — L'arête granitique et boisée des **monts de la Margeride** (suc de Randon, 1 550 mètres) sépare la vallée supérieure de l'Allier de celle du Lot et forme un îlot granitique entouré de toutes parts de montagnes volcaniques. Le plateau de la **Planèze** (1 000 mètres), où s'élève Saint-Flour, rattache la Margeride au Cantal et est séparé du plateau volcanique d'**Aubrac** (1 470 mètres) par la vallée profonde et étroite de la Truyère que franchit sur le célèbre **viaduc de Garabit** (590 mètres de long, 124 mètres de haut) la voie ferrée de Paris à Béziers.

Les diverses chaînes dont l'ensemble constitue les **monts d'Auvergne**, se composent d'un plateau granitique sur lequel reposent de nombreux cratères qui ont pour la plupart une grande netteté de contours : ils ont vomi aux époques tertiaire et quarternaire d'énormes quantités de laves dont les coulées ou chéires sont répandues à plusieurs kilomètres sur leurs versants ; quelques-uns, aujourd'hui, contiennent des lacs pittoresques.

Les monts d'Auvergne comprennent trois massifs principaux :

1° Le **massif du Cantal**, qui fut jadis un immense cratère, dont la partie centrale s'est effondrée et dont les bords sont aujourd'hui marqués par de nombreux puys. Présentant la forme d'une étoile, il se distingue par sa régularité presque géométrique.

Le **plomb du Cantal** (1 860 mètres), situé sur la rive gauche de la Cère, en est le sommet culminant ; le **puy Mary** (1 790 mètres) est le point d'où partent de nombreuses vallées divergentes arrosées par la Santoire, l'Auze, la Maronne, la Jordane, la Cère, dont les eaux vont à la Dordogne, par le Goul, affluent de la Truyère, par l'Alagnon, tributaire de l'Allier. Sous la **montagne du Lioran**, par un tunnel placé à 1 152 mètres d'altitude, passe le **chemin de fer du Grand Central** qui relie Clermont à Toulouse par Murat et Aurillac.

2° Les plateaux dénudés du **Cézallier** (1 550 mètres) servent d'intermédiaire entre le Cantal et les monts Dore.

3° La **chaîne des Puys** se subdivise elle-même en deux groupes : les **monts Dores**, où culmine le **puy de Sancy** (1 888 mètres), le plus haut sommet de toute la France centrale, et qui contiennent de nombreux lacs, les uns, comme les lacs Pavin et Chauvet, ayant rempli un ancien cratère, les autres, comme les lacs Chambon et de Montsineyre, formés par des coulées de laves qui ont fermé des vallées ; les **monts Domes**, remarquables par le nombre et l'alignement des anciens volcans et dont les principaux sommets sont le **puy de Dôme** (1 465 mètres), surmonté d'un observatoire météorologique, et le **puy de Pariou**, qui est le plus régulier. Dans cette région abondent les dykes ou chaussées volcaniques, et les chéires ou coulées de laves.

Entre les monts d'Auvergne et les collines du Limousin, les collines granitiques de **Combrailles** forment la transition.

Le granit domine également dans les nombreuses ramifications que l'on désigne sous le nom des **collines du Limousin**. Couvert presque uniquement de pâturages, le **plateau de Millevache**, d'où sortent la Vienne, la Creuse, la Vézère et la Corrèze, est dominé par les monts **Besson** (980 mètres) et Odouze. Il se prolonge par les **monts de la Marche** au nord de la Vienne, et par le **plateau** de **Boussac** vers la Creuse. Les collines du Limousin s'abaissent à l'ouest dans les collines du Nontronais et s'arrêtent à la **trouée du Poitou**, qui fait communiquer le Clain avec la Charente.

Causses et Ségalas. — A l'ouest des Cévennes, entre la Dordogne, le Lot, le Tarn et leurs affluents, s'étendent les plateaux calcaires des **Causses** et les plateaux granitiques des **Ségalas**.

Les accidents et les sites pittoresques des Causses ne sont connus que depuis les explorations commencées en 1883 et poursuivies jusqu'à ce jour par M. Martel.

Plateaux calcaires, dépourvus de tout relief, et ressemblant à de vastes tables de pierre, les Causses[1], dont l'altitude varie entre 800 et 1 200 mètres, sont arides et déboisés ; le climat rigoureux ne permet de cultiver que dans quelques parties le blé, l'orge, les pommes de terre ; presque partout dominent les pâturages où sont élevées les brebis dont le lait sert à la fabrication des fromages de Roquefort. Les habitants sont rares à la surface du plateau ; toute la vie s'est concentrée dans les vallées étroites, mais bien arrosées, verdoyantes et fertiles.

Les Causses sont caractérisés par une **extrême sécheresse**, car les eaux, pénétrant dans le sol calcaire, forment parfois des cours d'eau souterrains et reparaissent par des sources abondantes à la base des plateaux ; par des défilés étroits ou **cañons**, dans lesquels les rivières dominées par des murailles à pic forment des chutes ou rapides devenus célèbres ; par d'immenses **entassements de pierre**, bizarrement sculptés par les pluies, les gelées, la grêle, la foudre, tels que la ville géologique appelée Montpellier-le-Vieux et située dans le Causse Noir ; par les fissures nommées **avens**, igues ou tindouls, dont plusieurs, comme l'**abîme du mas Raynal**, la **grotte de Darghilan** et le **puits de Padirac** ont été soigneusement visités par M. Martel.

Le **Causse de Sauveterre** sépare les vallées supérieures du Lot et du Tarn ; il se continue jusqu'à la source de l'Aveyron par le **Causse de Sévérac**, et entre l'Aveyron et le Lot par le **Causse de Rouergue**.

Les **Causses du Quercy**, où prospérait jadis la vigne,

---

1. *Causse*, du latin *calx;* en patois *caous.*

Montpellier-le-Vieux, d'après un dessin communiqué par le Club alpin.

séparent le Lot de la Dordogne : le **Causse de Gramat**, couvert de pierres et percé de nombreux abîmes, en est la partie la plus curieuse.

Plusieurs Causses moins étendus séparent entre eux les premiers affluents de gauche du Tarn ; entre le Tarnon et la Jonte le **Causse Méjean**, le plus élevé de tous (800 à 1 200 mètres), qui se continue par les Garrigues ; entre la Jonte et la Dourbie le **Causse Noir**, où se trouve la merveille des Causses, Montpellier-le-Vieux ; enfin, entre la Dourbie et la Sorgues, les **Causses du Larzac** et de **Roquefort**, moins arides que les autres et couverts d'excellents pâturages.

Les **Ségalas** [1] sont des plateaux granitiques plus accidentés et plus plissés que les Causses au milieu desquels ils sont enclavés ; on y distingue surtout le **Ségala du Levezou**, que coupe la sinueuse vallée du Viaur et dont le point culminant est le **Pal** (1 160 mètres).

CHAPITRE III

Relief de la France. — Les Pyrénées.

I. — Caractères généraux de la chaine des Pyrénées

Limites; dimensions; forme; pentes. — Les Pyrénées forment un **système de montagnes extérieur à la France** et constituent le talus septentrional du plateau de Castille, dont la Sierra Nevada est le rempart méridional.

On donne le plus souvent le nom de **Pyrénées** à la ligne montagneuse qui, des caps Creux et Cerbera, va sur une longueur de 840 kilomètres jusqu'aux caps Ortegal et Finisterre; ce nom doit être cependant réservé à la partie qui s'étend entre la France et l'Espagne, du cap Creux à la

1. *Ségalas* ou terre à seigle.

Bidassoa; sa longueur est d'environ 430 kilomètres; sa largeur, de 50 à 60 aux deux extrémités, est d'environ 120 kilomètres dans la partie centrale. La plus grande hauteur est de 3404 mètres au pic de Néthou dans le massif de la Maladetta.

Composées de deux parties montagneuses, orientées à peu près du sud-est au nord-ouest et mal soudées vers le val d'Aran, les Pyrénées ont une **crête plus continue** que les Alpes; elles forment une véritable chaîne de séparation, et, vues de la terrasse du château de Pau, ressemblent aux **dents d'une scie**[1]. Les **pentes**, abruptes du côté de la France, sont plus douces vers le sud grâce aux plateaux d'Aragon et de Navarre qui se prolongent jusqu'à l'Èbre.

Composition géologique. — Les études orographiques récentes montrent que les **plissements principaux des Pyrénées** se sont produits parallèlement au cours de l'Aude, de la Garonne moyenne et de l'Èbre. On y remarque aussi des soulèvements dirigés du sud au nord (monts de Bigorre) et du sud-ouest au nord-est (massif des Aspres). Les traces d'activité volcanique que l'on constate dans la chaîne appartiennent à une période antérieure à celle des volcans de l'époque moderne; mais il s'est formé de vastes cratères d'effondrement qui ont constitué les **cirques**.

Dans les Pyrénées françaises le **granit** apparaît sous la forme d'îlots qui ne forment pas, en général, la ligne de faîte; très nombreux dans les Pyrénées orientales à cause de l'action très forte des agents de dénudation, ils deviennent plus rares dans les Pyrénées centrales et disparaissent presque entièrement dans les Pyrénées occidentales à l'ouest de la vallée d'Ossau, où dominent les **assises crétacées**.

Les **sommets principaux**, qui ne se trouvent pas ordinairement dans la ligne de partage des eaux, mais un peu au sud de cette ligne, sont formés par des **schistes**, des **terrains crétacés** et **même calcaires**.

Le **grès vert** et le **calcaire** constituent les contreforts septentrionaux, que les cours d'eau ont découpés en tronçons isolés, et que l'on appelle les petites Pyrénées. Au nord et au sud de la chaîne principale **deux larges**

1. D'où le nom de *sierras* que l'on donne à plusieurs chaînes de montagnes, surtout en Espagne.

bandes crétacées s'étendent de la Méditerranée jusqu'à l'Océan.

A l'époque tertiaire les **Pyrénées ont subi de fortes compressions;** « l'axe de la chaîne a été tordu en un S gigantesque, dont une branche ouverte vers le sud-est entoure la vallée de la Noguerra Pallaresa, et l'autre, évasée vers le nord-ouest, enserre le val d'Aran [1] ».

Les **anciens glaciers des Pyrénées,** localisés entre le massif du Canigou et le pic d'Anie, n'eurent qu'une étendue médiocre ; les plus importants étaient ceux qui couvraient les vallées supérieures de l'Ariège, de Salat, de la Garonne et surtout celui qui, couvrant les vallées du gave de Pau et de ses affluents actuels, prenait naissance dans le cirque de Gavarnie et allait jusqu'à Lourdes.

Comparaison des Pyrénées et du Caucase. — On a souvent comparé les Pyrénées au Caucase; comme la grande chaîne asiatique, les **Pyrénées sont une muraille** difficile à franchir dans sa partie centrale, mais échancrée de **cols praticables aux deux extrémités.**

De même que le Caucase se rattache par ses ramifications au plateau d'Arménie, de même **les Pyrénées envoient** leurs plus importants **contreforts vers le sud.**

Comparaison des Pyrénées et des Alpes. — De nombreux caractères distinguent au contraire les Pyrénées des Alpes.

Tandis que cette dernière chaîne est surtout composée de massifs séparés entre eux par des cols, **les Pyrénées forment une muraille continue** entre la France et l'Espagne et qu'il n'est facile de franchir qu'aux deux extrémités. **Les massifs Pyrénéens,** moins **élevés que ceux des Alpes,** leur sont aussi inférieurs par la masse des terrains, par la superficie occupée, et se trouvent, en général, **placés en dehors de la ligne de faîte.**

Les vallées longitudinales, si nombreuses et si nettement marquées dans les Alpes, sont rares dans les Pyrénées; les **vallées transversales** y sont au contraire fréquentes; elles prennent naissance dans les **cirques,** ces vastes cratères d'effondrement que dominent des parois ayant souvent à pic des altitudes de 1 000 à 1 700 mètres, et dont

---

1. M. Dubois, *Géographie de la France et de ses colonies.*

la circonférence, atteignant parfois deux lieues, permettrait, comme on l'a dit justement, à des nations entières de s'y asseoir à l'aise, et elles se continuent par d'autres cirques que séparent entre eux des cluses étroites et des entassements de rochers appelés **chaos**.

Plus rares que ceux des Alpes et situés à une altitude plus grande, **les glaciers des Pyrénées** ne se rencontrent guère qu'au-dessus de la vallée du Lys, au port d'Oo, au cirque de Gavarnie et dans les massifs élevés de la Maladetta, du mont Perdu, du Vignemale et de Néouvielle. **La limite des neiges perpétuelles**, qui est, en général, de 2300 mètres sur le versant nord, s'élève jusqu'à 2800 mètres sur le versant méridional.

Les plus grands cours d'eau auxquels les Pyrénées donnent naissance, la Garonne, l'Adour, l'Ebre et leurs affluents, le cèdent beaucoup en longueur et en volume au Pô, au Rhône, au Rhin, à l'Inn, à l'Isère et à la Durance qui descendent des Alpes. Les **lacs** d'Oo, de Gaube, de Venasque, ne sauraient être comparés ni en nombre ni en étendue aux grands lacs subalpins.

Par suite de leurs pentes abruptes sur le versant français, les Pyrénées ont opposé de bien plus grandes difficultés que les Alpes à la construction des **routes et des voies ferrées.** Des communications naturelles sont ouvertes à travers les Pyrénées orientales par des cols qu'ont jadis traversés les armées d'Hannibal, de Scipion, de Pompée, puis les Goths et les Alains, à travers les Pyrénées occidentales par les passages qu'ont franchis les armées de Charlemagne et de Roland. Mais dans la partie centrale de la chaîne, les grandes routes, finissant au pied de l'escarpement, ne sont reliées entre elles que par de simples sentiers qui gravissent péniblement les cols, très élevés, appelés **ports** ou **brèches.** A l'heure actuelle aucune voie ferrée ne traverse la chaîne; **deux lignes** la contournent, **l'une à l'est,** conduisant de Narbonne à Barcelone, par le **col de Bélistre, l'autre à l'ouest,** de Bordeaux à Madrid, par Bayonne, Saint-Sébastien et le **col d'Idiazabal. Par la convention de 1885**, renouvelée en 1895 et en 1905, les gouvernements français et espagnol se sont engagés à raccorder leurs réseaux respectifs par trois lignes, devant relier, l'une la vallée du Salat à celle de la Noguerra Pallaresa (ligne du port de Salau), l'autre d'Ax sur l'Ariège à Ripoll en Espagne, la troisième la vallée du gave d'Aspe à celle de l'Aragon (Oloron à Canfranc) par le col de Canfranc.

Les animaux de la région pyrénéenne sont pour la plupart inférieurs à ceux de la région alpestre : l'isard est plus petit que le chamois des Alpes; l'ours moins féroce; la race bovine moins estimée.

La flore des Pyrénées ne saurait être comparée à la flore si riche et si variée des Alpes; mais on y trouve d'excellents pâturages; les forêts, jadis épaisses, ont singulièrement diminué par suite d'un déboisement excessif qui provoque trop souvent de terribles inondations et amène la dépopulation des montagnes.

Les mines y sont rares : il n'y a ni or, ni houille, ni étain; mais on y trouve le fer aux deux extrémités, principalement dans la haute vallée de l'Ariège, et vers le centre quelques gisements de plomb argentifère, de cobalt, d'antimoine et de manganèse : par contre les carrières de marbres sont très abondantes.

Enfin les **eaux minérales**, thermales et sulfureuses, procurent annuellement aux habitants des vallées pyrénéennes des revenus considérables.

Populations. — Les **montagnards** des Pyrénées forment une race forte et énergique; mais, parmi eux, **les Basques** constituent un groupe à part. Habitant les deux versants des montagnes, en Espagne les provinces basques, en France, dans le département des Basses-Pyrénées, les arrondissements de Bayonne et de Mauléon, les Basques, que l'on regarde comme les descendants des Ibères, sont à la fois des montagnards vigoureux et des marins intrépides; mais leur aversion pour le service militaire les pousse à émigrer jusque dans la République Argentine. Ils se nomment eux-mêmes **Escualdunacs**, et parlent l'**euskarien**, langue que l'on n'a pu rattacher à aucune autre langue connue en Europe; mais elle recule chaque jour devant les progrès du français.

Disposition des villes dans les Pyrénées. — **Les villes** de la région des Pyrénées, **placées sur des lignes parallèles**, se distinguent par la régularité de leur disposition. Dans les hautes vallées, à la limite des schistes, s'élèvent les villes d'eaux thermales, fréquentées durant l'été par les touristes : telles sont Amélie-les-Bains, Ax et Ussat, Luchon, Barèges, Luz, Saint-Sauveur, Cauterets, les Eaux-Bonnes et les Eaux-Chaudes.

A 20 kilomètres en avant, parallèlement aux localités précédentes, et à l'entrée des vallées, sont les marchés intermédiaires entre la montagne et la plaine; on peut citer : Céret, Prades, Quillan, Tarascon-sur-Ariège, Saint-Girons, Montréjeau, Bagnères-de-Bigorre, Lourdes, Oloron, Mauléon, Saint-Jean-Pied-de-Port.

Enfin, au pied des derniers contreforts pyrénéens, dans la plaine, sont placées des villes plus importantes, telles que Perpignan, Foix, Saint-Gaudens, Tarbes, Pau, Orthez et Bayonne.

Importance militaire des Pyrénées. — Les Pyrénées forment une **frontière presque naturelle**, malgré plusieurs irrégularités dans le tracé; la partie centrale est protégée naturellement par les pentes abruptes et la difficulté des communications; mais aux deux extrémités les routes ou chemins de fer ont dû être maîtrisés par des places fortes, dont la plupart sont malheureusement anciennes et peu susceptibles d'opposer une longue résistance.

II. — Description des Pyrénées

On divise généralement les Pyrénées françaises en trois sections : 1° les **Pyrénées orientales**, de la Méditerranée au col de la Perche; 2° les **Pyrénées centrales**, du col de la Perche au col de Canfranc; 3° les **Pyrénées occidentales**, du col de Canfranc au col de Bélate et à la Bidassoa.

Pyrénées orientales. — Les Pyrénées commencent sur la Méditerranée, à la baie de Rosas, aux caps Creux et Cerbera et à Port-Vendres, par la chaîne peu élevée des **Albères** ou montagnes Blanches (1260 mètres), disposée en forme d'éventail. Les passages y sont nombreux et faciles. Ce sont : le **col de Bélistre**, où passe le **chemin de fer de Paris à Barcelone**, par Narbonne, Perpignan, Port-Vendres et Figuières; les **cols de Banyuls** et du **Perthus**, que franchissent des routes unissant Perpignan à Figuières.

Une longue chaîne transversale fort élevée vient rayer la ligne de faîte des Pyrénées parallèlement à la Sègre et à la Têt; elle comprend entre le Tech et la Têt le massif des

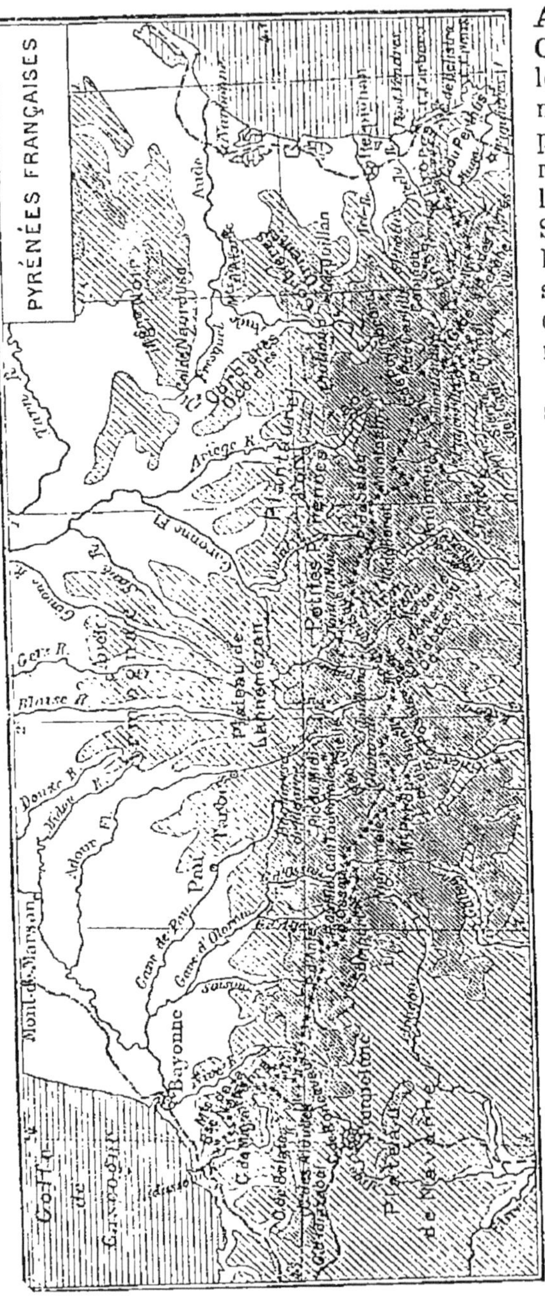

Aspres, où le **Canigou** s'élève à 2785 mètres; en Espagne, sur la rive gauche de la Sègre, la Sierra de Cadi; le **Puymal** sert de jonction entre ces deux massifs.

Au delà s'ouvre à 1620 mètres d'altitude la grande dépression du **col de la Perche**, qu'emprunte la grande route de Perpignan à Puycerda, d'où elle se dirige sur Barcelone par le **col de Tosas** dans la sierra de Cadi, et sur Foix et Toulouse par le **col de Puymoreins** et la vallée de l'Ariège.

Pyrénées centrales. — Au pic de **Carlitte** (2920 mètres) commencent les Pyrénées centrales : c'est la partie la plus âpre, la plus élevée et la plus difficilement franchissable de toute la chaîne.

Le **Montcalm** (3000 mètres) domine la petite **république d'Andorre**, qui dépend à la fois de la France et de l'évêque d'Urgel, et qui ne communique avec la vallée française de l'Ariège que par des sentiers. Le **port de Salau**, où doit passer la voie ferrée destinée à unir le Salat à la Noguerra-Pallaresa, précède le **mont Vallier** (2800 mètres).

Cascade de Gavarnie.

Au delà, les deux parties qui constituent les Pyrénées sont médiocrement réunies par une ligne montagneuse qui sépare la Garonne de la Noguerra. C'est dans cette vallée, enserrée de toutes parts de montagnes, et d'où elle ne sort que par le **défilé du pont du Roi**, que la Garonne prend naissance. Viella, capitale espagnole du **val d'Aran**, ne communique avec l'Espagne que par des sentiers franchissant à l'est le **pla de Béret**, au sud, le **port de Viella** ; de bonnes routes unissent, au contraire, cette ville avec la France, soit par le **port du Portillon**, soit par le **défilé de Pont du Roi**.

Après l'irrégularité du val d'Aran, apparaissent les plus hauts sommets des Pyrénées, placés au sud de la ligne de faîte et nettement délimités par les rivières qui coulent au sud. Le massif de la **Maladetta**, où culmine le **pic de Néthou** (3404 mètres), est situé sur la rive gauche de l'Essera ; le **pic Posets** (3370 mètres), entre l'Essera et la Cinca ; le massif du **mont Perdu**, dont le plus haut sommet est le **Cylindre** (3350 mètres), entre la Cinca et le Gallego.

Un peu avant les sources du Gave de Pau s'étend la région

des cirques, **cirques de Troumouse, d'Estaubé**, et surtout **de Gavarnie**, célèbre par sa merveilleuse cascade et que dominent le **Taillon**, le **casque de Marboré** et la **brèche de Roland**, vaste entaille faite, disent les mon-

La Brèche de Roland.

tagnards, par l'épée légendaire du neveu de Charlemagne. Plus à l'ouest, le **mont Vignemale** (3 290 mètres) est le plus haut sommet placé dans la crête entre la France et l'Espagne. Il a pour voisin le **Balaitous**, presque inaccessible et que l'on appelle le mont Cervin du Midi ; le **pic du midi d'Ossau** (2 880 mètres) est situé à la source du Gave d'Ossau.

Les passages sont rares et élevés dans les Pyrénées centrales, et des sentiers, accessibles aux bêtes de somme et aux piétons, assurent seuls les communications. Les **ports de Venasque et d'Oo** (3 000 mètres) permettent d'aller de Luchon à Venasque ; le **port Plan** relie Toulouse à Saragosse par les vallées de la Neste et de la Cinca. Aux **ports de Gavarnie** et **de Cauterets** n'existent que des sentiers difficiles ; mais le col de **Canfranc** ou **Somport** (1 640 mètres), qui unit la gave d'Aspe à l'Aragon, livre passage à la grande route de Pau à Saragosse par Oloron, Canfranc et Jaca, que doit doubler une voie ferrée.

Les Pyrénées centrales, qui se prolongent au sud jusqu'à l'Ebre par les plateaux d'Aragon, envoient au nord vers la France de nombreux contreforts.

Des Pyrénées orientales partent **les Corbières,** d'abord plateaux granitiques, puis crétacés et calcaires souvent dénudés. Elles se divisent en **Corbières orientales,** entre la Têt et l'Aude, terminées sur la rive droite de cette rivière par les **monts d'Alaric**, et en **Corbières occidentales** qui s'abaissent en face du coteau Saint-Félix **au col de Naurouse** (190 mètres), point de passage du canal du Midi, des routes et de la voie ferrée de Toulouse à Carcassonne et Narbonne.

Sur la rive droite de l'Ariège est le **massif élevé de Tabe** (2350 mètres) ; entre l'Ariège, le Salat et la Garonne, parallèlement à la crête des Pyrénées, se développent les avant-terrasses appelées **petites Pyrénées** et **chaîne du Plantaurel.**

Au nord du mont Perdu, un contrefort orienté du sud au nord contient les deux **massifs de Néouvielle** [1] **et de Bigorre;** dans ce dernier culmine le **pic du midi de Bigorre** (2877 mètres), surmonté d'un observatoire météorologique. En avant de la chaîne, de vastes étendues de terres entraînées par les torrents ont formé **le plateau de Lannemezan** (680 mètres), que ravinent profondément les affluents de la Garonne et de l'Adour ; de légères ondulations, appelées **collines de l'Armagnac**, couvrent la région de ce nom entre Gers et Baïse.

Pyrénées occidentales. — D'abord assez élevées vers le **pic d'Anie** (2500 mètres), les Pyrénées occidentales décroissent rapidement et sont coupées par d'assez nombreux passages : le **col de Roncevaux,** que franchit une route carrossable, et le **col des Aldudes,** où se trouve un simple chemin, réunissent la vallée de la Nive à celle de l'Aragon.

Entre la Nive et la Bidassoa s'étend le court contrefort des **monts de la basse Navarre,** dans lequel la **Rhune** atteint 900 mètres. La grande route de Bayonne à Pampelune le traverse d'abord au **col de Maya,** puis, après avoir coupé la Bidassoa, franchit la ligne des Pyrénées au **col de**

---

1. Ce nom signifie vieille neige.

Bélate et s'engage en Navarre dans la vallée de l'Arga.

Le col de Bélate est considéré par convention comme formant la limite entre les Pyrénées françaises et les Pyrénées espagnoles.

Frontière des Pyrénées. — La frontière entre la France et l'Espagne, tracée d'après **le traité des Pyrénées** (1659), est presque entièrement naturelle ; partant du cap Cerbera, elle suit en général la crête des montagnes ; elle laisse cependant à la France la **vallée supérieure de la Sègre** et de **l'Iraty** ; l'Espagne possède au nord des Pyrénées l'enclave de **Llivia**, près de la Têt, le **val d'Aran** et presque toute la **vallée de la Bidassoa**, qui ne sert de limite entre les deux pays que dans son cours inférieur.

Les Pyrénées centrales, très abruptes, n'étant franchies que par des sentiers, il n'y existe aucune fortification.

Dans les Pyrénées orientales, **Perpignan**, aujourd'hui déclassé, était le centre de la défense ; on remarque ensuite sur la côte **Port-Vendres** avec le **fort Saint-Elme** et **Collioure**. Bellegarde défend le col du Perthus ; **Prats de Mollo** avec le **fort Lagarde**, le col des Ayres ; **Montlouis**, récemment renforcé, et **Villefranche**, le col de la Perche.

Dans les Pyrénées occidentales, **Bayonne**, place forte au confluent de la Nive et de l'Adour, sera incapable d'une longue résistance tant qu'elle n'aura pas été pourvue d'une ceinture de forts extérieurs. Le fort de **Hendaye** et l'ancien **fort du Socoa**, à Saint-Jean-de-Luz, protègent la voie ferrée de Bordeaux à Madrid. **Saint-Jean-Pied-de-Port** est placé au débouché du col de Roncevaux ; enfin, le **fort d'Urdos** ou du Portalet défend le col de Canfranc.

CHAPITRE IV

Montagnes franco-européennes : les Alpes.

I. — Caractères généraux des Alpes

Limites; dimensions; forme; pentes. — La chaîne **des Alpes**[1] forme le **système montagneux** le plus important, **le plus élevé** de toute l'Europe et dessine **un vaste demi-cercle** entre la France, l'Italie, la Suisse et l'Autriche. Comprises entre le Rhône à l'ouest, le Rhin et le Danube au nord et à l'est, la Save, le Pô et la Méditerranée au sud, les Alpes occuperaient des limites beaucoup plus étroites si l'on ne considérait que leur constitution géologique. Aussi **leur superficie**, diversement estimée par les géographes, est-elle, si on comprend tous les contreforts de France, d'Italie, de Suisse et d'Autriche, d'environ 375 000 kilomètres carrés, dont 50 000 pour la partie désignée sous le nom d'Alpes françaises.

On a souvent comparé **les Alpes à une énorme langouste** dont la queue repliée serait figurée par les Alpes françaises, les pattes ramassées par les contreforts se développant au sud vers l'Italie presque jusqu'aux bords du Pô, et dont la tête et les antennes seraient les rameaux avancés vers Vienne, vers la Hongrie, et la Croatie.

Tandis que la chaîne des Pyrénées forme une longue muraille surmontée de pics, que dans les Vosges domine la forme de ballons, dans le Jura celle de chaînons parallèles, **les Alpes** profondément découpées par des plissements, des érosions subies durant de longues périodes géologiques, se composent d'une **succession de massifs très**

1. Selon les uns, le nom des Alpes viendrait d'un mot celtique (*alp*) indiquant l'élévation; suivant d'autres, il aurait pour origine le mot *alpe* qui, dans certaines parties de ces montagnes, désigne des pâturages accessibles seulement pendant la belle saison.

élevés et isolés par des cols relativement assez bas. Tels sont, pour ne prendre des exemples que dans les Alpes françaises, le massif du mont Viso (3 840 mètres) tourné par les cols d'Agnello et d'Abriès, le grand massif du Pelvoux (4 100 mètres) que l'on peut contourner à l'est par le col du Lautaret, à l'ouest par le col Bayard, enfin le massif du Mont-Blanc autour duquel les cols de Balme, de la Tête-Noire, Ferret et du Grand Saint-Bernard vers le nord, du Bonhomme et de la Seigne vers le sud, ouvrent des communications pour ainsi dire naturelles. Présentant des pentes abruptes à l'est et au sud vers l'Italie, les Alpes se prolongent par des massifs ou des plateaux à l'ouest jusqu'au Rhône, au nord jusqu'au Rhin et au Danube.

Composition géologique. — Les Alpes se sont formées pendant **les périodes primaire et secondaire.** Elles doivent leur aspect tourmenté à **deux sortes d'actions très distinctes** : d'abord les plissements et fractures produits pendant de longues périodes géologiques par de fortes pressions latérales qui ont amené le redressement ou l'effondrement des terrains sédimentaires, et l'émergement des roches primitives ; puis l'érosion produite par les agents atmosphériques, par les anciens glaciers et les eaux courantes, qui ont creusé et nivelé le sol.

Quatre directions principales sont à remarquer dans **les soulèvements des Alpes françaises :** l'une du sud-ouest au nord-est (Exemples : le massif du Mont-Blanc, chaîne de Belledonne) ; l'autre du sud-est au nord-ouest (Exemples massifs du mont Viso et du Pelvoux) ; une troisième du sud au nord (Exemple : chaînes du Vercors) ; enfin une quatrième de l'ouest à l'est (Exemples : Alpes de la Vannoise et massif du Grand-Paradis).

Si l'on considère la carte géologique des Alpes françaises, on remarque une **longue muraille granitique** s'étendant depuis Martigny sur le Rhône jusqu'à Grenoble sur l'Isère et comprenant surtout le massif du Mont-Blanc et la chaîne de Belledonne ; les vallées de l'Arly et de l'Isère d'Albertville à Grenoble la limitent à l'ouest.

Entre les vallées de la Romanche, de la Guisanne et de la Stura au nord, les vallées du Drac, de l'Ubaye et du Var au sud, s'étend **une autre ligne de terrains primitifs** jalonnée principalement par les massifs du Pelvoux et de l'Enchastraye.

Enfin **une troisième zone de terrains granitiques**, alignée du nord au sud depuis le col du Grand Saint-Bernard jusqu'au massif de l'Enchastraye, forme le troisième côté du triangle constitué par les terrains primitifs des Alpes françaises.

Sur le revers occidental de chacune de ces murailles granitiques se développent des contreforts où dominent les terrains calcaires et crétacés et qui forment des massifs montagneux moins élevés que les massifs granitiques. Ce sont à l'ouest de la première ligne : les contreforts des Bornes, des Beauges, de la Grande-Chartreuse; au sud de la seconde : le Vercors, le Dévoluy et les Alpes de Provence; à l'ouest de la troisième : les massifs du Briançonnais, du Galibier et de la Maurienne[1].

Deux sortes d'accidents principaux apparaissent comme le trait caractéristique du relief des Alpes : les **sillons longitudinaux** et les **fractures transversales**. Pour ne chercher des exemples que dans les Alpes françaises, on trouve une longue dépression longitudinale marquée par la vallée du Rhône, de la Furka à Martigny, les vallées de l'Arly et de l'Isère jusqu'à Grenoble. Les hautes vallées de l'Arve, de l'Isère, de l'Arc, des lacs d'Annecy et du Bourget sur le versant français, de la Doria Baltéa et de la Doria Riparia sur le versant italien sont des fractures transversales.

Climat; hydrographie. — **Le climat** de la région des Alpes, assez chaud dans les vallées méridionales (moyenne de la température dans les plaines de Vénétie + 13°), est très rigoureux dans la partie élevée du système (moyenne de la température à l'hospice du Grand Saint-Bernard — 1°) et assez froid dans les vallées septentrionales exposées surtout aux vents du nord.

Les pluies, dont la moyenne atteint le chiffre de deux mètres dans quelques parties de la ligne de faîte, sont encore assez abondantes dans la région méridionale, et beaucoup plus rares dans les plateaux et les plaines du nord. Au printemps souffle le vent tiède du fœhn, qui fond les neiges et détermine les avalanches.

La présence d'énormes glaciers et l'abondance des pluies font de la chaîne des Alpes **un centre hydrographique**

---

1. Voy. Niox, *la France*.

de la plus haute importance, et c'est avec raison que le massif du **Saint-Gothard** a été surnommé **le château d'eau de l'Europe centrale**. Des Alpes françaises s'échappent l'Arve, l'Isère, la Durance, et vers l'Italie le Pô, avec ses grands tributaires les deux Doria, le Tanaro et la Stura.

Presque tous **les fleuves** issus des massifs alpestres, et empruntant les dépressions longitudinales ou les fractures transversales, décrivent **un grand coude** pour sortir de la région montagneuse. Tels sont le Rhône à Martigny, le Rhin à Coire, l'Isère à Grenoble, l'Adda vers le lac de Côme.

Beaucoup de ces cours d'eau traversent des lacs formés par eux : tels sont les lacs de Genève, du Bourget et d'Annecy.

Différentes zones des Alpes. — Depuis le niveau de la plaine où viennent finir les Alpes jusqu'aux sommets élevés qui dominent la chaîne on peut distinguer **quatre zones :**

1° **Jusqu'à 600 mètres** s'étend une région de plaines et de plateaux correspondant à la plaine lombarde et suisse, à la vallée du Rhône et au plateau bavarois. Elle est caractérisée par de grands lacs subalpins (en France : lacs de Genève, du Bourget et d'Annecy) qui calment la rapidité des rivières les traversant et purifient leurs eaux.

2° **De 600 à 1 500 mètres** commence une première zone montueuse constituant la partie pittoresque des Alpes où affluent les touristes ; les forêts, denses jadis, y sont devenues rares ; mais les stations estivales et les eaux minérales y abondent ; le blé, les pommes de terre, les prairies s'y rencontrent ainsi que des habitations permanentes, villes ou villages (Chamonix à 1 050 mètres d'altitude ; Briançon à 1 320 mètres).

3° La troisième zone, **de 1 500 à 2 700 mètres**, n'a plus que deux saisons : un long hiver et un court printemps ; les habitations fixes y deviennent plus rares (Saint-Maurice-en-Engadine à 1 850 mètres ; — Tignes à 1 850 mètres ; — Saint-Véran à 2 000 mètres ; — les forts de Briançon jusqu'à 2 000 mètres ; les hospices aux différents cols des Alpes). De nombreuses prairies se couvrent au printemps des brillantes fleurs alpestres, surtout de rhododendrons et d'edelweiss ; des troupeaux de moutons y séjournent pendant la belle saison ; mais les chamois tendent de plus en plus à disparaître. Sur les hauteurs sont les burons, où l'on fabrique le fromage; aux cols, de petits lacs alpestres souvent gelés une partie de l'année.

4° **Au-dessus de 2700 mètres** il n'y a que des neiges perpétuelles, et des glaciers qui, cheminant lentement, fondent à leur extrémité inférieure, et donnent naissance à des rivières.

Divisions politiques de la région des Alpes. Populations. — Bien que la crête des Alpes semble former une frontière naturelle, **cinq États** possèdent une partie plus ou moins considérable du massif alpestre : la France, l'Italie, la Suisse, l'Allemagne et l'Autriche.

Les travaux relatifs à la **densité de la population** ne sont guère terminés que pour les Alpes françaises. Jusqu'à 1 100 mètres d'altitude on constate au moins 66 habitants par kilomètre carré; mais cette densité entre 1 100 et 1 700 mètres n'est plus que de 15 habitants.

Plusieurs races ont pénétré dans le massif alpestre, et s'en disputent aujourd'hui encore certaines portions.

La race germanique occupe la plus grande partie du versant septentrional ; elle s'arrête au sud-ouest, à une ligne joignant Neuchâtel à Martigny, par Fribourg, et a débordé dans la haute vallée de l'Adige jusqu'à Botzen.

La race française ne s'étend pas seulement à l'ouest de la crête montagneuse qui sépare la France de l'Italie; elle s'est répandue dans la Suisse occidentale jusqu'à Neuchâtel, Fribourg, Martigny, et dans le val d'Aoste.

Les Italiens, qui occupent le versant méridional, réclament plusieurs vallées, telles que celles du Tessin, de l'Adige, du Poschiavino, peuplées d'Italiens et appartenant politiquement à la Suisse ou à l'Autriche.

Les Slaves habitent les Alpes orientales. Enfin, dans les Grisons, **les Romanches**, parlant une langue d'origine latine, sont regardés comme les descendants des anciennes tribus (Helvètes, Rhètes, etc.) qui occupaient la Suisse actuelle au temps des Romains.

Voies de communication des Alpes. — La chaîne des Alpes est traversée par de **nombreuses routes**, dont la plupart ont été construites depuis le commencement du siècle. Dans les Alpes françaises, du col de Tende au mont Blanc, toutes convergent vers Turin. Dans les Alpes suisses elles ont pour objectif Milan; enfin les routes qui traversent les Alpes orientales se dirigent vers Vérone ou Mantoue.

Parmi les **voies ferrées** encore assez rares qui coupent la muraille des Alpes, il faut surtout citer les lignes :

1° **De Savone à Turin**, par le col de Cadibone.

2° **De Paris à Turin**, qui franchit entre Modane et Bardonnèche le tunnel de Fréjus (environ 13 kilomètres de long), terminé en 1871.

3° **De Genève à Milan**, ou ligne du Simplon, qui franchit à 700 mètres d'altitude, entre Brigue et Iselle, le tunnel du Simplon achevé en 1905 et long de 20 kilomètres.

4° **De Lucerne à Milan**, ou ligne du Saint-Gothard, ouverte en 1882, qui traverse entre Goeschenen et Airolo, de la Reuss au Tessin, un tunnel long de près de 15 kilomètres.

5° **Du Brenner**, qui joint Inspruck à Vérone, en franchissant, depuis 1867, à ciel ouvert le col du Brenner.

6° **De Vienne à Trente**, par la vallée de la Drave et le col de Toblach.

7° **De Vienne à Trieste**, soit par le col de Tarvis, soit par celui d'Adelsberg.

A ces grandes lignes on peut ajouter deux voies ferrées transversales : l'une en France, de **Grenoble à Marseille**, par le **col de Luz la Croix-Haute**, l'autre en Autriche et en Suisse, dite ligne de l'Arlberg, qui unit **Vienne à Zurich**, en franchissant, depuis 1884, le **tunnel de l'Arlberg**, long de 10 kilomètres.

La France a songé à percer le **mont Blanc** afin de posséder dans l'avenir la voie la plus courte conduisant à Brindisi, et de recouvrer le commerce qui, jadis, passait par le tunnel de Fréjus, et que le percement du Saint-Gothard lui a fait perdre ; mais l'ouverture de la ligne qui aboutit à Salonique, en faisant de ce port le point de départ du commerce vers l'Extrême-Orient, a rendu ce projet inutile.

II. — Description des Alpes françaises

On distingue généralement **trois grandes sections** dans les Alpes françaises : 1° **les Alpes Maritimes**, qui envoient en France les contreforts des **Alpes de Provence** ; 2° **les Alpes Cottiennes**, qui se prolongent à l'ouest par **les Alpes du Dauphiné** ; 3° **les Alpes Grées**, que continuent vers la France une série de chaînes désignées dans leur ensemble sous le nom d'**Alpes de Savoie.**

1° **Alpes Maritimes.** — Décrivant un vaste demi-

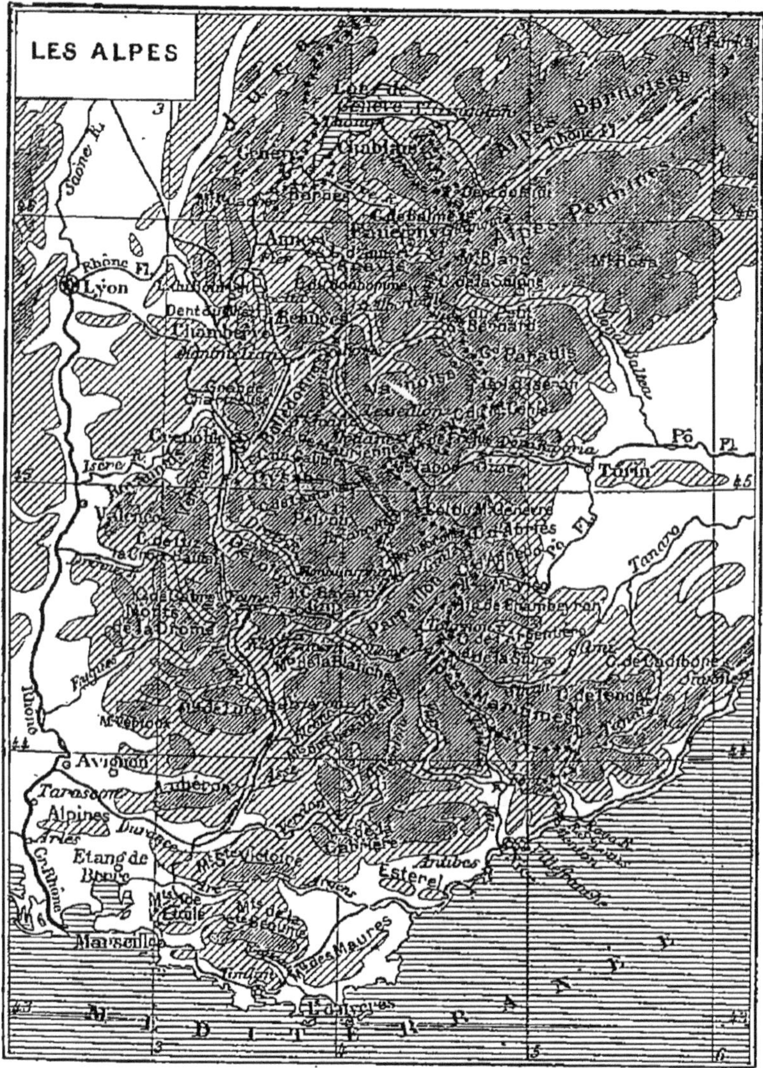

cercle du col de Cadibone au mont Viso, les Alpes Maritimes commencent par de faibles hauteurs (495 mètres) au nord de Savone et s'élèvent rapidement en s'éloignant de la mer, au mont Clapier, au nœud de la Stura, où culminent le pic de l'Enchastraye (2960 mètres) et le mont Lausannier, à l'aiguille de Chambeyron (3400 mètres).

Au col de Tende passe la grande route de Nice à Turin; le col de l'Argentière ou de Larche livre passage à la grande route qui, reliant les vallées de l'Ubaye et de la Stura, conduit de Barcelonnette à Turin. Celui d'Agnello, faisant communiquer le Guil avec la Vraita, permet de tourner au sud le massif du mont Viso.

Alpes de Provence. — Les Alpes Maritimes se prolongent au nord entre les Bormidas et le Tanaro par le vaste plateau du Montferrat qui force le Pô à décrire un grand détour avant Turin.

Vers la France se détachent une multitude de contreforts, arides, déboisés pour la plupart, dont l'ensemble est désigné sous le nom d'Alpes de Provence.

Entre la Roya et les affluents du Var se détache du mont Clapier un contrefort qui contient le massif de l'Authion, dont l'importance stratégique est considérable.

Entre le Verdon et le Var court une chaîne âpre et difficile, qui, élevée d'abord de 3000 mètres au mont Pelat, diminue ensuite d'altitude en prenant les noms de monts de la Cabrière (1200 mètres) et de montagne Sainte-Victoire [1].

Les Alpines (500 mètres), entre le Rhône et la Durance, sont le prolongement des monts Lubéron situés sur la rive droite de cette rivière.

Au nord de Marseille se développe la chaîne de l'Etoile, qui se continue jusqu'au cap Couronne, par les montagnes de l'Estaque. Les monts de la Sainte-Baume [2] (1150 mètres), situés à l'est de Marseille, se terminent au-dessus de Toulon par le plateau du Faron couvert de forts.

Les monts des Maures (800 mètres), situés entre le Gapeau et l'Argens, et dont le nom rappelle les anciennes colonies fondées sur la côte par les Sarrasins, et la chaîne de l'Estérel (600 mètres), qui leur font suite au delà de

---

1. Ce nom rappelle la victoire remportée jadis par Marius sur les Cimbres près d'Aix.

2. Ces montagnes doivent leur nom à une grotte ou baume, dans laquelle Marie-Madeleine aurait, suivant la tradition, passé les dernières années de sa vie.

l'Argens, sont deux massifs granitiques, sauvages, couverts de chênes-lièges, d'énormes fougères et d'arbustes des pays chauds.

Les vallées des premiers affluents de gauche de la Durance sont séparées par de puissants contreforts à travers lesquels on a ouvert récemment des routes carrossables. Entre le Verdon et la Bléone s'étendent les **monts du Cheval blanc**; entre la Bléone et l'Ubaye, les **montagnes de la Blanche**; entre l'Ubaye et le Guil, le massif beaucoup plus élevé du **Parpaillon** (3 300 mètres).

On peut passer de la vallée du Var dans celle de l'Ubaye par le **col de Fours**, de celle de l'Ubaye dans celle du Guil par le **col de Vars**, et de celle du Guil dans celle de la Haute-Durance par le **col d'Izouard**.

2° **Alpes Cottiennes.** — Limitées au sud par le mont Viso, au nord par le col du mont Cenis, **les Alpes Cottiennes** doivent leur nom au roi Cottius, qui résidait à Suse, et qui avait été chargé par l'empereur Auguste d'assurer la sécurité des passages dans cette partie des Alpes. Elles décrivent vers la France une grande courbe dont le sommet est marqué par le **mont Tabor** (3 200 mètres).

A leur origine se dresse la haute pyramide du **mont Viso** (3 840 mètres) que contourne au nord le **col d'Abriès**.

Au **col du mont Genèvre** (1 850 mètres), un des plus fréquentés des Alpes, passe une grande route qui unit la Durance à la Doria Riparia, Briançon à Turin. Le chemin de fer, qui s'arrête actuellement à Briançon, doit être prolongé jusqu'à Oulx, par le **col de l'Echelle** (1 790 mètres), moins élevé que le col du mont Genèvre, au nord duquel il se trouve placé. Un tunnel de près de 13 kilomètres, creusé **sous le col de Fréjus** entre Modane et Bardonnèche, et terminé en 1871, livre passage à la voie ferrée internationale de Paris à Turin, par Mâcon, Chambéry, Oulx et Suse. La route carrossable de Paris à Turin passe beaucoup plus au nord-est, au **col du mont Cenis**.

Alpes du Dauphiné. — Vers l'est, le principal contrefort est **celui de l'Assiette**, percé par les **cols de Sestrières et de l'Assiette**, que les Italiens ont protégés par de puissantes fortifications.

Du mont Tabor se détachent vers la France les innombrables ramifications connues sous le nom d'**Alpes du Dauphiné**, qui couvrent tout le pays compris entre la

Durance et l'Isère. On y trouve d'abord le **massif du Galibier**, à travers lequel le **col élevé du Galibier** (2 660 mètres) livre passage à une voie carrossable de Saint-Jean-de-Maurienne à Briançon.

Entre l'Arc, l'Isère et la Romanche, sont les **Alpes de Maurienne**, couvertes de glaciers et où culmine le pic des **trois Ellions** (3 500 mètres) ; le massif de **Belledonne** domine au sud-est de Grenoble la rive gauche de l'Isère.

L'énorme massif granitique du **Pelvoux** forme un obstacle impénétrable et est entouré comme d'un fossé par les rivières du Drac, de la Romanche, de la Guisanne et de la Durance. La **barre des Ecrins** y atteint 4 100 mètres ; le **mont Pelvoux** est moins élevé ; de nombreux glaciers s'écoulent par le torrent du Vénéon dans la Romanche. Le Pelvoux est contourné par deux cols : à l'est, le **col du Lautaret**, que franchit la route militaire de Grenoble à Briançon ; à l'ouest, le **col Bayard**, qui ouvre la route de Grenoble à Gap.

Le massif du **Dévoluy**, dont les roches calcaires éboulées remplissent les vallées, sépare le Drac de la Drôme et du Buech ; l'**Obiou** (2 800 mètres) en est le sommet le plus élevé ; **au col de Luz-la-Croix-Haute** qui le contourne passe le chemin de fer de Grenoble à Marseille par la vallée du Drac, Veynes sur le Buech, Sisteron et Aix.

Entre la Drôme et l'Isère s'étendent alignés du nord au sud les chaînons parallèles crétacés du **Vercors** ; la rive gauche de l'Isère est bordée au delà de Grenoble par les **monts du Royanais**.

Au sud du Dévoluy les massifs montagneux sont généralement orientés de l'est à l'ouest. Les **monts de la Drôme** atteignent rarement 1 900 mètres ; les **monts de Lure** ont pour dernière ramification le **mont Ventoux** (1 900 mètres), surmonté d'un observatoire météorologique et où les vents de la vallée du Rhône soufflent avec une grande violence ; enfin la chaîne du **Lubéron** borde la rive droite de la Durance inférieure.

3° Alpes Grées. — Du col du mont Cenis au massif du mont Blanc s'étendent les **Alpes Grées**[1] qui forment une muraille élevée à peine entaillée par quelques cols. Elles

---

1. Ce mot vient du celtique *craigh*, qui signifie pointe, haut sommet.

renferment d'**immenses glaciers**, tels que ceux de la **roche Melon**, de **Ruytors**. Le sommet de la **Levanna** (3 640 mètres) est le point culminant avant le mont Blanc. Une chaîne transversale, orientée de l'ouest à l'est, raie la crête des Alpes Grées et se compose de deux groupes montagneux que sépare **la dépression du col d'Iseran**; ce sont : entre l'Isère et l'Arc le **massif très élevé de la Vanoise** (3 600 mètres), au milieu duquel le col du même nom ouvre une communication entre Moutiers et Modane ; à l'est du col d'Iseran, le massif du **Grand-Paradis** (4 000 mètres), dont les ramifications se prolongent jusqu'au défilé de Bard.

Le seul passage fréquenté est **le col du Petit Saint-Bernard**, qui fait communiquer Moutiers sur l'Isère avec Aoste sur la Doria Baltea.

Le mont Blanc. — Orienté du sud-ouest au nord-est,

Chamonix et le mont Blanc.

et isolé au nord par les cols de Balme et de la Tête-Noire, à l'ouest par l'Arve, au sud par les cols du Bonhomme et de la Seigne, à l'est par la Doria Baltea, **le massif du Mont-Blanc** contient les points culminants de tout le système alpestre, le **grand mont Blanc** (4 810 mètres), le **dôme du Gouter**, le **mont Maudit**, les **grandes Jorasses** et l'**aiguille du Géant**, dépassant tous 4 000 mètres.

Vers l'Arve descendent la **mer de Glace**, les **glaciers** des **Bossons** et **d'Argentière**, vers la Doria Baltea ceux de l'allée **Blanche**.

Du **Brévent** et de la **Flégère**, situés au-dessus de Chamonix, sur la rive droite de l'Arve, on peut contempler dans son ensemble la chaîne du mont Blanc.

Chamonix sur l'Arve communique avec Martigny sur le Rhône, par la route du **col de la Tête-Noire** ou par le chemin du **col de Balme**; avec Aoste par les **cols du Bonhomme** et **de la Seigne**.

Le mont Blanc fut gravi pour la première fois en 1786 par le docteur Paccard et le guide Jacques Balmat, et l'année suivante par le naturaliste de Saussure, qui fit au sommet du mont diverses expériences scientifiques. Depuis, ont été construits divers abris, dont le plus connu est la cabane des **Grands-Mulets**, située à plus de 3 000 mètres d'altitude. Deux observatoires ont été construits, au prix d'énormes difficultés, un peu au-dessous du principal sommet du massif et au sommet même du mont Blanc.

Alpes de Savoie. — Entre l'Isère, le lac de Genève et le Rhône, s'étendent diverses ramifications que les géographes désignent sous le nom général d'**Alpes de Savoie**. Elles comprennent :

1° La **chaîne du mont Grapillon**, que suit la frontière entre la Savoie française et le Valais suisse, va se terminer sur le lac de Genève au-dessus de Saint-Gingolph. Elle contient les cols de Balme et de la Tête-Noire, qui conduisent de Chamonix à Martigny, et le haut massif de la Dent du Midi (3 200 mètres).

2° Le massif des **Dranses**, compris entre l'Arve et le lac de Genève, comprend au nord les **monts du Chablais**, au sud les **monts du Faucigny**, et à droite du cours inférieur de l'Arve le massif **des Voirons**.

3° Entre l'Arve, le lac d'Annecy et le Fier les **Bornes** finissent sur le Rhône par le mont **Vouache**; le massif des **Aravis**, entre le lac d'Annecy et l'Arly, est limité au nord par le **col de Mégêve** où passe la route d'Albertville à Chamonix; au sud, par le **col de Faverges**, qui fait communiquer Annecy avec Albertville.

4° Le massif calcaire des **Beauges**, où l'on remarque le **Semnoz** et le **Revard**, gravi aujourd'hui par un chemin de fer, est compris entre les lacs d'Annecy et du Bourget

5° Enfin, entre Grenoble et Chambéry, entre le Rhône et l'Isère, le **massif de la Grande-Chartreuse**, composé de chaînons parallèles, prolonge le Jura méridional. Le pic de **Chamechaude** (2 100 mètres) en est le point culminant; au sommet du **Saint-Eynard** (1 360 mètres), est bâti un des forts les plus élevés du camp retranché de Grenoble; le **Grand Som** est situé près du monastère de la Grande-Chartreuse; le **mont Granier** est célèbre par ses éboulements.

Entre Grenoble et Lyon s'étendent les **plateaux des Terres-Froides** et de **Chambaran** (800 à 900 mètres)

Frontière des Alpes.

Caractère de la frontière. — La **frontière des Alpes** est en très grande partie **naturelle**; à l'exception d'une légère irrégularité au profit de l'Italie vers le col du Petit Saint-Bernard, elle suit la chaîne du Grapillon, depuis Saint-Gingolph jusqu'au mont Blanc, puis la crête des Alpes du mont Blanc au mont Clapier; là elle devient conventionnelle, coupe deux fois la Roya, dont le cours moyen seul appartient à la France et suit le ruisseau Saint-Louis jusqu'à la Méditerranée.

La barrière des Alpes, bien que formant une frontière assez régulière, est insuffisante, car, si du côté de l'Italie les routes convergent vers Turin, du côté de la France les vallées sont divergentes et peuvent plus facilement servir de chemins d'invasion. Mais il faut ajouter que dans ces vallées, la plupart du temps étroites, une armée ne saurait se déployer à l'aise et que les communications entre les armées opérant dans des vallées parallèles, demeurent, malgré les routes nouvelles qui ont été récemment ouvertes, encore assez difficiles. Aussi a-t-on barré les vallées par des forts qui surveillent les passages principaux ou les confluents des rivières, tandis que de vastes camps retranchés permettraient aux armées qui défendraient la frontière de s'approvisionner et de se réorganiser.

Défenses de la Provence. — **Deux camps retranchés** défendent la route et le chemin de fer de la Corniche, qui, suivant en général la côte, peuvent être facilement coupés : **Nice réunie à Villefranche**, par des forts, et **Toulon**, admirablement protégé du côté de la mer, entouré du côté de la terre de nouvelles défenses parmi lesquelles les **forts du mont Faron.**

Comme défenses secondaires, on trouve les batteries **des îles de Lérins** et **d'Hyères**, et **Antibes. Marseille** n'est défendu que du côté de la mer par des forts. Dans la vallée du Var, des forts récents ont remplacé la vieille place d'Entrevaux, et le **fort du Barbonnet** protège la route de Nice à Turin.

Défenses du Dauphiné. — Sur la Durance supérieure s'élève le camp retranché de **Briançon**, qui barre la route du mont Genèvre. Il comprend trois sortes de défenses : la ligne des anciens forts, celle de l'Infernet et celle de Gondran ; des batteries ont été placées jusqu'à 2000 mètres d'altitude.

Grenoble, au confluent du Drac et de l'Isère, dominée par la citadelle de la Bastille, a été entourée de nouveaux forts qui barrent complètement les vallées des deux rivières.

La vallée de la Durance est protégée, après Briançon, par **Montdauphin** et **Sisteron** ; sur le Guil subsiste la vieille forteresse de **Fort-Queyras** ; dans la vallée de l'Ubaye, les ouvrages de **Tournoux** et de **Saint-Vincent** défendent le col de l'Argentière.

La vallée supérieure de l'Isère, ou Tarentaise, est protégée par les batteries de **Vulmis** et par le camp retranché d'**Albertville.** La Maurienne, ou vallée de l'Arc, possède la forteresse de **Lesseillon**, le **fort de Sappey** qui domine l'entrée du tunnel de Fréjus, le fort **Berwick**, près de Saint-Michel-de-Maurienne, et, au confluent de l'Isère et de l'Arc, les **ouvrages d'Aiton**, près de Chamousset. Le **fort Baraux**, peu important aujourd'hui, défendait jadis la trouée de Chambéry ; enfin, Grenoble, par ses défenses nouvelles, barre entièrement la vallée de l'Isère.

Défenses de la Savoie. — Les traités de 1815, confirmés par le traité de 1860, ont proclamé la **neutralité de la Savoie septentrionale** (région du Chablais et du Faucigny), où la France s'est abstenue de construire des fortifications permanentes pour ne pas mécontenter la Suisse.

La route et le chemin de fer de Genève à Lyon sont barrés par le **fort de l'Ecluse** ; les anciens ouvrages de Pierre-Châtel n'ont plus d'importance.

Lyon, objectif d'armées ennemies ayant traversé le Jura

et les Alpes, est pourvue d'une double ceinture de forts détachés qui couvrent au nord le plateau de Sathonay, vont au nord-ouest jusqu'aux hauteurs de la rive droite de la Saône, et au sud jusqu'à Givors (forts de Caluire, du mont d'Or, au nord; de la Tête-d'Or, des Brotteaux, du Feyzin, de Bron, de Meyzieu, à l'est; de Vaise, Saint-Irénée, de Bruissin, de Millery, à l'ouest).

CHAPITRE V

Le Jura.

I. — Caractères généraux du Jura

Limites; dimensions; forme; pentes. — Le **Jura** est un vaste plateau calcaire, ridé de sillons montagneux parallèles, d'autant plus serrés et plus élevés que l'on s'approche de la lisière orientale du plateau.

On donne généralement pour **limites** au système montagneux du Jura, au nord, la trouée de Belfort et le Rhin; à l'ouest, le Doubs et la Saône; au sud, le Rhône; à l'est, les lacs de Neuchâtel, de Bienne, et l'Aar. Cependant **le Jura dépasse le Rhin**, et, se recourbant de plus en plus vers l'est, va, par des plateaux de même composition géologique, appelés Jura de Souabe et Jura franconien, se rattacher au nœud du Fichtel Gebirge. De même au sud, **il dépasse le cours actuel du Rhône**; ses chaînons viennent, sous les noms de Dent du Chat et de monts de l'Epine, se confondre avec le massif également calcaire de la Grande-Chartreuse.

Le Jura, long, entre Rhône et Rhin, d'environ 280 kilomètres, a une **largeur** qui varie entre 50 et 80 kilomètres, et, par **son altitude** (crêt de la Neige, **1724 mètres**), il se rattache aux montagnes d'élévation médiocre.

Le Jura est formé de **plusieurs chaînons parallèles**, dont la direction est généralement : dans la partie méridionale, **du sud au nord**; dans la partie centrale, **du sud-ouest au nord-est**; dans la partie septentrionale, **de l'ouest à l'est**. Son aspect rappelle assez exactement celui d'étoffes **plissées ou de vagues de la mer**, qui se seraient subitement solidifiées. C'est un exemple manifeste du phénomène que les géologues appellent **plissements de terrains**. Vers l'est, des chaînons abrupts dominent d'assez haut la plaine suisse, mais s'abaissent par des pentes beaucoup plus douces vers le versant occidental, où ne tarde pas à prédominer la forme de plateau.

Crêts; cluses; combes; ruz. — Les plateaux du Jura ont été bizarrement découpés par des secousses volcaniques, par des plissements dus à de fortes pressions latérales, enfin par le travail contemporain de l'érosion des vallées. Entre les chaînons parallèles, dont l'extrémité rocheuse porte le nom de **crêt**, s'ouvrent d'étroites fentes appelées **cluses**, ou de longs bassins fermés que l'on nomme **combes**. Le terme de **ruz** sert à désigner une déchirure entre deux crêts. Comme dans tous les terrains calcaires, de nombreux **cours d'eau se perdent dans les fissures du sol** pour reparaître plus loin sous forme de belles fontaines. Telle est l'Orbe, qui, après avoir formé le lac de Joux, s'écoule sous terre et reparaît par la fontaine de Vallorbe. **Les lacs** intérieurs du Jura (lacs de Saint-Point, de Nantua, de Joux) sont moins étendus que ceux qui se développent à sa base (lacs de Neuchâtel et de Bienne).

Climat; population; productions. — La région du Jura est soumise à un **climat continental** qui ressemble beaucoup à celui des Vosges : il est caractérisé par une grande abondance de neige en hiver; la moyenne des pluies atteint jusqu'à $1^{m},40$.

Les **cours d'eau jurassiques** sont, en général, des torrents, impropres à la navigation, mais dont les eaux sont utilisées par l'industrie.

Le Jura possède quelques vastes **forêts**, comme celles de **la Haute-Joux**, et, au sud-ouest de Besançon, **la forêt de Chaux**; des **vignes** prospèrent à la base occidentale du Jura (Arbois). De nombreux et excellents **pâturages** sont utilisés pour l'élevage. **La population du Jura**, de haute taille, forte et énergique, tire d'importants revenus de la **fabrication des fromages** (Gex), de l'industrie de l'**horlogerie** (Besançon, Morteau, Morez) et de la tabletterie (Saint-Claude). Enfin les chutes d'eau, utilisées avec soin, transmettent une force motrice considérable aux nombreux **moulins** et **usines** qui se sont construits le long des rivières.

Caractère de la frontière du Jura. — Par l'escarpement de son versant oriental, le Jura constituait jadis un obstacle redoutable à la marche des

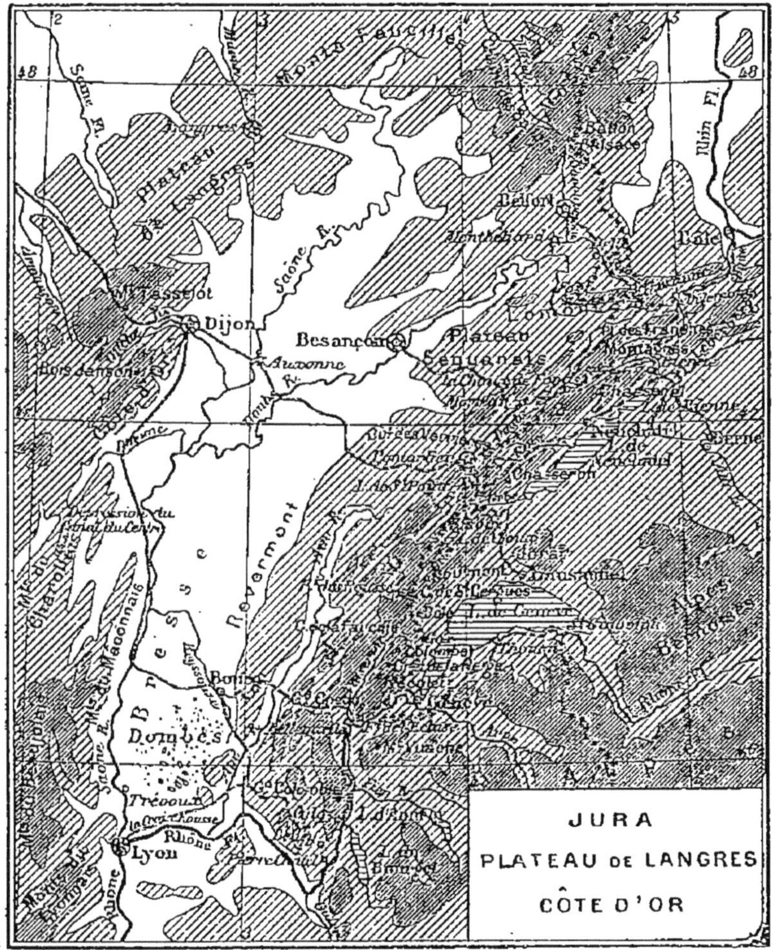

armées qui devaient chercher à le tourner au nord par la trouée de Belfort, au sud par les défilés du Rhône. La violation possible de la neutralité suisse et le développement rapide des voies de communication, en diminuant la solidité de cette frontière, ont obligé la France à la protéger par des camps retranchés et par des défenses nouvelles.

II. — Description du Jura

On peut distinguer dans le Jura **deux parties**, que séparent nettement la ligne de chemin de fer de Paris, Dôle, Pontarlier, Neuchâtel, le col de la Cluse et le val Travers.

Jura méridional. — Le **Jura méridional** est la partie la plus élevée, la plus accidentée, où les voies de communication sont restées longtemps assez rares à cause de la difficulté de leur construction.

Dans le chaînon qui, placé à l'entrée du défilé de l'Ecluse, fait face au mont Vouache, se trouvent les plus hauts sommets de tout le Jura, le **Grand Credo** (1690 mètres), sur les flancs duquel s'élève le **fort de l'Ecluse**; le **crêt de la Neige** (1 724 mètres), point culminant; le **Reculet** (1 720 mètres), puis le **Colombey de Gex** et la **Dôle**.

Entre les chaînons boisés du **Risoux**, à l'ouest, et du **Noirmont**, à l'est, s'étend la **vallée de Joux**, fermée de toutes parts par des montagnes et arrosée par l'**Orbe**, qui, après avoir formé le **lac de Joux**, coule sous terre pour reparaître à **Vallorbe**. La chaîne du **Chasseron** se développe entre la Reuse et le lac de Neuchâtel. Vers l'est, le Jura est séparé **par le plateau du Jorat** (600 mètres), sur lequel s'élève Lausanne, des Alpes Bernoises qui commencent au col de la Dent de Jaman.

Dans un autre chaînon du Jura qui, s'élevant au-dessus du Rhône vers Culoz, se prolonge jusqu'aux gorges de Châtillon-de-Michaille, on remarque le **Grand Colombier**.

Plus loin, vers le **défilé de Pierre-Châtel**, que le Rhône traverse en formant une grande boucle vers le sud, le Jura dépasse le fleuve et, s'étendant à l'ouest du lac du Bourget et de Chambéry par la **Dent du Chat** et les **monts de l'Epine**, va se confondre avec le massif de la Grande Chartreuse.

Une crête bien marquée traverse, à l'ouest de la vallée supérieure du Doubs, la région boisée de **la Haute-Joux**, et le Jura se termine à la lisière du **plateau de la Bresse** par un talus de 700 à 800 mètres d'altitude appelé le **Revermont**. Au delà, jusqu'à la Saône, se développent la **Bresse**, plaine marécageuse que l'irrigation a rendue à la culture, et le plateau de la **Dombes**, dont le sol argileux est couvert d'étangs, la plupart artificiels, mais que les habitants ont dû dessécher en partie, à cause de l'apparition de fièvres dangereuses. Au confluent de la Saône et du Rhône, le **plateau de la Croix-Rousse**, où est situé le camp militaire de Sathonay, supporte la cité ouvrière qui fait partie de la grande ville de Lyon.

Le Jura méridional est traversé par d'importantes voies de communication, dont le nombre s'est rapidement accru dans les dernières années.

Le chemin de fer de Genève à Lyon franchit le **défilé de l'Ecluse**, et, par Bellegarde et Seyssel, descend le Rhône pour emprunter ensuite la vallée de l'Albarie ; la route s'écarte du chemin de fer à Bellegarde, et, remontant la Valserine, franchit les **gorges de Châtillon-de-Michaille.**

Une autre voie ferrée plus récente, et dont la construction a nécessité de grands travaux d'art, unit **Bourg à Saint-Gingolph**, sur le lac de Genève, par Nantua, Bellegarde, le tunnel percé sous le mont Vouache, Thonon et Evian.

Le **col de la Faucille** est gravi par la route de Gex à Saint-Claude; au **col de Saint-Cergues** passe celle de Lausanne à Salins. Enfin, une autre route unit **Bellegarde à Pontarlier**, par la vallée de la Valserine, le fort des Rousses et les gorges de Morez.

Jura septentrional. — Au delà du col de la Cluse, les chaînons du Jura deviennent moins élevés, et la **forme de plateau** devient peu à peu prédominante. Le **plateau des Franches-Montagnes** sépare Neuchâtel de la Chaux-de-Fonds; le **Chasseral** domine la rive occidentale du lac de Bienne, et le long de l'Aar se prolongent les chaînons du **Weissenstein** et du **Hauenstein**. Au milieu des chaînons du Jura septentrional s'ouvrent des vallées profondes et pittoresques, telles que le **val Travers**, arrosé par la Reuse, et le **val Saint-Imier**, que traverse la Suze. Les chaînons parallèles du **Lomont**, que le Doubs coupe par ses deux boucles, forment au sud de la trouée de Belfort une sorte de bastion. Enfin, au delà du **mont Terrible**, qui domine Sainte-Ursanne, les **montagnes Bleues** se prolongent jusqu'à Bâle.

Le **col de la Cluse** livre passage à deux voies ferrées doublées de deux routes qui se séparent au pied même du fort de Joux, l'une de Paris à Berne, par Dôle, Pontarlier, les Verrières, le val Travers, Neuchâtel et Bienne; l'autre de Paris à Lausanne, par Pontarlier, le val de Jougne et Vallorbe.

Le chemin de fer de Neuchâtel à Besançon franchit les deux **cols des Loges et des Roches**, entre lesquels s'élève la ville industrielle suisse de la Chaux-de-Fonds, avant de couper le Doubs à Morteau.

De Bienne, une route et une voie ferrée transversales se prolongent jusqu'à Bâle, par le val Saint-Imier, le **défilé de Pierre Pertuis** et la vallée de la Birse.

Enfin, Belfort est relié à Bâle par un chemin de fer qui, traversant après Delle la frontière française, franchit le **col des Rangiers**, et, par Sainte-Ursanne, rejoint à Délémont la vallée de la Birse.

La voie ferrée de Bâle à Lucerne, par Olten, coupe le chaînon oriental du Jura par le **tunnel du Hauenstein**, dont la construction, en 1857, a été particulièrement difficile.

Frontière du Jura. — **La frontière**, entre la France et la Suisse, est en très grande partie **conventionnelle.** Après avoir traversé la trouée de Belfort, elle coupe l'Allaine à l'est de Delle, la première boucle du Doubs, sur laquelle Sainte-Ursanne est laissée à la Suisse, suit quelque temps cette rivière jusqu'au lac des Brenets, puis, passant à l'ouest du Locle, atteint le col des Verrières, franchit l'Orbe, dont la source est laissée à la France, et traverse la plaine qui s'étend entre Gex et le lac de Genève, puis, coupant le Rhône un peu avant le défilé de l'Ecluse, contourne Genève et, après avoir franchi l'Arve, vient aboutir au lac, dont la rive méridionale est française.

Quatre camps retranchés défendent cette frontière; au nord : **Belfort**, relié par des forts à la haute Moselle d'une part, à Montbéliard et au Doubs de l'autre; au centre : **Besançon**, situé dans une boucle du Doubs, et dominé par des hauteurs où les forts ont été indéfiniment multipliés (forts de Chailluz, de Chaudanne, de Montfaucon, de Bregille, etc.), et **Dijon**, pourvu d'une ceinture de forts depuis 1873; au sud : **Lyon**, qui défend à la fois la frontière du Jura et celle des Alpes; le développement de sa ligne de défense est d'environ 70 kilomètres.

Comme **défenses secondaires**, on trouve le fort de

l'Ecluse, qui défend le défilé de ce nom; les forts des Rousses et du Risoux, protégeant le col de Saint-Cergues; les forts de Joux et du Larmont qui commandent, à l'est de Pontarlier, le col de la Cluse et les chemins de fer de Paris à Berne et à Lausanne; le fort Saint-Antoine, au sud-est du lac de Saint-Point; le fort du Tantillón, près de Morteau; les forts du Lomont, entre les deux boucles du Doubs. La petite place d'Auxonne sert de transition entre Besançon et Dijon.

CHAPITRE VI

Vosges. — Plateaux de Lorraine, de l'Argonne, de l'Ardenne. — Monts Faucilles.

I. — Caractères généraux des Vosges

Limitant à l'ouest la plaine d'Alsace, qu'elle sépare du plateau de Lorraine, la **chaîne des Vosges** présente par sa direction, l'altitude et la forme de ses sommets, sa composition géologique et la disposition de ses pentes, de **grandes ressemblances avec la Forêt-Noire**, à laquelle elle était jadis unie, avant l'effondrement de la partie centrale qu'a empruntée le cours du Rhin. **Longue d'environ 250 kilomètres** de la trouée de Belfort jusque vers Mayence, elle **s'abaisse** vers le **plateau de Lorraine** par des chaînes parallèles, dont la largeur totale ne dépasse pas 35 à 40 kilomètres; **son point culminant**, le **ballon de Guebwiller**, atteint 1 426 mètres.

Dans la partie méridionale des Vosges dominent les **granits** et les **schistes**, tandis que le revers occidental est principalement formé de **grès rouge** et de **grès rose**. Les **pentes** abruptes, vers l'Alsace, se prolongent doucement vers l'ouest par des plateaux que contourne la Moselle. Les **sommets**, tantôt arrondis, sont appelés **ballons**; tantôt ayant la forme de tables, prennent le nom de **chaumes**.

Des **lacs** peu étendus (lacs de Retournemer, Longemer, Gérardmer, dans la vallée supérieure de la Vologne ; lacs de Daren et Blanc, sur le versant oriental) se trouvent près de la crête. Sur le versant lorrain, la **population** des vallées vosgiennes exploite les **forêts**, prépare le **charbon**, fa-

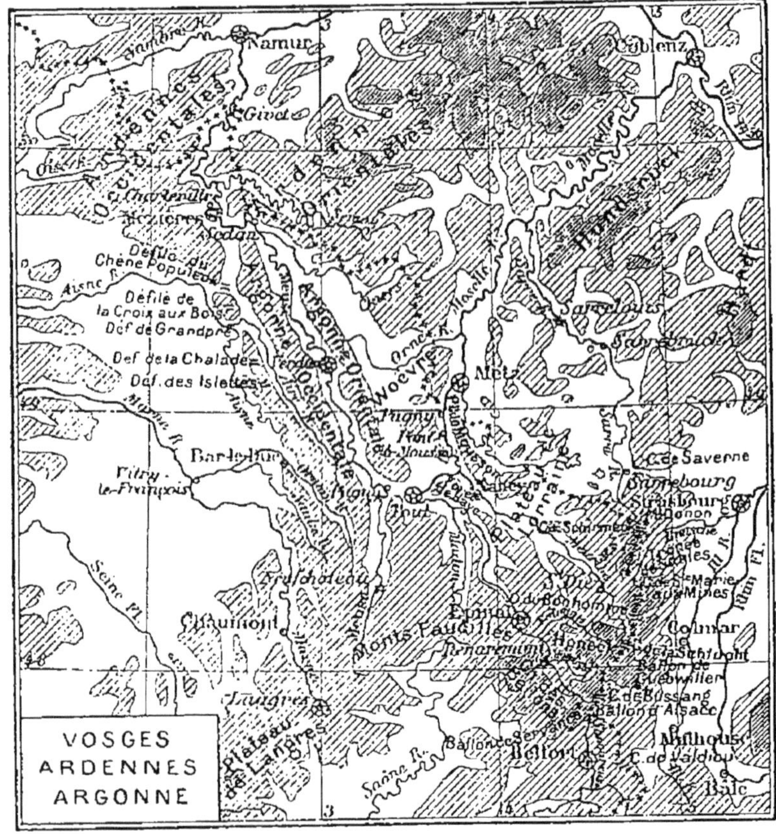

VOSGES
ARDENNES
ARGONNE

brique le **kirsch**; les habitants des vallées alsaciennes ont créé des **industries textiles** prospères, dont **Mulhouse** est le centre.

Les Vosges, présentant un grand nombre de **cols faciles à franchir** et pouvant être tournées, vers le nord, par les armées allemandes, constituent une **mauvaise frontière** ; aussi la France a-t-elle dû, après 1871, créer de toutes pièces un nouveau système de défenses.

II. — Description des Vosges

Division des Vosges. — On divise généralement la chaîne des Vosges en **deux parties** : les **Vosges méridionales** ou **Hautes-Vosges**, de la trouée de Belfort au col de Saverne; les **Vosges septentrionales** ou **Basses-Vosges**, du col de Saverne au Rhin.

Mais, si l'on considère les divers plissements ou fractures de la chaîne, on peut distinguer **quatre rides montagneuses** principales, à peu près parallèles entre elles, la première allant du ballon d'Alsace au Bressoir; la seconde, de la Meurthe supérieure à la Brusche; la troisième, de Remiremont, sur la Moselle, au col de Saverne; la quatrième, d'Epinal au mont Donon.

1re *ride.* — Au nord du **ballon d'Alsace** (1 250 mètres), qui marque la limite de l'Alsace et des deux départements français des Vosges et de la Haute-Saône, s'étendent le mont **Gresson**, le **Rothenbach**, le **Honeck** (1 366 mètres), que prolonge sur le territoire allemand le **Bressoir**.

Du Rothenbach part, vers l'est, le contrefort qui contient le **ballon de Guebwiller** (1 426 mètres), point culminant de toutes les Vosges, qui domine la plaine d'Alsace.

La chaîne des Ballons, orientée du sud-est au nord-ouest, le long de la rive gauche de la Moselle, contient, à l'ouest du ballon d'Alsace, le **ballon de Servance**, surmonté par un fort. Entre ces deux sommets passe la route d'Epinal à Belfort, dite **route du Ballon.**

Les principaux passages de cette partie des Vosges sont : le **col de Valdieu** où passent le chemin de fer de Paris à Bâle et le canal du Rhône au Rhin; le **col de Bussang**, entre la Moselle et la Thur, et le **col de la Schlucht**, qui joint Epinal à Colmar par la vallée de la Vologne.

2e *ride.* — Placée à l'ouest de la précédente, une **deuxième chaîne** s'étend des sources de la Meurthe jusqu'au cours moyen de la Brusche. On y remarque le massif du **Champ du Feu** (1 085 mètres).

Saint-Dié communique avec Colmar par le **col du Bonhomme**; avec Schlestadt, par **celui de Sainte-Marie-aux-Mines**; avec Strasbourg, par la **trouée de Saales** et la vallée de la Brusche.

3e *ride.* — Dans la **troisième chaîne**, allant de Remiremont au col de Saverne, se trouvent la **montagne d'Ormont**, au-dessus de Saint-Dié, et le **mont Donon** (1000 mètres) où la frontière entre la France et l'Allemagne quitte la crête des Vosges pour se diriger vers l'ouest.

Cathédrale de Strasbourg.

Le **col de Schirmeck** joint la vallée de la Meurthe à celle de la Brusche.

4e *ride.* — Formant l'avant-terrasse des Vosges à l'ouest, la **quatrième chaîne** n'est pas absolument parallèle aux précédentes; les collines qui la constituent, d'Epinal au mont Donon, sont couvertes d'épaisses forêts.

Chemins de fer. — La **grande ligne** qui suit la plaine d'Alsace, de **Mulhouse à Saverne**, par Colmar et Schlestadt, envoie des embranchements dans les vallées de la Thur, du Fecht, de la Liepvrette et de la Brusche.

En France, la **ligne d'Epinal à Avricourt**, par Charmes et Lunéville, contourne les Vosges à l'ouest; **celle d'Epinal à Lunéville**, par Arches, Saint-Dié, Baccarat, traverse une partie de la chaîne et envoie des **embranchements** dans les vallées de la Moselle (Remiremont-Bussang), de la Moselotte, de la Vologne (Gérardmer), de la haute Meurthe et de la Vezouze.

III. — Plateaux de Lorraine, de l'Argonne de l'Ardenne. — Monts Faucilles

Le plateau de **Lorraine**, élevé de 200 à 500 mètres et composé de **trias**, s'étend entre les Vosges et la Moselle; les forêts qui le couvrent en font une sorte de forteresse naturelle; le nom de **forêt de Haye** est donné à la partie du plateau qui sépare la Moselle de la Meurthe ; au delà, entre la Meurthe et la Seille, se développe le **plateau de Mousson.**

L'**Argonne** est un vaste plateau calcaire, haut de 300 à 400 mètres, qui sépare la région de la Moselle des affluents de la Seine, et à travers lequel la Meuse a tracé un long mais étroit sillon. L'**Argonne orientale,** mieux désignée sous le nom de « Côtes de Meuse », est couverte de forts qui interceptent le passage entre Toul et Verdun, et s'abaisse vers l'est par la plaine marécageuse de la **Woëvre** que traverse l'Ornes.

L'**Argonne occidentale,** qui se prolonge jusqu'à la Marne et jusqu'à l'Aisne, est coupée par **cinq défilés** que l'on a jadis appelés les **Thermopyles de la France,** et que ne protègent aujourd'hui aucune défense; au nord, le **défilé du Chêne populeux** livre passage au canal des Ardennes, qui relie l'Aisne à la Meuse; aux défilés de **la Croix-au-Bois,** de **Grandpré,** de **la Chalade,** passent les routes de Reims à Sedan ou à Verdun. Enfin, le chemin de fer de Paris à Metz, par Sainte-Menehould et Verdun, emprunte le passage le plus méridional, le **défilé des Islettes.**

L'Argonne est continuée au nord, sur les deux rives de la Meuse, par le **plateau schisteux de l'Ardenne.** Elevé de 400 à 500 mètres, il a peu de sommets saillants, mais est couvert de forêts et présente, dans les dépressions, des **fagnes,** sorte de cuvettes boueuses d'où l'on extrait la tourbe et dont un grand nombre forment, avec le temps, des prairies. Les **Ardennes orientales,** au milieu desquelles le Chiers et la Semoy coulent en décrivant d'innombrables méandres, se prolongent en Belgique et atteignent leur plus grande hauteur (700 mètres) près de Verviers ; les **Ardennes occidentales,** prolongées aux sources de l'Oise par le **plateau de la Thiérache,** se développent entre la Meuse et la Sambre.

Les géographes désignent, sous le nom conventionnel de **monts Faucilles**[1], un plateau calcaire aux pentes très douces, dont l'altitude ne dépasse jamais 500 mètres, et que traversent avec la plus grande facilité le chemin de fer de Nancy à Gray et le canal de l'Est, entre la Saône et la Moselle.

---

1. Ce nom est inconnu dans le pays.

CHAPITRE VII

Les Fleuves. — Cours d'eau de plateaux. — Meuse et Moselle.

I. — Aspect général de la région nord-est de la France

Située entre la Seine, la Saône, le Doubs et le Rhin, la région du nord-est de la France est surtout une **région de plateaux**.

Au point de vue géologique, elle forme, dans sa partie occidentale, la continuation du bassin de Paris, tandis qu'à l'est la chaîne des Vosges constitue un trait géographique distinct.

Le climat lorrain ou vosgien y domine, caractérisé par de grands froids en hiver, par de **brusques écarts** de température (à Nancy, moyenne de température de l'hiver : + 2° ; moyenne de l'été : + 20°), par des pluies abondantes dans les Vosges (moyenne annuelle : 1 mètre) et qui diminuent à mesure qu'on s'avance vers l'ouest, par des neiges et des gelées précoces ou tardives.

La **Lorraine**, qui couvre la plus grande partie de la région, a présenté de tout temps une grande unité et a formé successivement un royaume et un duché avant d'être absorbée par la France.

L'**agriculture** (forêts, houblon, vignes) y est prospère, de même que l'**industrie**, représentée par les mines de houille (bassin de la Sarre), de fer, par de grands établissements métallurgiques (Nancy, Frouard, Stenay, Charleville), par l'exploitation des salines (vallées de la Seille et de la Meurthe moyenne), des ardoisières (Ardennes), par des filatures (Remiremont, Epinal), des manufactures de draps (Sedan), des fabriques de dentelles (Mirecourt), de cristaux (Baccarat), et d'images (Epinal, Mirecourt).

La région du nord-est, constituant la **frontière avec l'Allemagne**, présente une importance militaire considérable ; privée de ses défenses, après les pertes territoriales de 1871, elle a été fortifiée depuis par plusieurs rideaux de défenses.

II. — La Meuse

Cours de la Meuse. — La Meuse (950 kilomètres de cours, dont 450 en France) descend du point où se rattachent

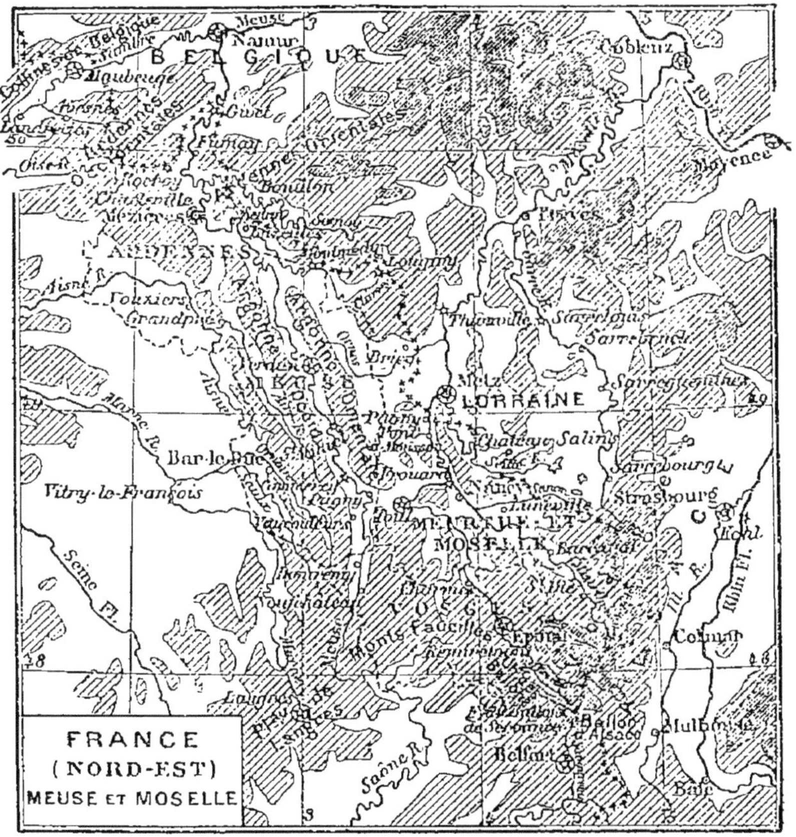

FRANCE (NORD-EST) MEUSE ET MOSELLE

les monts Faucilles, le plateau de Langres et l'Argonne ; ses eaux, peu abondantes, disparaissent pendant 3 kilomètres dans les fissures du sol calcaire : c'est la perte de la Meuse.

Dans une vallée fort étroite jusqu'à Verdun, et où elle décrit de nombreux méandres, elle arrose **Neufchâteau**, point de croisement de chemins de fer; **Domrémy** et **Vaucouleurs**, qui rappellent le souvenir de Jeanne d'Arc; **Pagny-sur-Meuse**, où elle est coupée par le canal de la Marne au Rhin; **Commercy**, défendu par des forts placés sur l'Argonne orientale; **Verdun**, grand camp retranché qui barre une des principales routes d'invasion.

De Verdun à Mézières, la Meuse, en partie canalisée, en partie longée par le canal de l'Est, coule dans une vallée plus large et couverte de prairies souvent inondées. A **Stenay** se trouvent de grands établissements métallurgiques; **Sedan**, qui fabrique des draps, rappelle, ainsi que **Bazeilles**, sa voisine, la terrible bataille du 1er septembre 1870 et la désastreuse capitulation qui en fut la suite. Une boucle de la Meuse forme ensuite la **presqu'île d'Iges**, au delà de laquelle, à **Donchery**, aboutit le canal des Ardennes, venant de l'Aisne. **Mézières-Charleville** (25 000 habitants), chef-lieu du département des Ardennes, est composé de deux villes que sépare la Meuse : Mézières est une vieille place forte déclassée; Charleville possède des fonderies et des clouteries.

Après Mézières, la Meuse, coulant dans une vallée resserrée, traverse le plateau des Ardennes. A **Monthermé**, au milieu des gorges, elle reçoit la Semoy; **Fumay** exploite de riches ardoisières; **Givet**, défendu par la citadelle de **Charlemont**, est la sentinelle avancée de la France vers la Belgique.

La Meuse pénètre alors en Belgique où elle arrose Namur, Liège, puis elle entre en Hollande pour venir se jeter dans la mer du Nord, en confondant ses embouchures avec celles du Rhin.

Affluents de la Meuse. — La Meuse est trop encaissée en France pour recevoir d'importants affluents. A Domremy finit (rive droite) le **Vair**, dans la vallée duquel sont les villes d'eaux minérales de **Contrexéville** et de **Vittel**.

Le **Chiers**, dont la source appartient au Luxembourg, décrit, dans une étroite vallée creusée au milieu des schistes, d'innombrables sinuosités. **Longwy**, qui a des usines et des forges, défend la frontière du Luxembourg; **Montmédy** est une place forte secondaire.

La **Semoy**, aussi sinueuse que le Chiers, coule presque entièrement en Belgique où elle arrose **Bouillon**, et vient finir dans la Meuse, en France, à Monthermé.

A gauche, le principal affluent de la Meuse est la **Sambre** qui, descendue des plateaux de la Thiérache, devient navigable à **Landrecies**, patrie de Dupleix, où elle est rejointe par le canal venant de l'Oise, et pénètre ensuite dans un riche bassin houiller. **Maubeuge**, grand camp retranché, voisin de la frontière belge, possède en outre des forges, des hauts fourneaux et des ateliers de construction de machines. Au delà, la Sambre pénètre en Belgique, traverse la région houillère dont Charleroi est le centre, et aboutit dans la Meuse, à Namur.

III. — La Moselle

Cours de la Moselle. — La **Moselle** ou petite Meuse (520 kilomètres de cours, dont 205 en France) a sa source principale au col de Bussang, et traverse jusqu'à Épinal, entre les Vosges et la chaîne des Ballons, une vallée étroite, protégée par des forts détachés, et où se trouvent : **Bussang**, ville d'eaux minérales ; **Remiremont**, place forte au confluent de la Moselotte ; **Arches**, près de laquelle tombe la Vologne ; **Épinal** (26 500 habitants), camp retranché, ville connue par ses imageries, et où, depuis 1870, se sont établies de nombreuses filatures.

A Épinal la Moselle sort des montagnes et contourne le plateau de Lorraine ; elle est longée par le canal de l'Est ; entre Épinal et Pont-Saint-Vincent, au confluent du Madon, où se trouve un fort, s'ouvre la **trouée de Charmes**. Au grand camp retranché de **Toul**, la Moselle décrit un grand coude et, longeant l'Argonne orientale, se dirige vers le nord-est en passant à **Frouard**, où un fort d'arrêt commande le confluent de la Meurthe ; à **Pont-à-Mousson**, qui possède des forges ; et à **Pagny-sur-Moselle**, point frontière où se trouve la douane française. Dans la Lorraine dite allemande, la Moselle, après avoir arrosé le grand camp retranché de **Metz** et la place forte de **Diedenhofen** (autrefois Thionville), est resserrée, après **Trèves**, entre le Hunsruck et l'Eifel, et finit dans le Rhin à la place forte de **Coblenz**.

Affluents de la Moselle. — La Moselle ne reçoit, sur sa rive gauche, que des rivières peu nombreuses et peu étendues, telles que le **Madon** sur lequel est **Mirecourt**, fabrique de dentelles et d'instruments de musique ; l'**Ornes**, qui sert d'écoulement aux lacs et étangs de la **Woëvre** et traverse l'arrondissement de **Briey**.

Sur la rive droite, des cours d'eau de montagnes viennent grossir la Moselle : la **Moselotte** porte jusqu'à Remiremont les eaux qui descendent du Honeck; la **Vologne** écoule les eaux des lacs de **Retournemer**, de **Longemer** et de **Gérardmer**.

La **Meurthe**, formée de deux sources, traverse une cluse où s'élève **Saint-Dié**, point d'arrivée de plusieurs routes importantes des Vosges ; un peu avant **Baccarat**, connu par sa cristallerie, elle sort de la région de plateaux ; **Lunéville** possède un ancien château des ducs de Lorraine ; près de là sont de vastes salines demeurées françaises. **Nancy** (103 000 habitants), ancienne capitale de la Lorraine, embellie au dix-huitième siècle par Stanislas Leczinski, a vu depuis 1870 grandir, grâce à l'émigration alsacienne, ses industries diverses, principalement ses filatures et ses forges ; elle est le siège de l'école forestière ; mais, demeurée ville ouverte, elle pourrait être facilement occupée, en cas de guerre, par une armée ennemie.

La Meurthe reçoit deux principaux affluents : sur la **Vezouze**, **Cirey** possède une manufacture de glaces de la compagnie de Saint-Gobain ; la vallée du **Sanon** permet au **canal de la Marne au Rhin** de se diriger vers le col de Saverne.

La **Seille**, qui traverse une région de salines, forme en partie la nouvelle frontière entre la France et l'Allemagne : **Dieuze**, **Vic**, **Marsal**, **Château-Salins** ont été cédés, en 1871, à cette dernière puissance. **Nomény**, sur sa rive gauche, est à peu près le seul point resté français.

Quant à la **Sarre**, dont la vallée supérieure appartenait jadis à la France, elle est, aujourd'hui, entièrement allemande.

Canaux. — Trois canaux principaux se rencontrent dans la région de la Meuse et de la Moselle : le **canal de la Marne au Rhin** quitte la Marne à Vitry-le-François, coupe la Meuse à Pagny, suit la Moselle de Toul à Frouard, et, après avoir un instant remonté la Meurthe, atteint, par la vallée du Sanon, la Sarre d'où, par le col de Saverne, il arrive à Strasbourg.

Le **canal de l'Est**, construit depuis 1874, se détache de la Saône, atteint, par la vallée du Coney, les monts Faucilles et rejoint, en aval d'Épinal, la Moselle qu'il suit jusqu'à Toul; de Toul à Pagny-sur-Meuse est un tronçon du canal de la Marne au Rhin. A Pagny, le canal de l'Est rend la Meuse navigable jusqu'à la frontière belge.

Le **canal des Ardennes** joint l'Aisne à la Meuse par le défilé du Chêne-Populeux.

L'Oise communique aussi avec la Sambre par un **canal** qui va de **La Fère à Landrecies.**

Sur le territoire allemand, le **canal des Salines** unit la Seille à la Sarre, et le **canal des Houillères** sert à l'exploitation du bassin dont Sarrebruck occupe le centre.

IV. — Géographie politique

La Lorraine. — La **Lorraine,** dont le nom vient du royaume de **Lotharingie** donné par le traité de Verdun (843) à Lothaire, forma un royaume, puis un duché perpétuellement disputé entre la France et l'Allemagne. Les **Trois Evêchés** (Metz, Toul et Verdun), conquis par Henri II en 1552, furent cédés à la France par le **traité de Cateau-Cambrésis** (1559). **Le duché de Lorraine** et le **comté de Bar** furent cédés par le **traité de Vienne** (1738) à Stanislas Leczinski, beau-père de Louis XV, à condition qu'après sa mort ils feraient retour à la France. Leur annexion eut lieu en 1766.

Au moment de la création des départements (1790), la Lorraine en comptait quatre : la Moselle, chef-lieu Metz; la Meurthe, ch.-l. Nancy; les Vosges, ch.-l. Epinal; la Meuse, ch.-l. Bar-le-Duc.

Le **traité de Francfort** (10 mai 1871) enleva à la France **la plus grande partie du département de la Moselle** (sauf l'arrondissement de Briey), **une portion de la Meurthe** (arrondissements de Sarrebourg et de Château-Salins), et **quelques communes du département des Vosges.** Les deux tronçons furent réunis pour former le département de Meurthe-et-Moselle.

Départements formés de la Lorraine

1. Meurthe-et-Moselle, ch.-l. **Nancy.**
   S.-pr. Toul, Lunéville, Briey.
   V. pr. Pagny-sur-Moselle, Baccarat, Cirey, Longwy.

2. Vosges, ch.-l. **Epinal.**
S.-pr. Remiremont, Neufchâteau, Saint-Dié, Mirecourt.
V. pr. Gérardmer, Domremy, Bussang, Contrexéville, Plombières.

3. Meuse, ch.-l. **Bar-le-Duc.**
S.-pr. Commercy, Verdun, Montmédy.
V. pr. Vaucouleurs, Stenay, Varennes.

La région du nord-est de la France comprend encore une partie du **département des Ardennes** (ch.-l. **Mézières-Charleville**), formé de l'ancienne province de Champagne, et l'**arrondissement d'Avesnes** qui se rattache au département du Nord.

V. — Géographie militaire. — Frontière du nord-est

La frontière. — La frontière, entre la France, la Belgique, le grand-duché de Luxembourg et l'Allemagne, est **essentiellement conventionnelle.**

Coupant la Sambre au-dessous de Maubeuge, elle laisse, depuis 1815, à la Belgique la source de l'Oise, ainsi que les places de Philippeville et de Marienbourg qui la protégeaient, remonte vers le nord pour franchir la Meuse au-dessous de Givet, puis redescend vers le sud-est en coupant la Semoy, puis le Chiers près de sa source. Elle va ensuite traverser la Moselle entre Pagny-sur-Moselle et Metz, suit un moment la Seille et rejoint au mont Donon les Vosges, dont elle suit la crête jusqu'au ballon d'Alsace, pour ouvrir ensuite la trouée de Belfort.

Défenses. — La cession faite en 1871, à l'Allemagne, des places fortes de Strasbourg, Neuf-Brisach, Schlestadt et Wissembourg, en Alsace, de Bitche et de Phalsbourg, dans les Vosges, de Metz et Thionville, en Lorraine, avait privé la France de toutes ses défenses.

Des travaux entrepris à partir de 1873, sous la direction du **général Seré de Rivière,** aboutirent à l'établissement de **plusieurs rideaux de défenses** formés de forts ou de camps retranchés et au milieu desquels on laissa à dessein subsister quelques trouées.

Le **premier rideau de défense** part de Belfort, va rejoindre la Moselle, qu'il suit jusqu'à Toul, se continue ensuite dans l'Argonne orientale, et, sauf quelques interruptions, sur la Meuse jusqu'à Givet. Le **camp retranché de Belfort** communique avec la Haute-Moselle par plusieurs forts, dont le principal est celui du **ballon de Servance.** D'autres forts protègent la Haute-Moselle, surtout vers **Remiremont** et **Arches. Au camp retranché d'Epinal** succède la **trouée de Charmes,** qu'une armée ennemie ne pourrait franchir que pour rencontrer dans la région de la Saône les obstacles de Dijon ou de Besançon. **Toul**, entouré de forts, défend le coude de la Moselle. Une ligne de forts, élevés sur le plateau de l'Argonne orientale, se continue de Toul à **Verdun** qui, entouré de puissantes défenses, constitue le réduit central de la vallée de la Meuse. Au delà, la **trouée de Stenay** est protégée en arrière par **Reims**.

Mézières, dont les fortifications ont été déclassées, a été remplacé par le **fort des Ayvelles**, situé sur le plateau, à gauche de la Meuse; enfin, **Givet**, avec la **citadelle de Charlemont**, commande la frontière belge.

Le **fort de Manonviller** forme une défense isolée près d'Avricourt; le **fort d'arrêt de Frouard** domine le confluent de la Meurthe et de la Moselle; quelques forts sont placés dans la vallée supérieure de la Meuse; enfin, **Rocroi** subsiste dans le plateau des Ardennes occidentales.

Un **second rideau de défense**, moins continu que le premier, a été établi en arrière de la région du nord-est, de Dijon à Hirson, en passant par les falaises de la Champagne.

Le camp retranché de **Dijon** commande les nombreuses voies de communication qui franchissent la Côte d'Or. **Langres**, entouré de forts qui occupent tout le plateau, domine les sources de la Marne: les importantes positions de Montereau, de Nogent-sur-Seine, d'Epernay, seraient fortifiées en cas de guerre, et serviraient de transition avec le grand camp retranché de **Reims**. De Reims à l'Oise s'étend une ligne ininterrompue de fortifications, dont le **massif de Saint-Gobain, Laon** et **La Fère** sont les principaux centres. La **petite place de Guise** et le **fort d'arrêt de Hirson** complètent ces défenses en remontant la vallée de l'Oise.

Enfin, en arrière, s'étend le **double camp retranché de Paris**.

CHAPITRE VIII

Fleuves alpestres : le Rhône. — Côtes de la Méditerranée.

I. — Caractères généraux et régime du Rhône

Région française de la Méditerranée. — Située entre le Jura, les Alpes, les Cévennes et les Pyrénées, la

région de la Méditerranée présente des conditions climatériques et hydrographiques tout à fait différentes de celles des autres parties de la France.

Bien que le relief presque continu qui l'entoure permette de la considérer comme un **véritable bassin**, des communications faciles ont cependant été établies avec la Seine à travers la Côte-d'Or, avec la Loire par la dépression du canal du Centre, avec la Garonne par le col de Naurouse, avec la Suisse par la trouée de Belfort, et avec l'Italie par le littoral de la Méditerranée. Aussi la **vallée du Rhône** a-t-elle été de tout temps une **grande voie historique**, conduisant de la Méditerranée à l'Océan, à la Manche et à la mer du Nord. La civilisation romaine a pénétré en Gaule en suivant du sud au nord les vallées du Rhône et de la Saône jusqu'au moment où la conquête franque, par une marche inverse, l'a fait refluer vers le sud.

La formation des cours d'eau du versant méditerranéen est due non seulement aux pluies, mais encore aux nombreux glaciers dont la présence modifie profondément le régime des fleuves et rivières. Aussi le rôle des Alpes est-il prépondérant à ce point de vue, tandis que celui du Jura et surtout des Cévennes n'est que secondaire.

A la différence de la région du nord-ouest de la France, que couvrent de vastes plaines inclinées vers l'océan, la région du Rhône présente des pentes extrêmement rapides dans les Cévennes, dans les Alpes et sur le cours même du fleuve ; sauf le long de la Saône, les plaines y sont rares. Aussi la région du Rhône peut-elle être définie : « Un long couloir orienté du nord au sud, des Faucilles à la Méditerranée, sur lequel s'ouvrent vers le milieu la vallée du Rhône creusée au travers du Jura méridional, et, dans la partie inférieure, les vallées alpestres de l'Isère et de la Durance[1]. »

Géologie. — La composition géologique du versant méditerranéen est très variée ; les **terrains primitifs** sont représentés par les granits des Alpes, des Cévennes et des Pyrénées orientales. Les **couches jurassiques**, très nombreuses, se trouvent dans le Jura, les monts Faucilles, le plateau de Langres, la Côte-d'Or, et dans quelques contreforts des Alpes, de Savoie, du Dauphiné et de Provence. Dans

---

1. Marcel Dubois, *Géographie de la France et de ses colonies*, édition 1892 ; chap. VII.

ces mêmes contreforts apparaissent les **terrains crétacés** que l'on retrouve encore à droite du Rhône, vers l'Ardèche et au nord de la crête des Pyrénées. De longues bandes de **terrains tertiaires** couvrent une partie de la vallée de la Saône et se développent sur la rive gauche du Rhône ainsi que sur la Durance moyenne et dans la plaine du Languedoc, entre Béziers et Nîmes. Enfin, la côte occidentale de la Méditerranée jusqu'au Rhône, avec le delta de ce fleuve et le plateau de la Dombes, sont composés d'**alluvions**. Les terrains perméables dominent donc dans le bassin du Rhône; mais au sud-est, dans les Alpes, l'inclinaison très forte des pentes empêche ou diminue l'infiltration des eaux dans le sol perméable.

Régime du Rhône. — Le **Rhône**, qui est par le volume de ses eaux, le **premier cours d'eau de France**, appartient à la catégorie des **fleuves alpestres**[1] : la rapidité de son cours, due à la pente de sa vallée, rend la navigation difficile tant qu'un canal latéral n'aura pas été creusé, ou tant que des travaux longs et coûteux n'auront pas été faits pour approfondir son lit et régulariser son cours.

Tandis que la Loire, presque à sec en été, dangereuse par ses inondations au printemps, est le modèle du fleuve irrégulier, le Rhône, alimenté toute l'année par le tribut assez régulier de la Saône et des cours d'eau jurassiques, grossi en hiver par les torrents impétueux des Cévennes, en été par les glaciers des Alpes qui s'écoulent par l'Isère, la Durance et leurs affluents, **se distingue par la constance relative de son débit**, et c'est en été qu'il atteint son maximum de volume.

Le Rhône **charrie une énorme quantité d'alluvions**, qu'il arrache le long de ses rives ou qu'il reçoit de ses différents affluents. Ces apports, évalués à 20 millions de mètres cubes par an, se déposent dans son delta qui **s'accroît régulièrement**, suivant les points, **de 15 à 50 mètres par an**, ou, entraînés par un courant, viennent peu à peu fermer les étangs et modifier l'aspect des côtes du Languedoc.

Le Rhône obéit à la **loi de Baer**, par laquelle, grâce au mouvement de rotation de la terre, tout corps fluide, allant

---

1. Michelet l'a justement défini : « un taureau furieux, descendu des Alpes, et qui court à la mer ».

du nord au sud, tend à dévier vers l'ouest. Les travaux des ingénieurs empêchent seuls cette déviation d'être plus considérable, et le Languedoc a toujours possédé tout le delta du Rhône pour ne pas être exposé à perdre des terres qui, délaissées peu à peu par le fleuve, accroîtraient le domaine de la Provence.

Climat. — La région du Rhône est soumise à l'influence de deux climats très distincts. Dans la vallée de la Saône, et dans celle du Rhône jusqu'à Valence, domine le **climat rhodanien**, climat de transition, qui est caractérisé par un manque absolu d'unité. Le climat du Jura se rapproche de celui de la Lorraine ; à Dijon, la moyenne de température de l'année est exactement la moyenne générale de la France (+ 11°). A Valence, la moyenne de + 13° annonce déjà l'approche du climat méditerranéen.

Dans la vallée inférieure du Rhône, à partir de Valence et sur les côtes de la Méditerranée, règne le **climat méditerranéen**, le plus chaud de France. Sa moyenne annuelle de température (+ 15°) est dépassée dans les villes d'hiver qui bordent la côte de Provence entre Toulon et la frontière italienne. Deux vents soufflent alternativement, le mistral, vent glacé et violent, qui descend des Cévennes, et le siroco, vent chaud, qui vient d'Afrique.

Les **pluies**, dont la moyenne générale pour la région du Rhône est de $0^{m},95$, sont particulièrement abondantes dans le Jura, les Alpes, les Cévennes : elles tombent surtout au printemps et en été dans les montagnes, dans le cours inférieur de la Saône et dans la vallée du Rhône jusqu'à Valence. La vallée supérieure et moyenne de la Saône, le Languedoc et la Provence, sont principalement soumis au régime des pluies d'hiver et d'automne.

Populations. Productions. — Les populations de cette partie de la France sont aussi diverses que les régions traversées par le Rhône et ses affluents. Au nord-est c'est le **Jurassien** laborieux qui supplée par son industrie à l'insuffisance du sol qu'il habite ; au nord-ouest le **Bourguignon**, gai comme le riche pays qu'il cultive ; vers les Alpes, le **Savoyard**, prudent et économe, le Dauphinois, tenace et courageux, enfin près de la Méditerranée, le **Languedocien** et le **Provençal**, à l'esprit vif et avisé, enthousiastes tous deux, le dernier, fier de sa langue, qui possède une riche littérature.

Tandis que les collines qui longent la rive droite de la Saône sont couvertes de **vignobles** qui produisent les meilleurs crus de France, et que le plateau du Jura est couvert de sombres **forêts**, dans la vallée de la Saône, les **prairies** alternent avec les **champs de céréales**.

Les **vignes**, la **culture de la garance**, enfin la **culture du mûrier** et l'élevage des vers à soie, destinés à l'industrie des soieries, constituaient jadis la richesse de la vallée du Rhône.

Mais les vignes, en grande partie détruites par le phylloxera, sont à peine reconstituées à l'heure actuelle ; des procédés chimiques ont, dans la teinture, remplacé la garance, et de fréquentes maladies des vers à soie ont profondément éprouvé une des grandes industries de la France. La **région du Rhône** compte donc parmi celles qui, depuis trente ans, **ont eu à subir le plus d'épreuves**.

Frontière de l'Est. — Si la **chaîne du Jura**, aujourd'hui franchie par de nombreuses voies de communication, **ne forme pas**, même avec la neutralité de la Suisse, une **solide frontière**, les **Alpes**, dont la crête forme, depuis 1860, en grande partie la limite entre la France et l'Italie, constituent un **obstacle plus sérieux** à une invasion. On a dû, cependant, depuis l'adhésion de l'Italie à la Triple alliance, protéger par des forts ou des camps retranchés, les routes ou chemins innombrables qui, traversant la chaîne, divergent vers la France.

II. — Le Rhône et la Saône

Le Rhône, qui a 812 kilomètres de cours, dont 530 en France, arrose des régions différentes qui permettent de diviser son cours en **trois parties** : 1° de sa source à Lyon, région de montagnes ; 2° de Lyon à Pont-Saint-Esprit, région de défilés ; 3° de Pont-Saint-Esprit à la mer, région de plaines.

1° Le Rhône de sa source à Lyon. — Formé à **une altitude de plus de 1750 mètres** près du col de **la Furka** par les eaux du glacier qui porte son nom, le Rhône arrose d'abord, entre les Alpes Bernoises au nord et les Alpes Pennines au sud, une vallée accidentée qui correspond au **canton suisse du Valais**. A **Brigue** commence la route du Simplon et s'arrête le chemin de fer venant de Genève, que l'on se propose de raccorder par un tunnel creusé sous le Simplon avec les lignes italiennes.

Grossi déjà du tribut de l'**énorme glacier d'Alestch**, le Rhône reçoit à **Viège** les eaux qu'un torrent du même

Source du Rhône.

nom lui amène des **glaciers du mont Rosa** après avoir baigné la station estivale de **Zermatt**. La vallée, un moment plus large vers Sion, capitale du Valais, se rétrécit au coude par lequel, à **Martigny**, le Rhône est obligé de contourner le massif des Diablerets et franchit le **défilé de Saint-Maurice**. La **Dranse du Valais**, qui aboutit à Martigny, ouvre la route du col du Grand Saint-Bernard, qui conduit à Aoste et que suivit en 1800 Bonaparte. Traversant une plaine basse, qui fut jadis couverte par les eaux du lac Léman, le Rhône entre dans le **lac de Genève** qui, situé à 375 mètres d'altitude, arrête son impétuosité et épure un instant ses eaux. Sur la rive septentrionale, bordée de coteaux que couvrent des vignobles, s'élèvent, outre **Lausanne**, des stations d'hiver, telles que **Montreux**, abritées par les collines contre les vents du nord ; à l'ouest **Genève**, ville française d'aspect, fabrique l'horlogerie ; la rive méridionale, qui appartient à la France, est, vers l'est, dominée à pic par de hautes montagnes, puis devient basse autour des villes **d'Evian** connu par ses eaux, et de **Thonon**.

Sorti du lac à Genève, le Rhône redevient un torrent aux eaux troubles après le confluent de l'Arve qui lui apporte le tribut des glaciers du mont Blanc. Il entre en France avant de pénétrer dans le **défilé de l'Ecluse** que resserrent au nord le Grand Credo, dernier sommet du Jura, et au sud le mont Vouache qui se rattache déjà aux Alpes. Au milieu du défilé, près du confluent de la Valserine, petite rivière dont les eaux font mouvoir de nombreuses usines, **Bellegarde** possède la douane française. La **perte du Rhône** a disparu par la destruction de la voûte sous laquelle le fleuve disparaissait jadis pendant 60 mètres.

Le Rhône, resserré entre le Jura et les Alpes, arrive à **Seyssel**, où commence la navigation et où apparaît la vigne ; à **Culoz**, point de séparation des lignes ferrées, conduisant de Paris à Genève et à Turin ; puis, traversant par une longue courbe vers le sud le **défilé de Pierre-Châtel**, il entre en plaine avant de reprendre sa direction primitive de l'est à l'ouest pour atteindre Lyon.

Affluents du Rhône de la source à Lyon. — Outre les torrents qui servent de déversoirs aux nombreux glaciers dont les eaux arrivent jusqu'au Rhône, le fleuve reçoit, dans cette première partie de son cours, des torrents jurassiques et alpestres et une rivière de plaine, la Saône.

L'**Arve** (rive gauche), qui naît **près du col de Balme**, recueille, **vers Chamonix**, les eaux des glaciers du mont Blanc, et accrue du **Bon-Nant**, qui traverse les gorges de **Saint-Gervais**, tristement célèbres par une récente catastrophe, arrose, dans la plaine, **Cluses**, où se trouve une école d'horlogerie et où s'arrête la voie ferrée, qui doit être prolongée jusqu'à Chamonix, et **Bonneville**, ancienne capitale du Faucigny, avant de venir salir de ses eaux troubles les eaux du Rhône que le lac de Genève avait purifiées.

Le **Fier**, déversoir du **lac d'Annecy**, traverse des gorges célèbres. **Annecy**, bâti sur les rives d'un lac pittoresque, est le chef-lieu du département de la Haute-Savoie.

La **Laysse**, venue des Bauges, déborde fréquemment près de **Chambéry** (22 000 habitants), capitale de la Savoie, siège d'une cour d'appel, d'une académie, d'un archevêché, et connue par ses fabriques de gazes : parvenue dans le **lac du Bourget**, à droite duquel est la ville d'eaux thermales d'**Aix-les-Bains**, et, à gauche, l'**abbaye de Haute-Combe**, sépulture de plusieurs ducs de Savoie, elle en sort sous le nom de **canal de Savières**, qui aboutit à Culoz.

Chambéry.

A l'extrémité de la courbe que décrit le Rhône, arrive le **Guiers**, formé de deux branches, dont l'une prend naissance près du célèbre **monastère de la Grande-Chartreuse**, fondé au moyen âge par saint Bruno.

La **Bourbre**, qui arrose **Bourgoin**, est un ancien lit du Rhône.

L'**Ain** (rive droite), dont la vallée reçoit des pluies abondantes, coule dans des gorges accidentées, où il disparaît quelque temps sous un tunnel avant de former de pittoresques cascades ; il traverse la région des forges de **Champagnole**.

La **Bienne**, qui traverse les **gorges de Morez**, où prospère l'horlogerie, et de **Saint-Claude**, centre de l'industrie de la tabletterie, vient grossir l'Ain, de même que le **lac de Nantua** et la petite rivière de l'**Albarine**, dont la cluse est empruntée par la voie ferrée de Culoz à Bourg et Paris.

La **Saône** (455 kilomètres), rivière de plaine, aux eaux

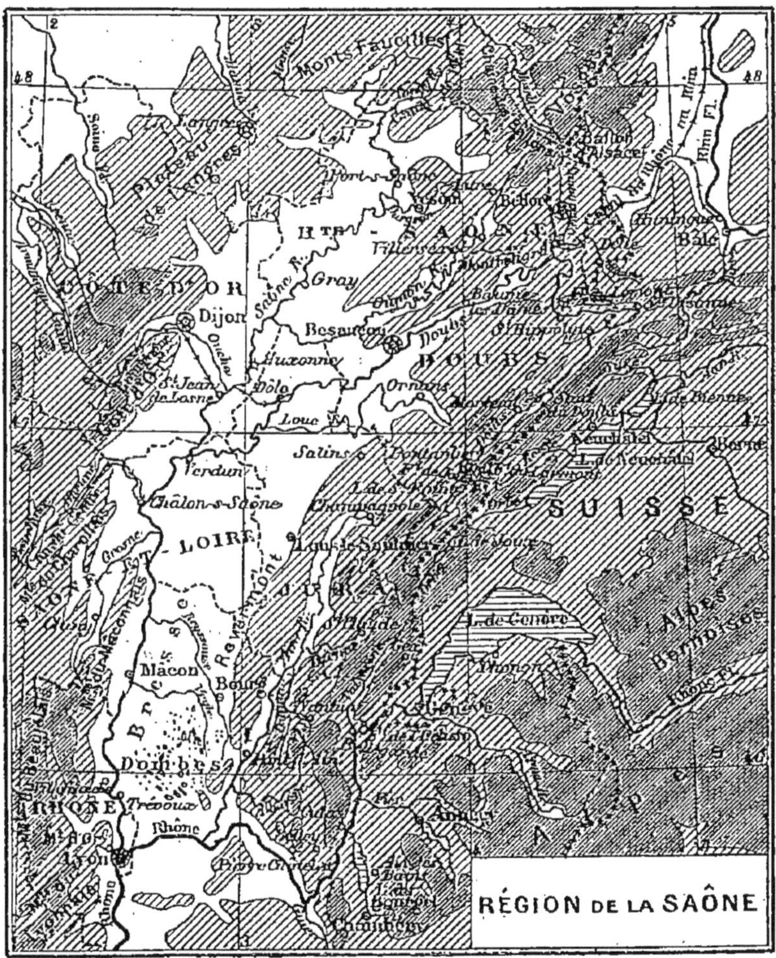

RÉGION DE LA SAÔNE

calmes, diffère profondément du Rhône, rapide et torrentiel. Descendue **à 395 mètres d'altitude des monts Faucilles**, elle coule paresseusement entre les collines calcaires de la Bourgogne, couvertes de vignes, et les premières ondulations du Jura, revêtues de forêts, dans une plaine tertiaire où les prairies alternent avec les champs de céréales.

A **Port-sur-Saône** se détache le canal de l'Est, qui unit la Saône à la Moselle ; plus loin, **Gray** est un important marché agricole ; la place forte d'**Auxonne** sert de transition entre les camps retranchés de Dijon et de Besançon. Près de **Saint-Jean-de-Losne** part le **canal de Bourgogne** qui, remontant l'**Ouche**, passe à **Dijon** (71 000 habitants), ancienne capitale de la Bourgogne, patrie de Bossuet, célèbre par ses filatures, ses fabriques de liqueurs et de moutarde, et, de plus, entourée de forts détachés, puis traverse la Côte-d'Or avant de rejoindre l'Armançon, et de finir à la Roche-sur-Yonne, unissant ainsi la Manche à la Méditerranée. Le **canal de la Saône au Rhin** se détache également près de Saint-Jean-de-Losne, rejoint, à Dôle, le Doubs qu'il remonte jusqu'à sa seconde boucle pour traverser ensuite la trouée de Belfort et se prolonger à travers la plaine d'Alsace, jusqu'à Strasbourg.

De **Chalon-sur-Saône**, où est une grande briqueterie, le **canal du Centre** vient remonter la **Dheune**, traverse le **seuil de Chagny** et, par la Bourbince et l'Arroux, rejoint Digoin sur la Loire. **Mâcon** (19 000 habitants), patrie de Lamartine, fait un important commerce de vins.

Villefranche a, dans son voisinage, des mines de cuivre, et **Trévoux** est l'ancienne capitale des Dombes ; au delà, après s'être ouvert un passage à travers le **défilé de Roche-Taillée**, la Saône vient, à l'extrémité de la **presqu'île Perrache**, rejoindre le Rhône dans la ville même de Lyon.

Parmi les affluents dont la Saône se grossit sur la rive gauche, le **Durgeon** arrose **Vesoul**, marché agricole, et l'**Ognon** ouvre la route qui aboutit au ballon de Servance.

Le **Doubs** (430 kilomètres) est le type des cours d'eau jurassiques. Né sur les plateaux du Jura, à peu de distance de l'Ain, il forme d'abord le **petit lac de Saint-Point**, et, à **Pontarlier**, où l'on fabrique l'absinthe, il est coupé par les lignes de Paris à Berne et de Paris à Lausanne.

Au delà de **Morteau**, centre d'industrie de l'horlogerie, le Doubs traverse le **lac des Brenets** et descend sur un plateau inférieur en formant la magnifique **chute du Saut-du-Doubs**, haute de 27 mètres. Au lieu de rejoindre, comme autrefois, le Rhin, il décrit, à travers les chaînons du Jura, **deux vastes courbes** dont la première, dominée par **Sainte-Ursanne**, appartient à la Suisse, et la seconde, qui est française, possède, près de son sommet septentrional, **Montbéliard**, patrie de Cuvier, aujourd'hui englobée dans les défenses du camp retranché de Belfort. Là arrive l'**Allaine**, qui, par Delle, conduit en Suisse, et que grossit la **Savoureuse**, sur laquelle **Belfort** (33 000 hab.), dernier débris de l'Alsace laissé à la France, est un camp retranché de premier ordre.

Saut du Doubs.

Le Doubs, sorti du Jura, coule alors vers le sud-ouest, jusqu'à la Saône, par **Baume-les-Dames**, où fut jadis une célèbre abbaye ; par **Besançon** (55 000 habitants), centre de l'industrie française de l'horlogerie et puissant camp retranché qui barre la vallée ; enfin, par **Dôle** entourée de forges. Il est remonté par le canal de la Saône au Rhin.

Au delà du Doubs cessent les grands affluents de la Saône : la **Reyssouze** traverse le plateau de la Bresse ; sur ses rives, **Bourg** (19 000 habitants), qui possède l'église de Brou, est un marché agricole au point de croisement de nombreuses voies ferrées. La **Chalaronne** sert d'écoulement à plusieurs étangs du plateau de la **Dombes**.

2° Le Rhône, de Lyon à Pont-Saint-Esprit. — De Lyon à Pont-Saint-Esprit, le Rhône, subissant la direction de la Saône, coule désormais du nord au sud, traversant une succession de bassins qui communiquent par d'étroits défilés. L'inclinaison de sa pente, la rapidité de son cours et la difficulté qu'on éprouve à remonter le courant ont à peu près ruiné la batellerie du fleuve.

Lyon (459 000 habitants), la troisième ville de France, s'élève à 162 mètres d'altitude, au confluent du Rhône et de la Saône, et s'étend même sur les coteaux de Fourvières et sur le plateau de la Croix-Rousse. Fondée par les Romains, au premier siècle avant J.-C., l'antique Lugdunum[1] fut, après Auguste, la capitale de la

1. *Lugdunum* signifiait colline de corbeaux.

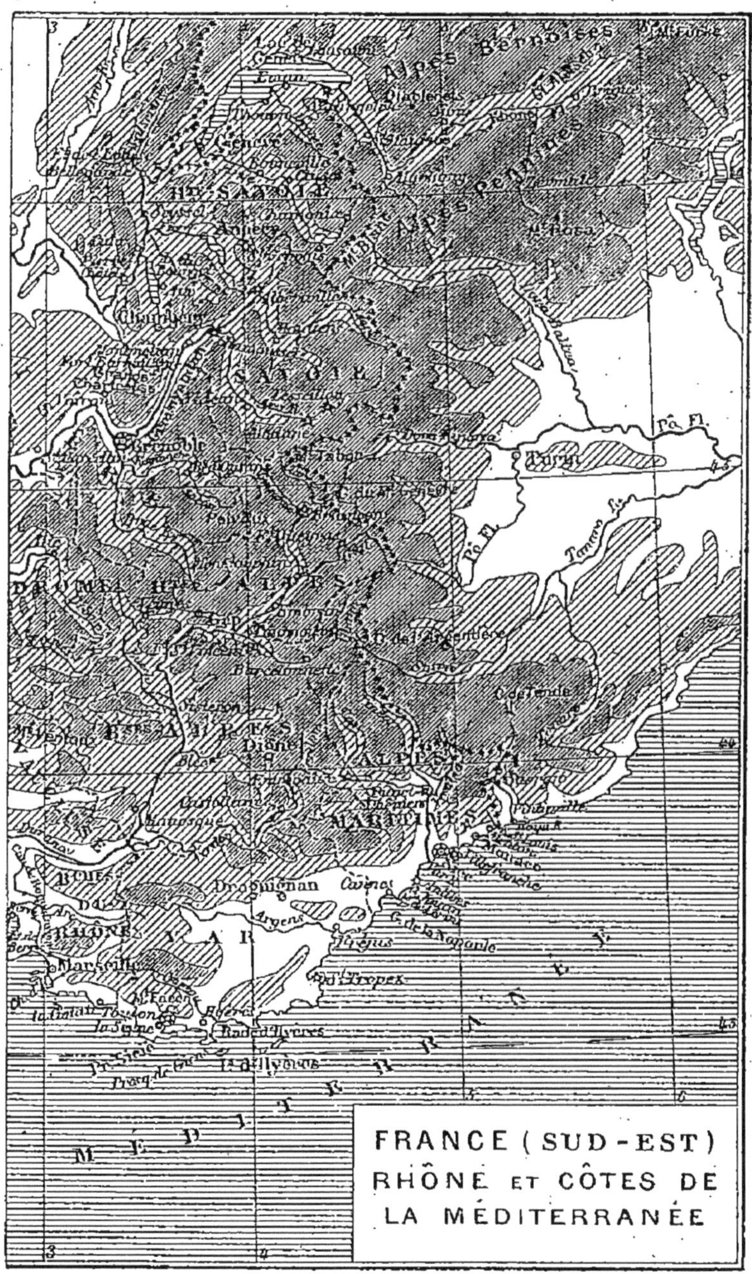

FRANCE (SUD-EST)
RHÔNE ET CÔTES DE
LA MÉDITERRANÉE

Gaule. Elle est restée la première ville du monde pour la fabrication des soieries, industrie qu'y créa Colbert. C'est aussi une grande place de guerre défendue par une double ceinture de forts qui couvrent un espace très étendu.

A **Givors**, où abondent les hauts fourneaux, les verreries et les ateliers de construction de matériel de chemin de fer, aboutit, par la vallée du Gier, le bassin houiller de la Loire. **Vienne**, qui conserve des ruines romaines, fabrique les draps et les soieries.

La vallée, assez large depuis Lyon, se resserre jusqu'à **Tournon**, dont les coteaux produisaient jadis des vins renommés.

Les montagnes s'écartent ensuite du fleuve qui traverse la plaine d'alluvions que domine **Valence** (26 000 habitants), où prospère la fabrication d'étoffes de tous genres. A **la Voulte**, où sont exploitées des mines de fer, l'apparition des premiers oliviers annonce le climat méditerranéen.

Le Rhône franchit alors, en se rapprochant des Coirons, le **défilé de Rochemaure** avant de déboucher dans la plaine de **Montélimar**. **Viviers**, situé sur une colline à droite du fleuve, a donné son nom au Vivarais. A **Pont-Saint-Esprit**, où il passe sous un vaste pont du treizième siècle, le Rhône entre dans son bassin maritime.

Affluents du Rhône, de Lyon à Pont-Saint-Esprit. — Parmi les cours d'eau cévenols, torrents fougueux, presque à sec en été, mais dont les crues sont redoutables en automne et en hiver, on peut citer :

Le **Gier** qui, descendu du mont Pilat, traverse une région d'usines et de hauts fourneaux, dont le principal centre est **Rive-de-Gier**.

La **Cance**, sur laquelle est **Annonay**, célèbre par ses papeteries.

L'**Ouvèze**, qui baigne l'ancienne ville protestante de **Privas**.

L'**Ardèche** qui, sujette, ainsi que son affluent le **Chassezac**, à des crues terribles, arrose **Aubenas**, important marché de soies grèges, avant de passer sous l'arche naturelle que l'on appelle le **Pont-d'Arc**.

Affluents alpestres. — D'importants affluents, dont quelques-uns, apportant les eaux des glaciers des Alpes, roulent souvent plus d'eau que de grands fleuves, viennent grossir le Rhône sur la rive gauche.

L'Isère, une des rivières les plus abondantes de France, descend, par des pentes très rapides, des glaciers qui avoisinent le **col d'Iseran**; dans sa vallée supérieure, fort étroite, que l'on appelle **Tarentaise**, et où abondent les « crétins », s'élèvent **Moutiers**, petite ville épiscopale, et **Albertville**, camp retranché qui commande la vallée de l'Arly avec les routes conduisant à Chamonix et Annecy. Près des forts de **Chamousset**, lui arrive l'**Arc** qui, issu comme elle des glaciers, contourne, par une forte courbe, le massif de la Vannoise et arrose la vallée de la Maurienne : la petite forteresse de **Lesseillon**, **Modane**, où commence le tunnel de Fréjus, et **Saint-Jean-de-Maurienne**, qui est le siège d'un évêché, en sont les localités principales.

Grenoble.

L'Isère, considérablement accrue, passe devant la vieille forteresse de **Montmélian** et entre dans la **vallée de Graisivaudan**, comprise entre la chaîne de Belledonne et le massif de la Grande-Chartreuse. Près du confluent du Drac, **Grenoble** (69 000 habitants), l'ancienne Gratianopolis des Romains, commande le passage grâce à une puissante ceinture de forts détachés; elle fabrique aussi les gants et les liqueurs.

Le **Drac**, torrent aux crues redoutables, traverse d'étroits couloirs où les villes n'ont pu se bâtir, et débouche en aval de Grenoble, après avoir reçu la **Romanche**, déversoir des grands glaciers du Pelvoux qui ouvre, à travers la **vallée de l'Oysans**, qu'elle arrose, un accès à la route militaire de Grenoble à Briançon par Bourg d'Oysans et le col du Lautaret. A **Vizille**, située sur ses bords, fut tenue, en 1788, la célèbre assemblée des municipalités dauphinoises.

Après Grenoble, l'Isère franchit, entre les massifs de la Grande-Chartreuse et du Vercors, l'**étroit défilé de Voreppe**, laisse à droite **Saint-Marcellin**, qui exporte des fromages, arrose la ville industrielle de **Romans**, et mêle ses eaux à celles du Rhône dans la plaine de Valence.

La **Drôme**, qui conduit au col de Cabre, change plusieurs fois de direction en traversant une vallée aride dans laquelle l'ancienne ville romaine de **Die**, et **Crest**, important par ses filatures de soie, sont les deux seules villes dignes d'être mentionnées.

3° Le Rhône, de Pont-Saint-Esprit à la Méditerranée. — Au-dessous de Pont-Saint-Esprit s'étendait, à l'époque préhistorique, un vaste golfe, aujourd'hui comblé par les apports du Rhône, et qui était limité à l'ouest : par les collines de Nîmes et de Lunel ; à l'est, par la chaîne du Lubéron : là se jetaient séparément le Rhône et la Durance.

Avignon : le Palais des papes.

Dans cette région conquise sur la mer, le Rhône forme des îles en décrivant de nombreux méandres, et arrose **Avignon** (47 000 habitants), l'ancienne cité des papes dont le palais subsiste encore, et qui fait un grand commerce de soie. Il laisse à gauche **Orange**, célèbre par les ruines romaines de son théâtre, et passe entre Tarascon, où se séparent les lignes de Paris-Marseille et de Paris-Barcelone, et **Beaucaire**, dont les foires étaient jadis célèbres et où l'on exploite des carrières de pierres à bâtir. A **Fourques**, il se sépare en deux bras : le **grand Rhône** entraîne les 4/5 des eaux du fleuve; sur ses bords s'élève **Arles** qui, jadis située près de la mer, en est aujourd'hui éloignée de près de 50 kilomètres : on y voit encore des vestiges de monuments romains; le **petit Rhône**, moins abondant et peu navigable, longe les salines de **Peccais** avant d'arriver à la mer. Le **Rhône mort** et le **Vieux Rhône** sont moins des branches du Rhône que des canaux presque entièrement ensablés.

Entre le grand et le petit Rhône s'étend l'**île de la Camargue** dont la partie supérieure, vers Arles, est cultivée en céréales, tandis que la partie centrale et méridionale est couverte de pâturages où paissent des troupeaux de taureaux, ou d'étangs tels que celui de Valcarès, qui tend à se transformer en marécage. Les alluvions se déposant régulièrement le long des cailloux qui, roulés par le Rhône, forment pour ainsi dire des digues naturelles, le delta du Rhône augmente régulièrement de près de 50 mètres par an vers l'embouchure du grand Rhône, et d'environ 15 mètres sur les autres points.

Pour remédier aux difficultés de la navigation à l'embouchure du Rhône, on a creusé un **canal** trop peu profond, **d'Arles à Bouc**, à l'entrée de l'étang de Berre, et, plus récemment, le **canal Saint-Louis**, large de 60 mètres et profond de 6, sur lequel **Port-Saint-Louis** fait un assez grand commerce, mais est menacé pour l'avenir par l'ensablement constant du golfe de Fos, dans lequel il aboutit. A l'ouest, le **canal de Beaucaire**, prolongé par **celui des Etangs**, réunit Beaucaire, sur le Rhône, avec le port de Cette. Entre ce canal et le petit Rhône, **Aigues-Mortes**, qui a conservé son enceinte crénelée du moyen âge, et d'où saint Louis s'embarqua pour la croisade, s'élève au milieu d'étangs à demi comblés et ne communique plus à la mer que par le **canal de la Roubine**.

Affluents du Rhône, de Pont-Saint-Esprit à la mer. — Des Cévennes descendent les **deux Gardons** : **celui d'Alais**, qui traverse le bassin houiller dont la **Grand-Combe** est le centre, avant d'atteindre la vieille ville protestante d'**Alais**, qui a des mines et des manufactures, et le Gardon d'**Anduze** dont la réunion constitue le Gard ; cette rivière passe sous l'ancien **pont romain du Gard**.

La **Durance**, ancien fleuve devenu simple affluent du Rhône, est un torrent aux crues dangereuses et dont la puissance d'érosion est considérable. Venue du **col du mont Genèvre**, elle arrose, à 1 320 mètres d'altitude, **Briançon**, camp retranché protégé par une triple ligne de forts et où s'arrête actuellement le chemin de fer venant de Gap. Plus loin, la petite place forte de **Mont-Dauphin** défend le confluent du Guil, qui ouvre plusieurs passages des Alpes et baigne **Fort-Queyras**. Au-dessous d'**Embrun**, arrive l'Ubaye; sur cette rivière, les fortifications de **Tournoux** défendent la route du col de l'Argentière, et **Barcelonnette** occupe le centre de la vallée très resserrée. Au-dessous se trouvent encore les fortifications de Saint-Vincent. La Durance décrit ensuite, vers le sud, une grande courbe sur laquelle la place forte de **Sisteron** défend le confluent du Buech, dont la vallée est suivie par le chemin de fer de Grenoble à Marseille. A Veynes, situé dans cette vallée et sur cette ligne, passe le chemin de fer joignant la vallée du Rhône à la frontière, Valence à Briançon, par la vallée de la Drôme, le col de Cabre, Veynes, Gap et Embrun. Plus loin, tombe la **Bléone**, qui traverse la plaine de **Digne**, riche en fruits. Débouchant dans la plaine de **Manosque**, où apparaissent les oliviers et les mûriers, la Durance s'y grossit du **Verdon**, rivière aux crues dangereuses, qui arrose **Castellane** et franchit un défilé vers **Cavaillon**, dont les melons s'exportent dans toute la France, avant de rejoindre le Rhône.

Les deux canaux des Alpines et de Craponne l'unissent au Rhône et fertilisent la **plaine de la Crau**, couverte de pierres qu'y déposa la Durance quand elle venait se jeter dans le golfe de Fos.

III. — Côtes de la Méditerranée

Aspect général. — La France possède une étendue de côtes de 615 kilomètres sur la **Méditerranée**, vaste mer intérieure qui communique avec l'Atlantique par le détroit de Gibraltar, et que divisent en deux parties la Sicile, Malte et les îles voisines.

Dans la Méditerranée, la marée est peu sensible, la **profondeur** devient subitement beaucoup plus grande au large des côtes de Provence qu'en avant des côtes du Languedoc.

Décrivant une double courbe depuis le cap Cerbera jusqu'au ruisseau Saint-Louis, le **littoral méditerranéen** est en général **rocheux** dans le Roussillon, **plat et bordé d'étangs** dans le Languedoc, et redevient **escarpé et découpé** en Provence.

Côtes du Roussillon. — Sur les côtes du **Roussillon**, que bordent d'abord les collines escarpées des Albères, se remarquent après le **cap Cerbera**, qui forme la frontière, les ports de **Banyuls**, qui exporte des vins estimés, **Port-Vendres**, ancienne ville phénicienne, port sûr, mais trop restreint, défendu par le fort Saint-Elme, et que des bateaux unissent à Oran, enfin **Collioure**, important par la pêche de la sardine.

Au delà aboutit le **Tech** qui, surnommé à cause de ses inondations le « Justicier de la contrée », passe près de **Prats de Mollo**, que défend le fort des Ayres, à **Amélie-les-Bains** qui possède des eaux sulfureuses, et à **Céret**, où s'arrête actuellement le chemin de fer.

Sur la côte qui, à partir de l'étang de Saint-Nazaire, devient basse, finit la **Têt**. Descendu du massif de Carlitte, ce torrent ouvre la route du col de la Perche, arrose **Montlouis** qui la défend, et, après avoir franchi l'étroit **défilé d'Olette**, passe à **Villefranche**, place forte, et sert, près de **Prades**, à l'irrigation de la vallée du Conflans. **Perpignan** (36 000 habitants), qui fait le commerce des vins, est, sur la Têt, la principale place forte des Pyrénées orientales. L'**Agly** a dans sa vallée **Rivesaltes**, renommé pour ses vins.

Côtes du Languedoc. — La côte du **Languedoc**, jusqu'aux Bouches-du-Rhône, est basse, **bordée d'étangs**, anciens golfes comblés en partie par les alluvions qu'apporte incessamment la mer, et dont la plupart ne communiquent plus avec la Méditerranée que par un **grau**, sorte de brèche étroite ouverte à travers une flèche de sable.

Après l'**étang de Leucate**, la côte est découpée par les **étangs de Sigean**, **Bages** et **Gruissan**, au fond desquels **Narbonne**, construite par les Romains sur un golfe marin, a vu, grâce à l'accumulation des alluvions charriées par l'Aude, se fermer son port. **La Nouvelle**, qui l'a remplacée, lui est rattachée par le **canal de la Roubine**.

L'**Aude** traverse d'abord des gorges boisées d'où elle sort à **Quillan**, arrose en plaine **Limoux**, qui produit des vins blancs renommés, et reçoit à gauche le **Fresquel** qui, passant à **Castelnaudary**, est suivi par le **canal du Midi**. Puis elle sépare les deux villes qui forment **Carcassonne** (29 000 habitants) : la cité, qui date des Visigoths, a été restaurée par Viollet-le-Duc; la ville nouvelle fait le commerce des vins et fabrique les draps. Après avoir traversé une plaine entièrement couverte de vignes, l'Aude se détourne de Narbonne dont elle a ensablé le port, et finit au nord de la **montagne** isolée de la **Clappe**.

L'**Orb**, torrent au régime irrégulier, côtoie d'abord le bassin houiller de **Graissessac** avant de traverser **Bédarieux**, important, depuis que la ligne des Causses y arrive, par ses verreries, ses papeteries, ses manufactures de draps, et **Béziers** (52 000 habitants), grand marché de vins et d'eaux-de-vie; la vallée de son affluent, le **Jaur**, où se trouvent les manufactures de draps de **Saint-Pons**, est suivie par le chemin de fer de Bédarieux à Castres.

L'**Hérault**, qui prend naissance dans le massif de l'Aigoual, traverse d'abord des gorges sauvages et pittoresques, puis arrive dans la plaine couverte de vignes où **Pézenas** est un des grands marchés du Midi; **Agde**, ancienne ville grecque, est située à son embouchure, au pied du mont Saint-Loup, et était jadis protégée par le vieux fort Brescou, placé dans une île.

Lodève, sur le Lergue, affluent de l'Hérault, fabrique des draps pour l'armée.

La côte est ensuite bordée par de nombreux étangs (de **Thau**, de **Frontignan**, de **Vic**, de **Maguelonne**, de **Mauguio**) sur les bords desquels on exploite le sel. A l'entrée de l'**étang de Thau**, qui a des profondeurs de 8 et 10 mètres, et où arrivent les canaux du Midi et des Etangs, s'élève **Cette** (33 000 habitants), construite par Colbert au pied du mont Saint-Clair, protégée par le môle Saint-Louis, défendue par des batteries, et qui est devenue, par l'exportation du sel, des liqueurs et des vins qu'elle prépare, le second port de commerce de la Méditerranée.

Près des étangs où règnent les fièvres, **Frontignan** est connu par ses vins; **Maguelonne**, aujourd'hui en ruines, fut l'ancien port de Montpellier, auquel a succédé **Palavas**, petite station balnéaire.

Montpellier (76 000 habitants), sur le Lez, à quelques kilomètres de la mer, est le centre d'un grand commerce de vins et possède, avec une académie, la plus ancienne faculté de médecine de France.

Le **Vidourle**, connu par ses crues dévastatrices appelées vidourlades, arrose **Lunel**, qui produit des vins muscats.

Enfin, dans la plaine arrosée par le **Vistre**, dont les eaux claires contribuent aujourd'hui à son alimentation, **Nîmes** (81600 habitants) fabrique les soieries, et a conservé de remarquables monuments romains tels que les Arènes et la Maison Carrée.

Montpellier : le Peyrou.

Côtes de Provence. — Après les bouches du Rhône, la **côte de Provence**, basse et bordée d'étangs jusqu'au cap Couronne,

Nimes : les Arènes.

devient rocheuse et est découpée par une multitude de baies autour desquelles viennent finir les dernières ramifications des Alpes de Provence.

Dans le **golfe de Fos**, menacé par l'ensablement, débouche le **canal Saint-Louis**, qui évite la navigation difficile de l'embouchure du grand Rhône. L'étang de **Berre**, belle rade naturelle dont l'entrée est malheureusement ensablée entre **Bouc** et **Martigues**, reçoit l'Arc, au

Nimes : la Maison Carrée.

nord duquel est **Aix** (29 000 habitants), ancienne ville romaine qui fut capitale de la Provence et qui a conservé une cour d'appel, une académie, un archevêché.

Autour d'un golfe que gardent les îles de Pomègue, de Ratonneau et du château d'If, ancienne prison d'État, se développe **Marseille** (401 000 habitants), le premier port de commerce et la seconde ville de France par sa population, mal protégé par deux forts et dominé par la colline de Notre-Dame de la Garde. Aux ports de la Joliette et du Frioul, on se propose de joindre de nouveaux bassins.

Marseille, aujourd'hui alimentée par les eaux de la Durance que lui amène le canal de Roquefavour, importe les blés de Russie, les fers de l'île d'Elbe et d'Algérie, les soies

Marseille.

de la Chine et du Japon, les arachides du Sénégal et de la côte de Guinée. Devenue ville industrielle, elle fabrique les

Aqueduc de Roquefavour.

savons, possède des forges, des distilleries de liqueur. Son commerce dépasse 2 milliards, et des paquebots l'unissent à la Corse, à tous les ports de la Méditerranée orientale, au Japon, à la Nouvelle-Calédonie, à la Tunisie et à l'Algérie.

Gênes, Trieste et Salonique lui font une redoutable concurrence.

Plus loin, **la Ciotat** possède les chantiers de construction de la Compagnie des Messageries maritimes; entre la **presqu'île de Cépet** et la **presqu'île de Giens**, qui fut jadis une des îles d'Hyères rattachée par un isthme marécageux au continent, s'ouvre la magnifique **rade de Toulon.** Port militaire et camp retranché, protégé par les forts construits sur le mont Faron et tout autour de la baie, **Toulon** (102 000 habitants) possède d'importants arsenaux, et c'est dans les chantiers de **la Seyne** que sont construits ou réparés les navires.

Les **îles d'Hyères**, défendues par des batteries, forment avec la côte une rade très sûre, où stationne fréquemment l'escadre française de la Méditerranée.

Le long de la côte, au milieu d'une végétation presque africaine, se succèdent les villes d'hiver, entourées d'orangers, d'oliviers, de palmiers et de plantes exotiques :

Hyères, avec son petit port, **les Salins**, près duquel aboutit la petite rivière du Gapeau; **Fréjus**, port militaire sous l'empire romain, aujourd'hui ensablé par les alluvions de l'**Argens**; **Cannes**, sur le **golfe de la Napoule**, auquel succède, derrière les **îles de Lérins**, le **golfe Jouan** qui rappelle le débarquement de Napoléon au commencement des Cent-Jours (1815). Dans le golfe de Nice, entre la place forte d'**Antibes** et **Nice** (105 000 habitants), station d'hiver très fréquentée qui exporte les fleurs et les parfums, camp retranché réuni par des forts à **Villefranche**, aboutit le **Var**, torrent dangereux qui traverse une succession de « clus » ou gorges étroites, où l'on remarque les eaux minérales de **Puget-Théniers.** La route de la Corniche, qui longe la côte et qui est suivie par un chemin de fer, le franchit au pont Saint-Laurent. Au milieu du territoire français est enclavée la petite **principauté de Monaco** avec ses deux villes **Monaco**, situé sur un rocher escarpé, et **Monte-Carlo**, célèbre par sa maison de jeux. **Menton**, autre ville d'hiver, précède le **ruisseau Saint-Louis** dont le ravin profond forme la frontière entre la France et l'Italie.

Enfin, la **Roya**, qui conduit au col de Tende et dont les vallées supérieure et inférieure appartiennent à l'Italie, passe en France à **Saorgio**, qui joua un grand rôle dans les guerres de la République (1793-1794) et aboutit à Vintimille, première ville italienne.

Ile de Corse. — Plus rapprochée de l'Italie que des côtes françaises[1], la **Corse**, longue de 180 kilomètres, possède une **superficie** supérieure à celle d'un département français moyen, et une **population** assez faible de

Monaco.

275000 habitants. Elle est couverte de montagnes qui la divisent en deux versants irréguliers, de forêts et d'épais taillis qui constituent le maquis.

Deux chaînes de montagnes s'y développent du nord au sud : **la plus orientale**, composée de terrains calcaires, est la moins élevée : à sa base s'étendent de vastes plaines marécageuses, inondées en hiver, et où règnent les fièvres paludéennes et la malaria.

La chaîne occidentale, où dominent le granit et les terrains volcaniques, est plus rapprochée de la côte ouest, sur laquelle elle envoie de longues arêtes montagneuses.

---

(1) La Corse est à 90 kilomètres environ des côtes d'Italie et à 180 kilomètres de la France.

Les monts **Cinto** (2 715 mètres), **Rotondo, dell Oro** en sont les principaux sommets. Les passages sont rares : le **col de Teghine** conduit de Saint-Florent à Bastia ; celui de **Vizzavona** livre accès à la voie ferrée d'Ajaccio à Bastia par Corte.

A partir du **cap Corse**, la **côte orientale**, basse, bordée de lagunes (lagunes de Biguglia, d'Urbino), présente peu de ports. **Bastia** (22 500 habitants) possède une cour d'appel et prépare les cuirs ; le **Golo** traverse la région de la **Châtaigneraie** où se rencontre la ville d'eaux minérales d'**Orezza**.

Le **Tavignano**, après avoir arrosé **Corte**, la patrie de l'insurgé Paoli, traverse la **plaine d'Aléria** où l'ancienne ville de ce nom était, sous les Romains, la capitale de la Corse. **Porto-Vecchio**, sur une baie vaste et sûre, est le meilleur mouillage.

Au sud, la petite place forte de **Bonifacio** commande un détroit large de 12 kilomètres à peine, et dans lequel la navigation présente de sérieux dangers.

La côte occidentale, très élevée, présente d'innombrables golfes. A l'est de celui de Valinco, s'élève, dans l'intérieur, **Sartène**. Au fond du **golfe d'Ajaccio**, que précèdent les îles Sanguinaires, surmontées d'un phare, tombe le **Gravone**, dont la riche vallée, appelée le Champ-d'Or, empruntée par la voie ferrée, conduit au col de Vizzavona. Sur la rive nord, **Ajaccio** (20 500 habitants), patrie de Bonaparte et station sanitaire excellente, fait le commerce des bois, des vins, de l'huile, du corail.

Sagone et **Porto** ne sont que des rades secondaires. **Calvi** et le port de l'**île Rousse** sont les débouchés de la fertile plaine de la Balagne ; mais à Calvi le climat est insalubre. **Saint-Florent,** rade sûre, mais sur un littoral malsain, doit son importance à sa position en face de Marseille et de Toulon.

La population de la Corse semble provenir d'un mélange d'Ibères, de Ligures, de Phéniciens et d'Etrusques.

Le Corse est intelligent, énergique et aventureux ; mais orgueilleux, vindicatif, il est animé de passions violentes qui ont maintenu dans ce pays les déplorables coutumes de la « vendetta ». Il préfère à la culture du sol, qu'il abandonne aux Lucquois, les carrières administratives si modestes qu'elles soient. La langue parlée en Corse est un dialecte italien.

Le climat, très varié suivant le relief, est tempéré et salubre, sauf sur la côte nord-ouest. Dans les montagnes, l'hiver dure de six à sept mois ; mais sur le littoral il n'y a que deux saisons : d'octobre en avril un printemps magnifique, et la saison sèche pendant le reste de l'année. Ajaccio, dont la moyenne annuelle de température est + 17°, devient une station d'hiver de plus en plus fréquentée.

Malgré la fertilité naturelle du sol, l'oisiveté des Corses nuit au développement de l'agriculture : le maquis couvre de vastes espaces et les terres incultes sont nombreuses.

Dans les plaines abondent les oliviers, les céréales, les orangers, les citronniers; la vigne a bien réussi, surtout dans la presqu'île du cap Corse, et les vins qu'elle donne sont exportés en France. Les pentes des montagnes sont couvertes d'épaisses forêts, et entre le Golo et le Tavignano s'étend la région de la « Châtaigneraie ». Enfin, sur les côtes, on pêche le thon et la sardine.

La Corse est restée plus longtemps qu'un autre département de France privée de voies de communication : **une voie ferrée** unit aujourd'hui Ajaccio à Bastia par le col de Vizzavona et Corte.

Mais, tandis que les Italiens ont établi à l'île de la Maddalena, au nord-est de la Sardaigne, une rade militaire qui est une menace perpétuelle pour la Corse, l'île française n'a pas été pourvue, jusqu'à ce jour, de défenses capables de la mettre à l'abri d'un coup de main.

IV. — GÉOGRAPHIE POLITIQUE

Territoire de Belfort. — Le territoire de Belfort est le seul débris de l'Alsace que l'énergie patriotique de M. Thiers ait permis à la France de conserver. Il a à sa tête un administrateur, et a pour capitale **Belfort**.

Franche-Comté. — La Franche-Comté, acquise par Louis XI après la guerre de succession de Bourgogne, au traité d'Arras (1482), mais imprudemment restituée par Charles VIII, au traité de Senlis, fut enlevée à l'Espagne par Louis XIV (1674), auquel le traité de Nimègue la céda (1678).

Elle forma, en 1790, trois départements :

HAUTE-SAÔNE, ch.-l. **Vesoul**.
S.-pr. Gray, Lure.

DOUBS, ch.-l. **Besançon.**
S.-pr. Pontarlier, Baume-les-Dames, Montbéliard.
JURA, ch.-l. **Lons-le-Saulnier.**
S.-pr. Dôle, Saint-Claude, Poligny.
V. pr. Salins.

Bourgogne. — Cette province, dont le nom vient des Burgondes, fut gouvernée, du onzième au quinzième siècle, par deux grandes dynasties princières, dont la seconde fut l'ennemie acharnée des rois de France. Après la mort de Charles le Téméraire (1477), Louis XI la disputa à l'Autriche et l'acquit au traité d'Arras (1482).

Elle a formé, en 1790, trois départements :

CÔTE-D'OR, ch.-l. **Dijon.**
S.-pr. Beaune, Châtillon-sur-Seine, Semur.
V. pr. Auxonne, Saint-Jean-de-Losne, Alise-Sainte-Reine.
SAÔNE-ET-LOIRE, ch.-l. **Mâcon.**
S.-pr. Chalon-sur-Saône, Charolles, Autun, Louhans.
V. pr. Digoin, Le Creusot, Montceau-les-Mines.
YONNE, ch.-l. **Auxerre.**
S.-pr. Joigny, Sens, Tonnerre, Avallon.
V. pr. Chablis.

Bresse; Bugey; pays de Gex; Valromey; Dombes. — Les pays de la Bresse (Bourg), du Bugey (Belley), de Valromey (Nantua) et de Gex furent cédés par le duc de Savoie à Henri IV, au traité de Lyon (1601); la principauté des Dombes (Trévoux) ne fut réunie à la France qu'en 1762.

Tous ces pays ont formé le vaste département de l'Ain, qui forme une partie de la frontière du Jura :

AIN, ch.-l. **Bourg.**
S.-pr. Belley, Gex, Nantua, Trévoux.
V. pr. Culoz, Pierre-Châtel, Ferney.

Lyonnais. — Le Lyonnais a été réuni à la France par Philippe le Bel (1312); le Beaujolais et le Forez ont été confisqués par François Ier sur le connétable de Bourbon (1522,

Ces provinces ont constitué d'abord le département de Rhône-et-Loire, plus tard divisé en deux parties :

RHÔNE, ch.-l. **Lyon.**
S.-pr. Villefranche.
V. pr. Givors, Tarare.
LOIRE, ch.-l. **Saint-Etienne.**
S.-pr. Roanne, Montbrison.
V. pr. Rive-de-Gier, Saint-Galmier.

Savoie. — La Savoie, dont les ducs eurent, au dix-septième et au dix-huitième siècle, de constants rapports avec la France, fut conquise dès le début des guerres de la Révolution (1792), et forma le département du Mont-Blanc. Enlevée à la France par les traités de 1815, elle lui fut de nouveau cédée sous Napoléon III (1860), quand le roi de Sardaigne, Victor-Emmanuel, eut commencé à utiliser à son profit le mouvement unitaire qui s'était manifesté en Italie.

Elle a été depuis divisée en deux départements :

SAVOIE, ch.-l. **Chambéry.**
S.-pr. Moutiers, Albertville, Saint-Jean-de-Maurienne.
V. pr. Aix-les-Bains, Montmélian, Modane.
HAUTE-SAVOIE, ch.-l. **Annecy.**
S.-pr. Thonon, Bonneville, Saint-Julien.
V. pr. Seyssel, Evian, Saint-Gingolph.

Dauphiné. — Le dauphin du Viennois, Humbert II, vendit à Philippe de Valois le Dauphiné, qui devait avoir une administration à part et conserver ses privilèges.

Il forma, à partir de 1790, trois départements :

ISÈRE, ch.-l. **Grenoble.**
S.-pr. Vienne, Saint-Marcellin, la Tour du Pin.
V. pr. Voiron, la Grande-Chartreuse, Uriage, Allevard.
HAUTES-ALPES, ch.-l. **Gap.**
S.-pr. Briançon, Embrun.
V. pr. Mont-Dauphin.
DRÔME, ch.-l. **Valence.**
S.-pr. Montélimar, Die, Nyons.

Comtat Venaissin. — Le comtat Venaissin, cédé par les comtes de Toulouse au Saint-Siège, en 1229, et confisqué temporairement à plusieurs reprises, principalement sous Louis XIV, devint définitivement possession française quand le pape refusa de reconnaître la constitution civile du clergé, établie par l'Assemblée constituante (1791).

Il n'a formé qu'un seul département :

VAUCLUSE, ch.-l. **Avignon.**
S.-pr. Orange, Carpentras, Apt.

Le long des côtes de la Méditerranée on trouve les anciennes provinces et les départements suivants :

Roussillon. — Le Roussillon, ancienne province espagnole, un moment acquis par Louis XI, mais restitué par Charles VIII, fut conquis par Louis XIII et Richelieu sur l'Espagne (1642) et cédé à la France par le traité des Pyrénées (1659).

Il a formé un département :

Pyrénées-Orientales, ch.-l. **Perpignan.**
S.-pr. Céret, Prades.
V. pr. Banyuls, Port-Vendres, Collioure, Amélie-les-Bains, Montlouis, Rivesaltes.

Languedoc. — La grande province de Languedoc qui, partant des Cévennes, déborde dans les bassins du Rhône, de la Garonne et de la Loire supérieure, forma à l'époque féodale un comté qui fut longtemps gouverné par de puissants seigneurs.

Par le traité de Meaux (1229) qui termine la croisade des Albigeois, la France acquit une partie du Languedoc, c'est-à-dire les pays de Nîmes, Narbonne, Carcassonne, le Vivarais (Viviers), le Gévaudan (Mende) et le Velay (Le Puy).

A la mort d'Alphonse de Poitiers, comte de Toulouse, son comté et l'Albigeois furent réunis à la France (1270).

Huit départements ont été formés du Languedoc, dont quatre dans le bassin du Rhône et des côtes de la Méditerranée, trois dans le bassin de la Garonne et un dans la région supérieure de la Loire.

Ardèche, ch.-l. **Privas.**
S.-pr. Tournon, Largentière.
V. pr. Annonay, la Voulte, Viviers, Vals.
Gard, ch.-l. **Nîmes.**
S.-pr. Alais, Uzès, Le Vigan.
V. pr. Pont-Saint-Esprit, Aigues-Mortes, Anduze.
Hérault, ch.-l. **Montpellier.**
S.-pr. Béziers, Lodève, Saint-Pons.
V. pr. Cette, Agde, Frontignan, Lunel.
Aude, ch.-l. **Carcassonne.**
S.-pr. Narbonne, Limoux, Castelnaudary.

Provence. — Ainsi nommée de l'ancienne province romaine, la Provence forma quelque temps un royaume au moment du démembrement de l'empire de Charlemagne, puis appartint à la maison d'Anjou. Elle fut léguée à Louis XI par le testament et la mort de Charles du Maine (1481), héritier de René d'Anjou.

Elle a formé trois départements :

Bouches-du-Rhône, ch.-l. **Marseille.**
S.-pr. Aix, Arles.
V. pr. Berre, la Ciotat, Tarascon.

Var, ch.-l. **Draguignan.**
S.-pr. Toulon, Brignoles.
V. pr. Hyères.
Basses-Alpes, ch.-l. **Digne.**
S.-pr. Sisteron, Barcelonnette, Castellane, Forcalquier.
V. pr. Tournoux, Fort-Saint-Vincent.

Comté de Nice. — L'ancien comté de Nice a suivi les destinées de la Savoie. Conquis en même temps qu'elle, en 1792, puis perdu en 1815, il a été cédé de nouveau à la France par le traité de Turin (1860). A cause de sa faible étendue, on a enlevé au département du Var l'arrondissement de Grasse, pour le joindre au comté de Nice et former avec lui le département des

Alpes-Maritimes, ch.-l. **Nice.**
S.-pr. Grasse, Puget-Théniers.
V. pr. Cannes, Antibes, Villefranche, Menton.

Corse. — Disputée dans l'antiquité entre les Romains et les Carthaginois, puis au moyen âge entre Gênes et Pise, la Corse appartint depuis le quatorzième siècle aux Génois qui, ne pouvant réprimer la révolte excitée dans l'île par Pascal Paoli (1763), la cédèrent à la France moyennant une somme de 40 millions (1768). Elle a formé un département :

Corse, ch.-l. **Ajaccio.**
S.-pr. Bastia, Corte, Sartène, Calvi.
V. pr. Porto-Vecchio, Bonifacio, l'île Rousse, Saint-Florent.

CHAPITRE IX

Fleuves de plaine : la Garonne et l'Adour. — Côte des Landes.

I. — Caractères généraux

Le bassin de la Garonne. — La région qu'arrose la Garonne peut recevoir, comme celle du Rhône, le nom de bassin, à cause du relief assez marqué qui l'entoure en partie et de la simplicité de sa composition géologique. Des communications faciles ont pu être établies avec la côte de la Méditerranée par le **col de Naurouse**, avec l'Espagne le long de la côte de l'Océan, avec la Charente et la Loire à travers les **collines de la Saintonge**. Il a fallu vaincre plus d'obstacles pour construire les routes ou les voies ferrées qui pénètrent aujourd'hui dans les contreforts occidentaux du massif central.

Géologie. — La Garonne et l'Adour coulent dans une **plaine tertiaire**, bordée par les Pyrénées et le massif central, où se rencontrent en abondance les **roches primitives et primaires**. Les **terrains jurassiques** composent les plateaux des Causses; une **longue bande crétacée** s'étend au nord des Pyrénées, de la Méditerranée à l'Océan; des roches de même composition bordent le cours moyen de la Dordogne et de ses principaux affluents.

Régime de la Garonne. — Moins longue que la Loire, la **Garonne** est **moins irrégulière et plus abondante qu'elle**; elle est alimentée par les neiges des Pyrénées, du massif central, et par les pluies dont la moyenne, qui est pour toute la région d'environ $0^m,80$, dépasse $1^m,50$ dans certaines parties de la crête des Pyrénées et du massif central. L'humidité de la région de la Garonne est donc considérable, mais l'évaporation enlève beaucoup d'eau à la surface de la plaine.

La Garonne est sujette à de **dangereuses inondations**; dans la vallée supérieure, elles sont causées **par les pluies abondantes**, la **fonte prématurée des neiges** des Pyrénées que produisent souvent les vents d'ouest ou du nord-ouest, **par le caractère imperméable** et **la pente rapide** des terrains que traversent, dans leur cours supérieur, la Garonne et ses affluents. **Toulouse**, située au point où convergent les eaux qui descendent des Pyrénées, est particulièrement exposée à des inondations comme celle de 1875, une des plus terribles, dans laquelle la Garonne, s'élevant jusqu'à 13 mètres au-dessus de son niveau ordinaire, causa des dégâts énormes.

Au-dessous de Toulouse, les inondations, dues aux pluies et aux neiges du massif central, sont en général **moins terribles** à cause de la **pente moins forte** des affluents de la Garonne, des **terrains perméables** que traversent, dans leur cours moyen, le Lot et le Tarn, enfin, de la **non-coïncidence des crues** de ces deux rivières. **Agen** fut cependant dévasté en 1875 par la

Garonne, qui s'éleva, dans sa vallée moyenne, à 12 mètres au-dessus de l'étiage.

La Garonne et la Dordogne **entraînent une quantité énorme d'alluvions:** les dépôts, assez rares jusqu'à Agen, s'accumulent dans l'**estuaire de la Gironde qui est encombré de bancs de sable** et d'îlots vaseux ; l'ensablement augmente sans cesse et ne permet plus aux gros navires de remonter jusqu'à Bordeaux.

L'Adour, dont le réseau fluvial rappelle la Garonne supérieure, traverse une région abondamment arrosée, mais où l'évaporation est considérable. **Régularisé par le réservoir du lac Bleu**, situé près du pic du Midi de Bigorre, il traverse, comme la plupart de ses affluents, des terrains en grande partie perméables. Bien que le **Gave de Pau**, issu des Pyrénées, soit plus long et plus abondant que lui, **l'Adour est resté la branche maîtresse**, car sur lui la marée remonte plus haut que sur le Gave, et, de plus, l'Adour a été de tout temps la grande voie historique conduisant vers la Garonne.

Caractères politiques. — Au point de vue politique, **la Garonne unit les provinces** comprises dans le massif central avec celles de la région des Pyrénées, à travers le Languedoc qui, lui-même, a débordé par le col de Naurouse jusqu'aux bords de la Méditerranée.

Comme on l'a vu plus haut, les villes, dans la région des Pyrénées, sont disposées sur trois lignes parallèles à la crête de ces montagnes.

Les **populations** du bassin de la Garonne ont généralement le type brun et la physionomie vive. Le **Gascon** est hardi et aventureux ; le **Bordelais**, plus grave, a la réputation de bien parler. Le **Languedocien**, plus enthousiaste, a conservé un sentiment très vif de l'art. Sur les deux versants des Pyrénées, dans les provinces basques et dans la Navarre française, la population des « **Escualdunacs** », plus connue sous le nom de **Basques**, et qui est surtout concentrée dans les arrondissements de Mauléon et de Bayonne, ne se rattache à aucune race connue en Europe, et parle une langue sonore, « l'**euskara** », que l'on n'a pu rapprocher d'aucune autre langue connue. Regardés comme les descendants des anciens Ibères, les Basques émigrent dans les grandes villes de la région et dans la République Argentine.

Enfin, par un débordement progressif, les **Espagnols**

quittent fréquemment les plateaux arides qui prolongent au sud les Pyrénées pour se répandre en France, dans la plaine de la Garonne.

Climat. — La plaine de la Garonne et de l'Adour, comme celle de la Charente, est soumise au **climat girondin**, climat maritime qui est caractérisé par la prédominance des vents d'ouest ou du nord-ouest, par des pluies dont la moyenne est de 0m,80 et qui ont lieu surtout au printemps. La moyenne de température, qui est de + 13° à Bordeaux, atteint + 16° 1/2 à Pau, ville d'hiver. Toulouse, à cause de la proximité des Pyrénées, a un climat plus continental que Bordeaux.

Dans la **région du massif central** domine un **climat spécial** (voir le chapitre sur le massif central).

Caractères économiques. — La région de la Garonne est surtout un **pays agricole**. Elle produit en abondance les **céréales** et les **fruits**. La **vigne** prospère surtout vers **Toulouse**, autour de **Gaillac**, dans toute la **région du Bordelais** et dans l'**Armagnac**, qui exporte les eaux-de-vie; le **mûrier** et le **tabac** sont également cultivés. Des **forêts** se rencontrent, assez clairsemées dans les Pyrénées et couvrent toute la plaine des Landes; enfin, d'excellents **pâturages** abondent dans les Pyrénées et dans les Causses.

Les grandes **industries** sont assez rares; **Decazeville** et **Carmaux** sont les centres de **deux bassins houillers** secondaires; il y a des **mines de fer** dans les Pyrénées, surtout dans la haute vallée de l'Ariège; les **carrières de marbre** abondent (Campan, Saint-Béat). Dans l'Ariège, sur le Lot inférieur et vers Périgueux, sont des **forges importantes**. **Castres** et **Mazamet** ont des **manufactures de draps**. **Pau** fabrique les **toiles**. Les villes des Basses-Pyrénées préparent les **jambons**. Enfin, les **eaux minérales** sont une source de richesse pour la région des Pyrénées.

Caractères militaires. — La **frontière franco-espagnole**, sans suivre partout la crête des Pyrénées, est, en général, **assez régulière**; les voies ferrées de Paris à Barcelone et de Paris à Madrid contournent, à leurs deux extrémités, les Pyrénées continentales; aucune ligne ne franchit encore la partie centrale de la chaîne.

Toulouse en France, comme **Saragosse** en Espagne, deviendrait, en cas de guerre, un centre de concentration de troupes; mais, du côté de la France, les défenses sont presque partout insuffisantes, et les places fortes actuelles ne pourraient opposer qu'une faible résistance à l'ennemi.

II. — La Garonne et ses affluents

1° Cours supérieur jusqu'à Montréjeau. —

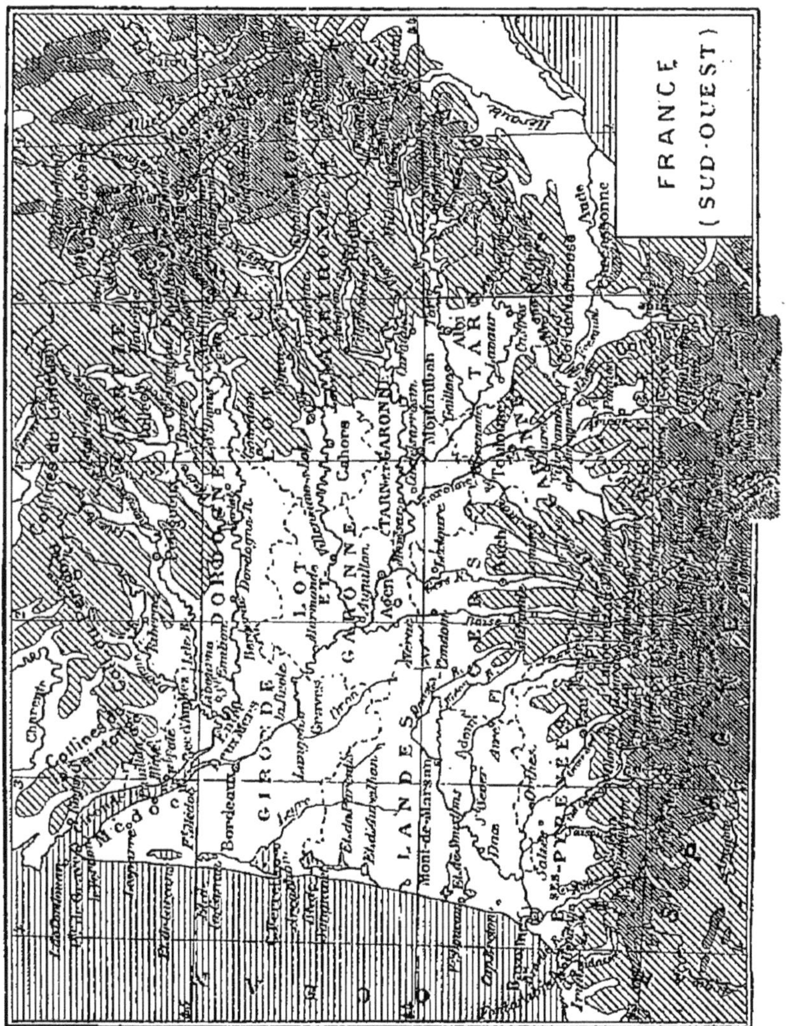

La Garonne descend des Pyrénées centrales par deux

sources situées **dans le val d'Aran** : l'une prend naissance à plus de 1 870 mètres d'altitude, aux « **Yeux de la Garonne** », près du **col de Béret** qui conduit dans la vallée de la Noguerra-Pallaresa, et arrose **Viella**, chef-lieu du val d'Aran qui, depuis le douzième siècle, appartient à l'Espagne ; l'autre coule d'abord sur le plateau qui sépare le massif de la Maladetta de la crête des Pyrénées, disparaît dans le **Trou du Taureau** et reparaît dans le val d'Aran, à 1 350 mètres d'altitude, au **Goueil Jouéou** (œil de Jupiter). Grossie de nombreux torrents, la Garonne traverse le cirque presque fermé du **val d'Aran**, qui, isolé presque complètement du reste de l'Espagne, communique, au contraire, par des routes carrossables, avec Luchon et Saint-Béat ; elle franchit, à 590 mètres d'altitude, le **défilé de Pont-du-Roi**, où se trouve la frontière entre France et Espagne, longe les carrières de marbre de **Saint-Béat**, laisse à gauche l'ancienne forteresse de **Saint-Bertrand-de-Comminges** et se dégage des montagnes à **Montréjeau**.

Les premiers affluents de la Garonne ne sont que des torrents : la **Pique** arrose la pittoresque station balnéaire de **Luchon** ; la **Neste** traverse la vallée d'Aure et perd une partie de ses eaux que le **canal de Sarrancolin** va déverser sur le plateau de Lannemezan, dans le Gers.

2° Cours moyen jusqu'à Toulouse. — De Mon-

Toulouse : le Capitole.

tréjeau à Toulouse, la Garonne coule vers le nord-est dans une plaine d'alluvions, riche mais d'aspect monotone. Sur ses bords se remarquent **Saint-Gaudens**, **Cazères**, où commence la navigation, **Muret**, qui rappelle la grande bataille de la croisade des Albigeois, et **Toulouse** (150000 habitants).

Bâtie à 120 mètres d'altitude, sur la rive droite du fleuve qui la sépare de son faubourg ouvrier de Saint-Cyprien, au confluent du Lhers, qui conduit vers le col de Naurouse, au point de départ du canal du Midi et du canal latéral, **Toulouse** est un grand marché de céréales en même temps que le centre agricole et universitaire de la contrée; le Capitole, ou hôtel de ville, et l'église Saint-Sernin sont les deux monuments les plus célèbres.

Là lui arrivent les derniers affluents descendus de la région pyrénéenne :

Le **Salat**, remonté par une voie ferrée qui, d'après une convention avec l'Espagne, devrait se prolonger jusque dans la vallée de la Noguerra, arrose **Saint-Girons**; l'**Ariège**, dont la source est en Espagne, au col de Puymoreins, possède dans sa vallée supérieure de riches mines de fer, et, après avoir baigné la ville d'eaux thermales d'**Ax**, traverse une région industrielle où l'on travaille le fer. **Tarascon** est entouré de forges. **Foix**, dominé par le château féodal des anciens comtes, et **Pamiers** fabriquent des faux et des instruments agricoles.

3° Cours inférieur jusqu'au bec d'Ambez. — La grande plaine tertiaire et d'alluvions qui s'étend de Toulouse au bec d'Ambez produit en abondance la vigne, les fruits et le tabac. C'est au milieu des prairies, des jardins et des vergers que s'élèvent **Castelsarrasin**, marché agricole; **Agen**, qui exporte les prunes séchées dites pruneaux, **Aiguillon**, au point où arrive le Lot, **Tonneins**, important par sa manufacture de tabac, et les deux marchés agricoles de **Marmande** et de la **Réole**.

Au-dessous commencent les riches **vignobles du Bordelais**, qui comprennent: la **région de Graves** (Barsac, Sauternes), sur la rive gauche de la Garonne avant Bordeaux; celle du **Médoc** (Château-Margaux, Château-Lafitte, Saint-Julien, Saint-Estèphe), dans l'arrondissement de Lesparre, sur la rive gauche de la Gironde; celle d'**Entre-Deux-Mers**, entre le confluent de la Garonne et de la Dordogne; enfin, vers le cours inférieur de cette dernière rivière, la **région de Saint-Emilion**.

Bordeaux (257 000 habitants), situé sur la Garonne, à

plus de 20 kilomètres du bec d'Ambez, a perdu de son importance comme port de commerce depuis que, par suite de l'ensablement de la Garonne, les vaisseaux qui calent plus de 5^{m},30 ne peuvent plus y arriver et sont obligés de s'arrêter à **Pauillac.** Il exporte en Angleterre et dans le monde entier les vins de la région qui l'entoure, importe le cuivre, les cuirs, les denrées coloniales, possède des distilleries de liqueurs et des raffineries de sucre.

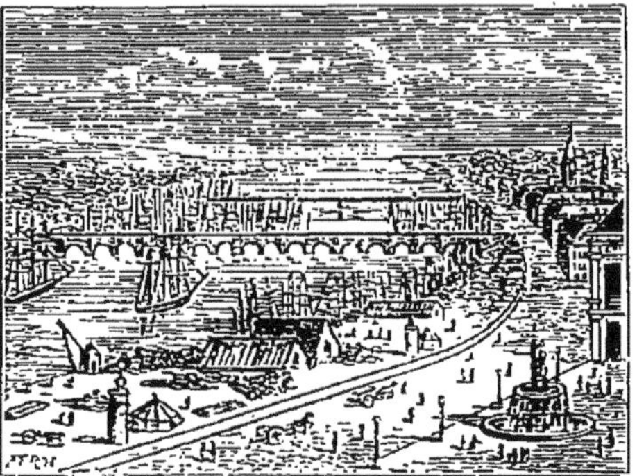

Bordeaux : le Port.

La jonction de la Garonne et de la Dordogne au bec d'Ambez constitue la **Gironde.** Des paquebots l'unissent à Dakar et à Buenos-Ayres.

Bordeaux : les Quinconces.

Affluents de gauche de la Garonne. — Du plateau de Lannemezan descendent plusieurs rivières qui, issues à peu près du même point, se sont frayé un chemin à travers les énormes débris déposés par les anciens glaciers des Pyrénées et traversent une région de pâturages et de vignes qui donnent les célèbres eaux-de-vie de l'Armagnac.

Sur la **Save**, **Lombez** est un important marché de chevaux.

Le **Gers**, augmenté des eaux que lui amène le canal de Sarrancolin, passe à **Auch**, ancienne ville des Ibères, grand marché d'eaux-de-vie, archevêché, et à **Lectoure**, la vieille capitale de l'Armagnac, ruinée par Louis XI.

La **Baïse** traverse **Condom** et **Nérac**, deux grands marchés pour les eaux-de-vie.

Affluents de droite de la Garonne. — Les cours d'eau cévenols coulent tous dans trois régions très distinctes : issus de la partie granitique des Cévennes, ils traversent ensuite les terrains calcaires des Causses avant d'aboutir dans la plaine tertiaire de la Garonne.

Le **Tarn**, qui prend naissance dans les monts de la Lozère, coule bientôt resserré entre des roches calcaires dans un étroit défilé ou cañon dont les accidents pittoresques sont visités depuis quelques années par de nombreux touristes. **Florac** marque le commencement de ces gorges. **Millau** (19 000 habitants), la ville la plus peuplée de l'Aveyron, où l'on fabrique les gants, forme une véritable oasis dans la vallée, et, après le **Saut du Sabo**, le Tarn entre en plaine.

Outre les eaux souterraines qui jaillissent à la base des plateaux, le Tarn reçoit dans cette région de défilés des torrents au cours tourmenté, dont les vallées s'ouvrent semblables à d'étroites fissures au milieu des Causses : tels sont le **Tarnon** et la **Jonte**, descendus de l'Aigoual ; la **Dourbie**, qui finit à Millau ; et le **Dourdou**, grossi de la **Sorgues**, qui baigne les tanneries et les manufactures de **Saint-Affrique**.

Le Tarn passe ensuite à **Albi** dont la cathédrale de briques est justement célèbre, et côtoie **Gaillac** aux vins renommés, **Montauban** (31 000 habitants), ancienne forteresse protestante, dont la campagne produit les fruits en abondance, et **Moissac**, grand marché de céréales.

Entre ces deux dernières villes lui arrive l'**Aveyron**, qui décrit dans des gorges étroites et pittoresques d'innombrables méandres, baignant le pied de la colline qui porte la vieille ville de **Rodez**, et la plaine un peu plus large où est située **Villefranche**. Le **Viaur**, encore plus sinueux que l'Aveyron, à laquelle il mêle ses eaux, laisse au sud le petit bassin houiller de **Carmaux**.

En amont de Montauban aboutit l'**Agout**, dont la vallée compte les villes industrielles de **Castres**, qui fabrique les draps, et de **Lavaur**, qui travaille la soie et le coton. **Mazamet**, situé un peu au sud, essaie de rivaliser avec Castres.

Le **Lot**, dont les sources sont voisines de celles du Tarn, coule d'abord comme lui dans des gorges profondes ; **Mende**, le pauvre chef-lieu du département de la Lozère, est dans sa vallée supérieure; puis, resserré entre le plateau d'Aubrac et le causse de Sauveterre, il reçoit à Entraygues la **Truyère**, torrent abondant que franchit, sur le **viaduc élevé de Garabit**, le chemin de fer de Paris à Bédarieux, et borde le bassin houiller dont **Decazeville** et **Aubin** sont les principaux centres. A **Capdenac**, l'ancienne Uxellodunum, dont la résistance termina jadis la guerre des Gaules, se croisent aujourd'hui les chemins de fer de la région. Le Lot, décrivant d'innombrables méandres entre des collines couvertes de vignes, enveloppe presque entièrement la **ville de Cahors** qui fait un grand commerce de vins et où la source abondante de la Divonne lui apporte les eaux souterraines du plateau du Quercy. Dans la plaine, **Villeneuve-d'Agen** s'élève au milieu de riches vergers.

Formée de deux ruisseaux au cours très rapide, la **Dore** et la **Dogne** qui descendent du puy de Sancy, la **Dordogne** baigne les deux stations du mont Dore et de la Bourboule, puis s'engage dans de profondes gorges au milieu desquelles la **Rhue**, l'**Auze** et la **Maronne** lui apportent les eaux du massif du Cantal. A **Bort**, elle longe les colonnades basaltiques connues sous le nom « d'orgues ». Dans sa vallée, devenue plus large depuis **Argentat**, aboutit la **Cère** qui, venue de la **montagne du Lioran** et suivie quelque temps par le **chemin de fer du grand central**, traverse à plusieurs reprises des gorges pittoresques (Pas de la Cère) et se grossit de la **Jordane**, issue du puy Mary, qui passe à **Aurillac** (17 000 habitants), où l'on fabrique de la chaudronnerie.

Après le **cirque de Monvalent**, où se séparent, à **Saint-Denis**, plusieurs voies ferrées, la Dordogne, grossie près de **Souillac** des eaux souterraines du causse de Gramat, forme plusieurs rapides que contourne un canal, puis arrose, vers **Bergerac**, des prairies comprises entre des collines couvertes de vignes. **Libourne** est le port de la Dordogne où peuvent remonter d'assez gros vaisseaux.

Viaduc de Garabit.

Large de plus d'un kilomètre, elle rejoint, au bec d'Ambez, la Garonne.

Plusieurs rivières importantes viennent grossir la Dordogne :

1° La **Vezère**, issue du plateau de Millevache, traverse des gorges boisées, où elle forme de nombreux rapides. **Uzerche**, située sur ses rives, est un important marché de bestiaux. Dans les **grottes** qui abondent sur son cours inférieur (grottes des Eyzies, de la Madeleine, de Cro-Magnon) ont été trouvés de nombreux débris préhistoriques. Son affluent, la **Corrèze**, après avoir traversé la profonde vallée où s'élève **Tulle**, célèbre par sa manufacture d'armes, débouche dans la riche plaine de **Brive**, qu'enrichissent les produits de ses jardins.

2° L'**Isle**, accrue de nombreuses rivières qui se perdent parfois dans les fissures du sol, passe à **Périgueux**, 32 000 habitants), entouré d'usines qui traitent le minerai de la région de Nontron, et où se fait un important commerce de truffes.

4° La Gironde. — Dans l'**estuaire de la Gironde**, véritable bras de mer qui a jusqu'à 14 kilomètres de large, la navigation est rendue difficile par le mascaret et par l'ensablement progressif qui nuit à la prospérité de Bordeaux. **Blaye**, avec sa citadelle, le **fort Paté**, dans une île, et le **fort Médoc**, sur la rive gauche, barrent le passage. A droite, **Royan** est une station de bains de mer fréquentée; à gauche, **Pauillac** est le port avancé de Bordeaux, d'où partent les paquebots pour le Sénégal et l'Amérique du Sud. Le **Verdon**, où se termine le chemin de fer, précède la pointe de Grave; d'énormes blocs de rochers la protègent contre les assauts des vagues qui ont rongé une partie de la côte dont l'**îlot de Cordouan**, surmonté d'un phare, est un débris.

III. — La côte des Landes et l'Adour

Les Landes. — Entre la Gironde et l'Adour, **la côte**, droite et régulière, est bordée de **dunes de sables** qu'en 1787 l'ingénieur Brémontier commença à fixer par des plantations de pins ; derrière, **les étangs**, aujourd'hui presque tous séparés de la mer, formaient jadis des golfes profonds le long de ce rivage (étangs de Carcans, de la Canau, de Sanguinet, Parentis, Aureilhan, Soustous). Un seul, le **bassin d'Arcachon**, qui, à cause de sa faible profondeur, ne sert qu'à l'élevage des huîtres, est parvenu, grâce à la rivière de la Leyre, à maintenir jusqu'à présent sa communication avec la mer. **Arcachon**, ville d'hiver et station de bains de mer, s'élève à son entrée méridionale. Au delà des étangs, la **plaine des Landes**, jadis marécageuse à cause de la couche imperméable d'alios qui la compose, est actuellement couverte de **forêts de pins** qui ont amené la suppression des marécages, et dont les arbres fournissent à la fois des planches et de la résine.

L'Adour et ses affluents. — L'Adour, formé de plusieurs torrents qui descendent du pic de Tourmalet, arrose la verdoyante **vallée de Campan**, riche en carrières de marbres. **Bagnères-de-Bigorre**, ville d'eaux minérales, est au point d'élargissement de sa vallée. **Tarbes** (24 200 habitants) fournit des chevaux pour la remonte de la cavalerie légère. Par **Aire**, évêché, et **Saint-Sever**, l'Adour s'engage dans la région des Landes. A **Dax**, connu par ses sources et ses boues thermales, commençaient les bouches du fleuve : **son embouchure** était, jusqu'au milieu du quatorzième siècle, au **cap Breton**, à l'ouest duquel s'ouvre un gouffre très profond ; en 1369, des tempêtes amenèrent la formation d'un nouveau lit qui aboutit au Vieux Boucau, jusqu'en 1579, où des travaux artificiels donnèrent à l'Adour la direction qu'il suit aujourd'hui. **Bayonne** (27 000 habitants), place forte médiocre, située à 5 kilomètres de la mer, fabrique le chocolat, prépare les jambons, mais ne sera jamais qu'un mauvais port à cause de la barre qui obstrue l'embouchure du fleuve ; le **Boucau-Neuf** est son port avancé.

A droite, l'Adour reçoit les rivières des Landes telles que la **Midou** et la **Douze**, au confluent desquelles se trouve **Mont-de-Marsan**, qui exporte les bois, possède des tanneries et d'importantes forges.

Les affluents issus des Pyrénées, torrents au cours rapide mais clair, se nomment des **gaves** : le **gave de Pau**, branche maîtresse de l'Adour, qui descend du cirque de Gavarnie, est formé de plusieurs gaves sur lesquels se remarquent les villes d'eaux thermales de **Barèges**, à l'est, de **Luz** et **Saint-Sauveur** au sud, de **Cauterets**, à l'ouest. Après avoir baigné **Argelès** et traversé le défilé de **Pierrefitte**, il entre en plaine à **Lourdes**, ancien château fort et pèlerinage fréquenté. **Pau** (34 000 habitants), ville

Château de Pau.

d'hiver qu'avoisinent les vignobles renommés de Jurançon, possède l'ancien château de Henri IV, et fabrique des toiles. **Orthez** exporte les jambons.

Le **gave d'Oloron**, qui grossit le précédent, est formé de deux branches : le **gave d'Ossau**, près duquel sont les deux stations balnéaires des **Eaux-Bonnes** et des **Eaux-Chaudes**, et le **gave d'Aspe**, ouvrant la route du col de Canfranc que défend le **fort d'Urdos**. **Oloron**, au confluent des deux rivières, sert de marché aux montagnards des deux vallées. Plus loin, **Salies-de-Béarn** a des sources salines très fréquentées. La Saison ou **gave de Mauléon**, qui se jette dans le gave d'Oloron, est une des rivières du pays basque.

Enfin, à Bayonne, finit la **Nive**, dont les sources, situées en Espagne, forment sur la frontière française une trouée que défend la vieille forteresse de **Saint-Jean-Pied-de-Port**.

La côte devient élevée à **Biarritz**, station de bains de mer renommée. Au petit port de pêche de **Saint-Jean-de-Luz** aboutit la Nivelle, qui vient d'Espagne.

Enfin, la **Bidassoa,** dont la vallée est en très grande partie espagnole, forme dans son cours inférieur la frontière entre la France et l'Espagne. A droite, **Hendaye,** protégée par un fort, exporte des eaux-de-vie et possède la douane française. En face d'elle, la vieille cité espagnole de Fontarabie possède des rues pittoresques bordées d'anciennes maisons. **L'île des Faisans ou de la Conférence,** où fut signé en 1659 le traité des Pyrénées, est constamment diminuée par le travail d'érosion du fleuve.

IV. — Géographie politique

Dans la région de la Garonne et de l'Adour, qui formait l'ancienne Aquitaine, se trouvaient les anciennes provinces suivantes :

Comté de Foix. — Le comté de Foix, jadis indépendant, puis réuni au Béarn, passa dans la maison d'Albret et fut réuni à la France à l'avènement de Henri IV (1589). Il a formé un département :

Ariège, ch.-l. **Foix.**
S.-pr. Pamiers, Saint-Girons.
V. pr. Ax, Ussat, Tarascon.

Gascogne. — Les pays qui formèrent l'ancien duché de Gascogne furent réunis à diverses époques au domaine royal : le Bigorre, sous Charles V (1374); les pays de Bayonne et de Dax, sous Charles VII (1453), le Comminges et le Conserans, sous François Ier (1542); enfin, le duché d'Albret, l'Armagnac et le Marsan, à l'avènement de Henri IV (1589). La Gascogne a formé trois départements :

Gers, ch.-l. **Auch.**
S.-pr. Lombez, Lectoure, Mirande, Condom.
Hautes-Pyrénées, ch.-l. **Tarbes.**
S.-pr. Argelès, Bagnères-de-Bigorre.
V. pr. Barèges, Gavarnie, Luz, Saint-Sauveur, Cauterets, Lourdes.
Landes, ch.-l. **Mont-de-Marsan.**
S.-pr. Dax, Saint-Sever.
V. pr. Aire, Albret.

Guyenne. — La Guyenne, devenue possession anglaise par le mariage d'Eléonore d'Aquitaine avec Henri Plantagenet (1152), fut enlevée par Charles VII aux Anglais après la bataille de Castillon (1453).

Six départements ont été formés de cette province :

GIRONDE, ch.-l. **Bordeaux.**
S.-pr. La Réole, Libourne, Bazas, Blaye, Lesparre.
V. pr. Pauillac, Castillon.

LOT-ET-GARONNE, ch.-l. **Agen.**
S.-pr. Marmande, Villeneuve-sur-Lot, Nérac.
V. pr. Tonneins, Aiguillon.

TARN-ET-GARONNE, ch.-l. **Montauban.**
S.-pr. Castelsarrasin, Moissac.

DORDOGNE, ch.-l. **Périgueux.**
S.-pr. Bergerac, Sarlat, Nontron, Ribérac.

LOT, ch.-l. **Cahors.**
S.-pr. Gourdon, Figeac.
V. pr. Rocamadour.

AVEYRON, ch.-l. **Rodez.**
S.-pr. Villefranche, Milhau, Espalion, Saint-Affrique.
V. pr. Roquefort, Decazeville.

Béarn. — Le pays basque du Béarn, patrimoine de la maison d'Albret, a été rattaché au domaine royal par Henri IV (1589).

Il a formé un département :

BASSES-PYRÉNÉES, ch.-l. **Pau.**
S.-pr. Orthez, Bayonne, Oloron, Mauléon.
V. pr. Biarritz, Saint-Jean-de-Luz, Hendaye, Les Eaux-Bonnes, Les Eaux-Chaudes, Saint-Jean-Pied-de-Port.

Languedoc. — De cette province ont été formés huit départements, dont trois dans la région de la Garonne :

HAUTE-GARONNE, ch.-l. **Toulouse.**
S.-pr. Saint-Gaudens, Muret, Villefranche.
V. pr. Saint-Béat, Luchon.

TARN, ch.-l. **Albi.**
S.-pr. Gaillac, Castres, Lavaur.
V. pr. Mazamet, Carmaux.

LOZÈRE, ch.-l. **Mende.**
S.-pr. Florac, Marvejols.
V. pr. Villefort, Langogne.

Auvergne. — L'Auvergne a formé deux départements, dont un dans la région de la Garonne :

CANTAL, ch.-l. **Aurillac.**
S.-pr. Murat, Saint-Flour, Mauriac.
V. pr. Vic-sur-Cère, Salers.

CHAPITRE X

Fleuves de plaine : la Loire et la Charente. — Côtes de Vendée, du Poitou, de l'Aunis.

I. — Caractères généraux

La région de la Loire. — La région de la Loire, qui occupe la partie centrale de la France, ne constitue pas un bassin; seule, la vallée supérieure du fleuve comprise entre les montagnes a des limites précises ; la plaine dont Orléans occupe le centre n'est, au point de vue géographique, qu'une partie de la grande plaine allemande, belge et française, au point de vue géologique, que la continuation du bassin de Paris ; aussi, la contrée que draine la Loire est-elle, non seulement par sa position, mais encore par la facilité des communications, un pays de transition entre le nord et le midi de la France.

Les anciennes voies historiques de Paris-Bordeaux, Paris-Toulouse et d'Orléans-Chalon-sur-Saône, sont aujourd'hui suivies par des voies ferrées que l'on a pu construire sans grandes difficultés ; seul, le massif central vers le sud-est a longtemps opposé aux communications un obstacle dont est parvenue à triompher l'habileté des ingénieurs.

Géologie. — Dans son relief, comme dans sa composition géologique, la région de la Loire ne présente aucune unité. Jusqu'au confluent de l'Allier, la Loire coule entre les granits et les laves du massif central, sur des terrains imperméables.

Du confluent de l'Allier au confluent de la Maine s'étend une vaste plaine où se retrouvent à peu près les mêmes couches géologiques que dans la plaine de la Seine. Enfin, dans son cours inférieur, la Loire traverse, pour atteindre l'Océan, le sillon de Bretagne où reparaissent les granits.

Régime de la Loire; les inondations. — Tandis que le Rhône est un fleuve constant et que la Seine est pour ainsi dire le type des cours d'eau réguliers, la **Loire**, fleuve de plaine, a le régime d'un fleuve de montagne **et se distingue par son irrégularité**. Presque à sec en été, réduite à un mince filet d'eau au milieu de bancs de sable, la Loire est sujette, au printemps, à des inondations d'autant plus dévastatrices qu'elles sont plus soudaines. Ces inondations sont dues à trois causes :

1° *Le caractère de la vallée supérieure de la Loire.* — Jusqu'au confluent de l'Allier, la Loire et ses affluents roulent sur des terrains imperméables leurs eaux, dont le volume est considérablement augmenté par les pluies abondantes et par la fonte des neiges du massif central ; l'inclinaison très marquée des pentes dans la vallée supérieure produit un ruissellement rapide qui entraîne brusquement les eaux vers la plaine moyenne de la Loire.

2° *Les digues.* — Dans toute sa vallée moyenne, la Loire est bordée, depuis le dix-septième siècle, de digues appelées levées ou turcies, hautes de 4 à 7 mètres, et destinées, en retenant les eaux du fleuve, à préserver les campagnes riveraines. Or, ces digues, loin d'empêcher les inondations, les rendent, au contraire, plus fréquentes et plus terribles. Trop rapprochées les unes des autres, elles rétrécissent d'une façon excessive le lit de la Loire, qui, subitement grossie, ou bien les perce, ou bien déborde au-dessus d'elles. C'est ainsi qu'en 1856, les eaux du fleuve, se répandant par plus de soixante-dix brèches ouvertes par elles à travers les digues, inondèrent la vallée de Beaufort et les ardoisières de Trélazé.

3° *L'exhaussement progressif du lit de la Loire.* — La Loire et les affluents de son cours supérieur arrachent le long de leurs rives et entraînent une énorme quantité d'alluvions que l'on évalue annuellement à 1 million de mètres cubes pour la Loire, à 5 ou 6 millions pour l'Allier. Une partie, entraînée par le courant du fleuve, vient modifier l'aspect des côtes situées au nord et au sud de son embouchure ; mais la plus grande partie de ces alluvions ne pouvant, à cause des digues, se déposer dans la plaine qu'elles fertiliseraient, s'accumulent au fond du lit de la Loire qu'elles exhaussent ainsi progressivement : telle est l'origine des bancs de sable qui, durant l'été, émergent en si grand nombre au-dessus des eaux. Aussi, des digues qui pouvaient, il y a deux siècles, contenir la Loire, sont-elles peu à peu devenues insuffisantes, et l'on ne peut songer à les exhausser indéfiniment.

Les inondations de la Loire, dont on vient de voir les causes, **sont dangereuses et soudaines**; la Loire met pour monter moitié moins de temps que la Seine, tout en produisant une crue quatre fois plus forte. Il serait possible, sinon de les conjurer complètement, du moins d'en atténuer les effets désastreux, soit en construisant, comme en Italie, dans la vallée inférieure du Pô, plusieurs lignes parallèles de digues sur les deux rives, soit en établissant sur plusieurs points de la vallée supérieure une succession de réservoirs pour recevoir le trop-plein des eaux du fleuve (un seul existe encore, le **réservoir de Pinay**, en amont de Roanne), soit enfin en détournant ce trop-plein par un canal d'irrigation vers le Gâtinais ou la Beauce.

Bras latéraux; embâcles. — A la suite des inondations se sont formés sur les deux rives de la Loire des bras latéraux appelés « **fausses rivières** », dont le fleuve, en temps d'inondation, emprunte parfois le lit. Tels sont la **Cisse** et l'**Authion**, qui coulent longtemps parallèlement à la Loire avant de s'unir à elle.

La Loire est aussi sujette exceptionnellement au phénomène de « **l'embâcle** », que l'on a pu constater durant le rigoureux hiver de 1879-80. Des glaçons énormes, s'accumulant au milieu du fleuve entièrement gelé, formèrent, en amont de Saumur, une banquise qui, longue d'environ 9 kilomètres, menaça de dépasser les digues et de détruire les ponts jetés sur le fleuve. Il fallut désagréger cette banquise au moyen de la dynamite, et ouvrir ensuite à travers l'embâcle un chenal que suivirent les glaçons.

Ainsi la Loire, fleuve irrégulier par excellence, roulant à Roanne, tantôt 8 mètres cubes par seconde, tantôt 9 000, à Orléans, tantôt 45, tantôt 7 500, présente de grands écarts entre son débit maximum et minimum et produit de terribles inondations qui, de 1846 à 1876, se sont renouvelées périodiquement tous les dix ans. **La Loire, le plus long fleuve de France** (980 kil.), **est loin d'être le plus utile** pour la navigation et pour l'agriculture.

Caractères politiques de la région de la Loire. — **La vallée de la Loire**, qui constitue la région centrale de la France, a été de tout temps **le théâtre des luttes entre les peuples** du nord et du midi. La bataille de Vouillé (507) permit à Clovis et aux Francs d'envahir le midi de la Gaule; la victoire de Charles Martel, à Poitiers (732), arrêta l'invasion arabe; après la défaite de Jean le Bon au même endroit (1356), la France fut sur le point de devenir anglaise. La résistance d'Orléans, délivré par Jeanne d'Arc (1429), la sauva. Enfin, plus récemment, pendant la guerre de 1870-71, c'est autour d'Orléans que se livrèrent les combats qui permirent aux Allemands, vainqueurs, de pénétrer dans la Sologne.

Aussi, dans cette partie centrale de la France, s'est accomplie lentement la fusion entre les peuples du nord et du midi; la **population** du massif central, aux traits forts, rude, laborieuse, économe, est la seule qui présente dans cette région une véritable originalité.

Caractères économiques. — **Une ligne tracée de Limoges à Gien par Vierzon** divise les pays arrosés par la Loire et ses affluents en deux grandes régions économiques très différentes. **A l'est, la région montueuse et industrielle**, où la houille abonde dans les bassins de Saint-Etienne, du Creusot, de Brassac, de Commentry; là se sont formées de grandes agglomérations ouvrières, telles que Saint-Etienne, le Creusot, Montluçon; l'agriculture est surtout prospère dans la plaine de la Limagne.

A l'ouest, la grande industrie est plus rare; les grandes villes sont moins nombreuses; mais dans toute la vallée moyenne de la Loire s'étend une **vaste région agricole** où prospèrent les céréales, les arbres fruitiers et la vigne. Là s'élèvent les admirables châteaux élevés par les Valois à l'époque de la Renaissance.

II. — Description physique du cours de la Loire

Les trois parties du cours de la Loire. — Le cours de la Loire peut se diviser en **trois grandes régions**: 1° le bassin supérieur, jusqu'au confluent de l'Allier, appartient à la région centrale de la France; 2° la vallée moyenne, du confluent de l'Allier au sillon de Bretagne, se rattache au bassin géologique de Paris; 3° le cours inférieur, du sillon de Bretagne à la mer, appartient à la Bretagne.

Cours supérieur; la Loire jusqu'au confluent de l'Allier. — Issue du **mont Gerbier-des-Joncs**, à environ **1 400 mètres d'altitude**, la Loire descend d'abord par une pente rapide à travers une **étroite vallée**.

A quelque distance, à gauche, dans les plateaux du Velay, s'élève le **Puy** (21 000 habitants), dominé par le **rocher Corneille** que couronne une statue colossale de la Vierge, et par le **rocher de l'Aiguille**, qui porte l'ancienne église Saint-Michel. L'industrie des dentelles, très active dans toutes les villes de la région, rapporte environ 25 millions par an au département de la Haute-Loire. Le fleuve, resserré de nouveau dans les défilés de **Chamalières** et de **Saint-Victor**, débouche ensuite dans l'**ancien bassin lacustre du Forez**, entouré de montagnes volcaniques et comblé par des alluvions. Le barrage ou Saut de Pinay divise en deux parties la plaine où se remarquent, à gauche : **Montbrison**, qu'environnent des volcans éteints ; à droite : **Saint-Galmier**, si connu par ses eaux minérales; au centre, **Roanne** (35 000 habitants), qui possède des manufactures de soie. Au commencement de la plaine tombe le **Furens**, qui, issu du mont Pilat, traverse l'important bassin houiller de la Loire. Des réservoirs établis dans sa vallée servent à l'alimentation de **Saint-Etienne** (147 000 habitants), grand centre industriel, important par sa manufacture d'armes, ses forges et fonderies, et par son industrie des rubans. Dans la vallée, plus large à partir de Roanne, la Loire, dont la rapidité a diminué, passe à **Digoin**, point de départ du canal du Centre, **Decize**, qu'avoisine le bassin houiller de la Machine, **Imphy**, célèbre par ses fonderies, et **Nevers** (27 000 habitants), grand marché de bestiaux, avant d'atteindre le bec d'Allier.

A Digoin tombe l'**Arroux**, grossi de la Bourbince, dont la vallée est empruntée par le **canal du Centre** qui, de Digoin à Chalon-sur-Saône, unit la Loire à la Saône en franchissant le seuil de Chagny, où il est alimenté par l'étang de Longpendu. **Autun**, sur l'Arroux, a conservé de nombreuses ruines romaines. Entre les deux rivières le **Creusot**, entouré des centres houillers d'**Epinac**, de **Blanzy**, de **Montceau-les-Mines**, possède de grands établissements métallurgiques où l'on fabrique des canons, des locomotives, des rails; plus loin, **Montchanin** a une tuilerie.

L'**Aron** est remonté par le **canal du Nivernais**, qui unit la Loire à l'Yonne.

La **Nièvre** alimente l'usine de la **Chaussade**, qui fabrique des câbles et des ancres pour la marine, et finit à Nevers.

L'Allier et ses affluents. — Plus important que la Loire par la longueur de son cours et par l'abondance de ses eaux, mais torrent comme elle, l'**Allier** naît à plus de 1 420 mètres d'altitude **dans la forêt de Mercoire**. Dans sa vallée supérieure, profondément encaissée, et que remonte, en franchissant d'innombrables tunnels et travaux d'art, le chemin de fer de Paris à Nîmes, **Langogne** exploite les bois

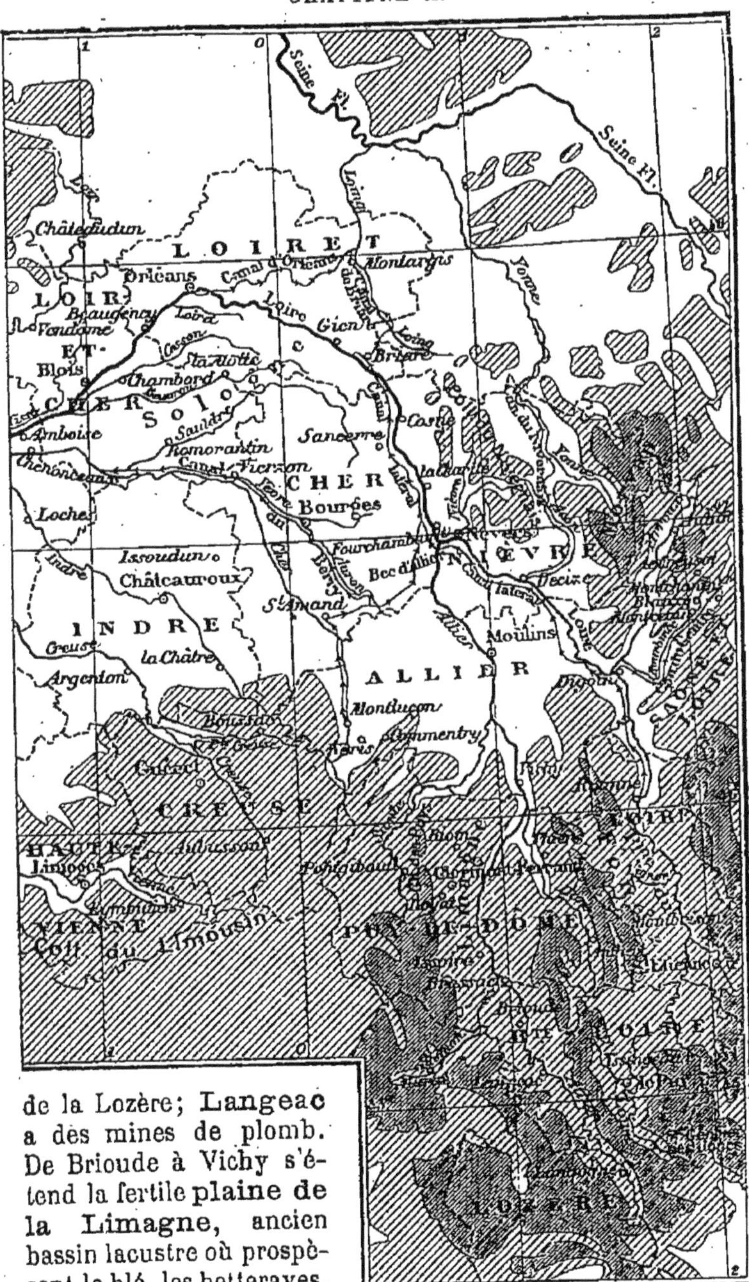

de la Lozère; **Langeac** a des mines de plomb. De Brioude à Vichy s'étend la fertile **plaine de la Limagne,** ancien bassin lacustre où prospèrent le blé, les betteraves, les arbres fruitiers et la vigne. Parmi les villes, situées toutes à distance de la rivière et sur la rive gauche, **Brioude** possède une vieille église romane, **Brassac** est le centre du bassin houiller du Puy-de-Dôme, **Issoire**, fabrique la chaudronnerie; **Clermont-Ferrand** (53 000 habitants), situé au pied du Puy-de-Dôme, prépare les pâtes alimentaires, les fruits confits, fait le commerce des vins, possède la célèbre fontaine pétrifiante de Sainte-Allyre et une importante réserve d'artillerie; près de là **Royat** a des eaux thermales. A **Riom**

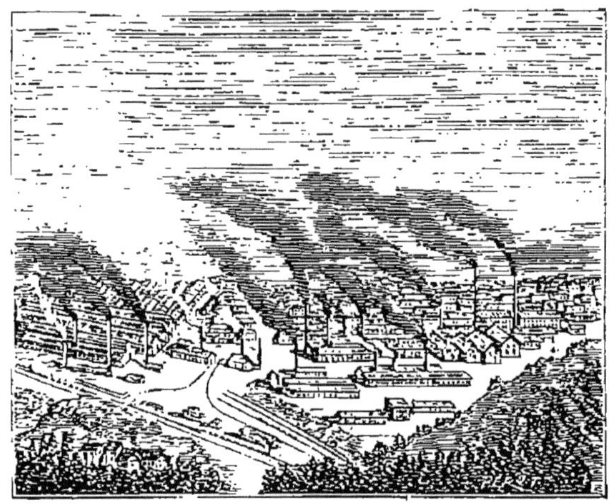

Le Creusot.

s'est maintenue la cour d'appel de la région. **Vichy** est la plus fréquentée des stations balnéaires françaises. L'Allier, devenu plus calme dans la vaste plaine du Bourbonnais, arrose **Saint-Germain-des-Fossés**, important point de bifurcation de voies ferrées, puis **Moulins** (22 000 habitants), et se jette dans la Loire au Bec d'Allier.

Parmi les tributaires de l'Allier, la **Dore** (rive droite) traverse **Ambert**, dont les papeteries sont célèbres, et laisse à droite sur la Durolle **Thiers**, renommé pour l'industrie de la coutellerie.

A gauche, l'**Alagnon** qui, descendu de la **montagne du Lioran**, passe à **Murat**, ouvre accès au chemin de fer du grand Central qui relie Clermont-Ferrand à Toulouse. **Les Couzes** amènent à l'Allier les eaux des lacs **Pavin** et **Chambon**.

Enfin, la **Sioule**, après avoir arrosé **Pontgibaud**, où l'on exploite des mines de plomb argentifère, traverse, avant de s'unir à l'Allier, une plaine riche en vignobles.

Cours moyen ; la Loire du bec d'Allier au sillon de Bretagne. — Après le confluent de l'Allier, la Loire, pénétrant dans le bassin géologique, dont Paris est le centre, coule vers le nord-ouest parallèlement à la Seine, à l'Aube, à la Marne, à l'Aisne et à ses affluents, le Cher, l'Indre et la Vienne, en longeant la base des plateaux du Gâtinais, d'Orléans et de la Beauce.

Fourchambault, avec ses hauts fourneaux, se rattache encore à la région industrielle de la Nièvre. A **Sancerre**, la Loire franchit les dernières collines qui prolongent au nord le massif central. **Cosne** a des usines ; **Briare** est le point de départ du canal construit par Sully, qui rejoint le Loing à Montargis. **Gien** fabrique des faïences estimées.

Orléans (67 000 habitants) occupe une position stratégique de premier ordre, entre la Beauce et la Sologne, au sommet de la courbe que décrit la Loire ; plusieurs lignes de chemins de fer s'y séparent ; les vins de l'Orléanais servent à la fabrication des vinaigres qu'il exporte. Autour de lui se sont livrées à toutes les époques d'importantes batailles (siège de 1429, batailles de Coulmiers, Patay, Artenay, Beaune-la-Rolande, 1870).

D'Orléans au confluent de la Maine, la Loire, au cours vague et incertain, s'infléchit vers le sud-ouest en longeant les coteaux du Perche ; dans sa riche vallée, qualifiée du nom de « Jardin de la France », se succèdent les magnifiques châteaux de la Renaissance.

Beaugency est un marché de vins ; **Blois** est justement fier de son château où fut, en 1588, assassiné Henri de Guise. **Amboise** possède un autre château qui rappelle la conjuration de 1560.

Tours (65000 habitants), protégé par un réseau de digues contre les inondations de la Loire et du Cher, exporte les **vins de Vouvray** et de la Touraine, et fabrique des soieries ; près de là s'élèvent, à une faible distance les uns des autres, les **châteaux** de Luynes et de Langeais, sur la Loire, de Chenonceaux, Montbazon et Azay-le-Rideau sur ses affluents. **Saumur**, qui exporte des vins blancs et fabrique des chapelets, est le siège de l'école de cavalerie, et rappelle la célèbre embâcle de la Loire en 1880. Au delà des

Ponts-de-Cé, la Loire est resserrée dans le sillon de Bretagne.

La Maine. — Les collines qui bordent à une faible distance la rive droite de la Loire ne permettent à aucun grand affluent de se développer avant la Maine.

Sortie du plateau de Domfront, et contribuant surtout aux crues de la Maine par les terrains granitiques ou schisteux, sur lesquels elle coule, la **Mayenne**, à travers de magnifiques prairies, passe à **Mayenne**, à **Laval** (31 000 habit.), qui fabriquent les toiles et les coutils, et à **Château-Gontier**.

Plus puissante qu'elle, la **Sarthe** descend du plateau de Mortagne et traverse surtout des terrains crayeux. Dans sa vallée, **Alençon**, jadis célèbre par ses dentelles, est devenu un grand marché de chevaux ; **Le Mans** (64 000 habitants) a des filatures, des forges, exporte les produits agricoles et rappelle les défaites des Vendéens en 1793, et de l'armée de l'Ouest en 1871 ; plus bas, **Sablé** exploite des carrières de marbre. La Maine ainsi formée arrose **Angers** (82 000 habitants), qui a des forges, des filatures, de vastes pépinières ; près de là, sont exploitées les riches ardoisières de Trélazé.

Les affluents de la rive gauche de la Loire : Loiret, Cher, Indre, Vienne. — Le **Loiret** a pour origine les deux sources de l'Abime et du Bouillon, il est presque entièrement navigable, et, malgré la brièveté de son cours, est considéré comme formé par les infiltrations de la Loire.

Dans la triste vallée du **Cosson** s'élève le magnifique **château de Chambord**.

Le **Beuvron** traverse la **Sologne**. Compris entre la Loire et le Cher, ce pays, dont le sol argileux était, il y a un siècle, couvert d'innombrables étangs, a été en grande partie transformé par des travaux de dessèchement, par des dépôts d'engrais et par des plantations de pins.

Originaire des monts de la Marche, le **Cher** descend rapidement jusqu'à **Montluçon** (35 000 habitants), centre industriel connu par ses hauts fourneaux et sa manufacture de glaces. A droite, dans les montagnes qui séparent le Cher de la Sioule, **Commentry** exploite la houille de son bassin, et Néris a des eaux minérales très renommées. **Saint-Amand**, sur le Cher et le canal du Berry, est une ancienne forteresse féodale. **Vierzon**, point de bifurcation de chemins de fer, a des établissements métallurgiques, fabrique des instruments agricoles et de la porcelaine. Dans une île du Cher s'élève le château historique de **Chenonceaux.**

Parmi les affluents du Cher l'**Yèvre** et l'**Auron** se réunissent à **Bourges** (47 000 habitants), grand centre militaire qui possède une fonderie de canons, de grands approvisionnements militaires; près de cette ville est le camp d'Avor. La **Sauldre**, rivière de **Romorantin**, traverse une des parties les moins amendées de la Sologne.

L'**Indre**, qui prend naissance dans le plateau de Boussac, traverse le **Bocage berrichon** avant **Châteauroux**; à droite, s'étend la plaine calcaire de la **Champagne berri-**

Château de Chambord

chonne où l'on élève les moutons; à gauche, la **Brenne** ou Sologne du Berry, encore couverte d'étangs. **Loches**, dans la vallée inférieure de l'Indre, a conservé de nombreux monuments de l'époque de la Renaissance.

Issue du plateau de Millevache, la **Vienne** descend avec rapidité dans l'étroite **vallée d'Eymoutiers**, où abonde la terre à porcelaine appelée kaolin. **Limoges** (84 000 habitants) fabrique des porcelaines fines, des toiles et possède des tanneries. Ayant pris, après un grand coude, la direction du nord, la Vienne arrive à **Châtellerault** où existe une manufacture d'armes et dont la coutellerie fine est renommée. Dans son cours inférieur, comme le Cher et l'Indre, elle coule longtemps parallèlement à la Loire avant de s'unir au fleuve : là s'élève **Chinon**, patrie de Rabelais, dominé par son curieux château féodal.

Affluent principal de la Vienne, la **Creuse**, qui est formée de deux branches, a, dans sa vallée supérieure, **Felletin** et **Aubusson**, qui fabriquent les tapis, et après avoir laissé à gauche **Guéret**, marché de chevaux, et le petit bassin houiller dont **Busseau-d'Ahun** est le centre, elle traverse **Argenton**, doté de nombreuses filatures. Le **Clain**, affluent de la Vienne, longe la colline sur laquelle s'élève la vieille ville de **Poitiers** (40 000 habitants), célèbre par ses anciennes églises ; sa vallée est empruntée par la voie ferrée de Paris à Bordeaux.

Cours inférieur : la Loire du Sillon de Bretagne à l'Océan. — Au-dessous du confluent de la Maine, la Loire pénètre dans le chenal qu'elle s'est creusé à travers les roches granitiques de la Vendée. **Chalonnes** exploite des mines d'anthracite ; **Ancenis** marque le point d'élargissement du fleuve ; **Nantes** (133 000 habitants), qui se développe au confluent de l'Erdre, de la Sèvre-Nantaise et dans les îles de la Loire, était jadis le quatrième port de France ; les alluvions qu'entraîne la Loire ont produit peu à peu l'ensablement du port ; seuls les bateaux calant 2 mètres et demi peuvent aujourd'hui y arriver. Nantes, déchu comme port, s'est transformé en ville industrielle ; il a des raffineries de sucre et prépare des conserves alimentaires. Nantes a essayé de se relever par **le canal de la Basse-Loire** construit sur la rive gauche du fleuve.

Après Nantes, viennent les **forges de la basse Indre** et l'usine d'**Indret**, qui fabrique des machines motrices, des hélices, des torpilles ; à gauche, le **port de Paimbœuf** est aujourd'hui ensablé ; mais, à droite, s'élève **Saint-Nazaire** (30 000 habitants) dont la rade est sûre et profonde : de là partent les bateaux pour l'Angleterre, les Antilles et l'Amérique ; l'**embouchure de la Loire**, défendue par de vieux ouvrages, atteint jusqu'à 12 kilomètres de large, mais est encombrée d'îles et de bancs de sable qui gênent parfois la navigation ; les pointes du Croisic et de Saint-Gildas en marquent l'entrée.

Des deux rivières qui finissent à Nantes, dans la Loire, l'une, la **Sèvre-Nantaise**, arrose une vallée boisée où se remarquent les châteaux de Tiffauges et de Clisson ; à droite,

Cholet fabrique les toiles, les mouchoirs, les batistes; l'autre, l'**Erdre**, ancien golfe marin représenté aujourd'hui par une succession de lacs, est remonté par le **canal de Nantes à Brest**.

Le **lac**, peu profond et très poissonneux, **de Grandlieu**, qu'il serait facile de dessécher, reçoit la **Boulogne** et déverse ses eaux dans la Loire par la **Chenau** : il a englouti, lors de sa formation, l'ancienne ville d'Herbauge.

A droite de l'embouchure de la Loire s'étendent les **marais de Donges**, où pullulent les sangsues, et les **Brières**, prairies marécageuses où l'on exploite la tourbe ; à gauche, le **pays de Retz**, qui produit les grains en abondance.

III. — La côte de Vendée et la Charente

Aspect général. — La partie de la France qui s'étend **entre l'embouchure de la Loire et celle de la Gironde** et qui est limitée à l'est et au sud par les faibles hauteurs du plateau de Gatine, des collines du Poitou, du Périgord et de la Saintonge, présente **deux aspects principaux** : au nord, l'**ancienne Vendée** dont les côtes sont bordées de marais salants, et dont les vallées accidentées, parsemées de bouquets de bois, qui étaient jadis des forêts, ont favorisé, en 1794 et 1795, la résistance des chouans; au sud, **une région de premier ordre au point de vue de la production des vins et des eaux-de-vie**, mais qui a été profondément éprouvée par les ravages du phylloxera. Le nom de **Grande-Champagne** est donné aux vignobles si estimés de l'arrondissement de Cognac; la **Petite-Champagne** correspond aux arrondissements de Barbezieux et de Jonzac ; à droite de la Charente s'étendait jadis une région forestière aujourd'hui défrichée et plantée en vignes : on y distingue le **pays des Premiers-Bois et des Seconds-Bois**. Outre la vigne, les richesses de cette région comprennent encore le sel, abondant sur les côtes, la pêche qui est très active, et l'élevage des huîtres, qui se fait surtout à Marennes.

La côte de Vendée et d'Aunis. — Les alluvions entraînées par la Loire et les débris arrachés par la mer aux côtes de Bretagne comblent peu à peu la **baie de Bourgneuf**; l'**île de Noirmoutier**, avec le port du même nom, séparée de la terre ferme par le **détroit** peu profond **de Fromentine**, communique avec elle à marée basse.

Sur la côte basse, sablonneuse et bordée de marais salants, de la Vendée, le seul port est celui des **Sables-d'Olonne**, port de pêche et station balnéaire fréquentée : au large s'étend l'**île d'Yeu**, que des bancs sous-marins rattachent au continent.

De l'**ancien golfe du Poitou**, qui s'étendait jusqu'à Luçon et Niort, il ne reste aujourd'hui que la **baie de l'Aiguillon** : la côte, qui ressemble aux polders de la Hollande, est sillonnée de nombreux canaux de desséchement, construits sous Henri IV, par des ingénieurs flamands ; de là le nom de **Petite-Flandre** qu'on donne à ce pays, appelé aussi **le Marais** ou **Pays des Huttiers**.

Le **Lay** traverse successivement le Bocage et le Marais : il laisse de côté **Luçon**, qui exporte les produits agricoles, et reçoit l'**Yon**, qui arrose la **Roche-sur-Yon**, ville fondée par Napoléon Ier.

La **Sèvre-Niortaise**, après avoir baigné **Saint-Maixent**, patrie du colonel Denfert, qui possède une école d'infanterie, traverse une dépression marécageuse : **Niort**, outre ses cultures maraîchères, est un marché d'ânes et de mulets ; à partir de **Marans**, un canal facilite la navigation du fleuve jusqu'à la mer. Son affluent, la **Vendée**, arrose **Fontenay-le-Comte**, l'ancienne capitale du pays.

La Rochelle (36 000 habitants), jadis grand port de commerce et place forte des protestants, est demeurée, jusqu'à nos jours, dans un état complet de décadence : on espère lui rendre son ancienne activité commerciale grâce au nouveau **port de la Palice**, inauguré en 1890.

L'**île de Ré**, séparée par le **pertuis Breton** de la côte à laquelle elle était jadis rattachée, est dénudée, exploite les marais salants et élève les huîtres ; sur la côte orientale est le port fortifié de **Saint-Martin**.

L'**île d'Oléron**, séparée de l'île de Ré par le **pertuis d'Antioche**, et du continent par le **pertuis de Maumusson**, possède les mêmes richesses.

La Charente. — La Charente (320 kilomètres), qui prend naissance dans les collines du Limousin, coule d'abord vers le nord-ouest, dans le terrain granitique, jusqu'à **Civray**, puis, dans le terrain calcaire, vers le sud-ouest, à travers de belles prairies. A son second coude, **Angoulême** (38 000 habitants), possède d'importantes papeteries. En amont de cette ville, deux affluents viennent grossir le fleuve : la **Tardoire** qui, avec le **Bandiat**, disparaissent dans des gouffres sous les forêts de la Braconne et du Bois-Blanc. **Nontron**, sur le Bandiat, exploite d'importantes mines de fer. La **Touvre**, formée de trois sources abondantes, qui proviennent en grande partie des infiltrations des deux rivières précédentes, alimente de ses eaux la **manufacture de canons de Ruelle**.

Depuis Angoulême jusqu'à l'Océan, la Charente coule vers le nord-ouest à travers les vignes : **Cognac** est le centre du commerce des eaux-de-vie ; **Saintes** a des ruines romaines ; **Tonnay-Charente** marque le point où peuvent remonter les gros bateaux. **Rochefort** (32 000 habitants), port militaire créé par Colbert pour remplacer Brouage, précède l'**estuaire de la Charente**, qui est protégé par de nombreux forts, mais qui s'ensable. A l'embouchure du fleuve, la rade de l'île d'Aix forme comme l'avant-port de Rochefort.

Saint-Jean-d'Angély, sur la **Boutonne**, **Jonzac**, sur la **Seugne**, et **Barbezieux**, placé entre Seugne et Charente, sont des marchés secondaires pour les eaux-de-vie.

Plus au sud, la **Seudre** finit par un large estuaire malheureusement ensablé, sur lequel **Marennes** est un des centres d'élevage des huîtres. La pointe de la Coubre marque l'entrée de la Gironde.

IV. — Géographie politique de la région de la Loire et de la Charente

Languedoc. — La grande province du Languedoc appartient à la région de la Loire par un de ses huit départements :

Haute-Loire, ch.-l. **Le Puy**.
S.-pr. Brioude, Yssingeaux.
V. pr. Langeac.

Forez. — Le Forez, rattaché à la France par la confiscation des biens du connétable de Bourbon (1522), a d'abord contribué avec le Lyonnais à former le département de Rhône-et-Loire, qui fut divisé en deux après les grands progrès de l'industrie de Saint-Etienne :

LOIRE, ch.-l. **Saint-Etienne.**
S.-pr. Roanne, Montbrison.
V. pr. Firminy, Saint-Chamond, Rive-de-Gier, Saint-Galmier.

Nivernais. — L'ancien duché de Nevers appartint à la famille de Mazarin jusqu'à sa réunion définitive à la France (1790).
Il n'a formé qu'un département :

NIÈVRE, ch.-l. **Nevers.**
S.-pr. Cosne, Château-Chinon, Clamecy.
V. pr. Decize, Fourchambault.

Orléanais. — Possession de la maison d'Orléans, cette province fut réunie au domaine royal quand son duc devint roi de France, sous le nom de Louis XII (1498).
Elle a formé trois départements :

LOIRET, ch.-l. **Orléans.**
S.-pr. Gien, Montargis, Pithiviers.
V. pr. Briare, Beaugency, Coulmiers.
LOIR-ET-CHER, ch.-l. **Blois.**
S.-pr. Vendôme, Romorantin.
EURE-ET-LOIR, ch.-l. **Chartres.**
S.-pr. Châteaudun, Nogent-le-Rotrou, Dreux.

Touraine. — Déjà enlevée à l'Angleterre par Philippe-Auguste (1203), la Touraine a été définitivement réunie à la mort du duc d'Alençon (1584).
Elle n'a formé qu'un département :

INDRE-ET-LOIRE, ch.-l. **Tours.**
S.-pr. Chinon, Loches.
V. pr. Amboise.

Anjou et Maine. — Ces deux provinces, conquises par Philippe-Auguste sur les Anglais, furent plus tard données en apanage. Louis XI les réunit au domaine royal à la mort du roi René et de Charles du Maine (1480-81).
Elles ont formé trois départements :

MAINE-ET-LOIRE, ch.-l. **Angers.**
S.-pr. Saumur, Cholet, Baugé, Segré.
SARTHE, ch.-l. **Le Mans.**
S.-pr. La Flèche, Saint-Calais, Mamers.
V. pr. Sablé.
MAYENNE, ch.-l. **Laval.**
S.-pr. Mayenne, Château-Gontier.

Auvergne. — Confisquée sur le connétable de Bourbon (1522), l'Auvergne a formé deux départements dont l'un empiète vers les vallées supérieures de la Dordogne et de ses affluents :

PUY-DE-DÔME, ch.-l. **Clermont-Ferrand.**
S.-pr. Issoire, Riom, Ambert, Thiers.
V. pr. Royat, la Bourboule, le Mont-Dore, Brassac, Pontgibaud.

CANTAL, ch.-l. **Aurillac.**
S.-pr. Murat, Saint-Flour, Mauriac.
V. pr. Salers, Chaudesaigues, Vic-sur-Cère.

Bourbonnais. — Le Bourbonnais a été confisqué (1522) sur le connétable de Bourbon.
Il n'a formé qu'un département :

ALLIER, ch.-l. **Moulins.**
S.-pr. Gannat, Montluçon, La Palisse.
V. pr. Vichy, Néris, Commentry.

Berry. — Très ancienne possession française, le Berry fut acheté par Philippe Ier (1101).
Il a formé deux départements :

INDRE, ch.-l. **Châteauroux.**
S.-pr. Issoudun, Le Blanc, La Châtre.
V. pr. Argenton.

CHER, ch.-l. **Bourges.**
S.-pr. Sancerre, Saint-Amand.
V. pr. Vierzon.

Limousin. — Le Limousin, déjà réuni par Charles V, appartint ensuite à la maison d'Albret, et fut définitivement annexé à l'avènement de Henri IV (1589).
Il a formé deux départements :

HAUTE-VIENNE, ch.-l. **Limoges.**
S.-pr. Rochechouart, Saint-Yricix, Bellac.

CORRÈZE, ch.-l. **Tulle.**
S.-pr. Brive, Ussel.
V. pr. Bort, Uzerche.

Marche. — La Marche, qui fut confisquée sur le connétable de Bourbon (1522), a formé un seul département :

CREUSE, ch.-l. **Guéret.**
S.-pr. Aubusson, Boussac, Bourganeuf.
V. pr. Busseau d'Ahun.

Poitou. — Possession anglaise sous les Plantagenets, le Poitou, annexé une première fois par Philippe-Auguste (1203), puis perdu de nouveau, fut reconquis par Charles V (1373).

Il a formé trois départements :

VIENNE, ch.-l. **Poitiers.**
S.-pr. Civray, Châtellerault, Loudun, Montmorillon.

VENDÉE, ch.-l. **la Roche-sur-Yon.**
S.-pr. les Sables-d'Olonne, Fontenay-le-Comte.
V. pr. Luçon.

DEUX-SÈVRES, ch.-l. **Niort.**
S.-pr. Parthenay, Bressuire, Melle.
V. pr. Saint-Maixent.

Aunis, Saintonge, Angoumois. — L'Aunis et la Saintonge, après avoir appartenu à l'Angleterre, lui furent enlevées par Charles V (1373).

L'Angoumois fut réuni à l'avènement au trône du duc François d'Angoulême (1515).

Ces trois provinces ont formé deux départements :

CHARENTE, ch.-l. **Angoulême.**
S.-pr. Ruffec, Cognac, Barbezieux, Confolens.

CHARENTE-INFÉRIEURE, ch.-l. **la Rochelle.**
S.-pr. Rochefort, Saintes, St-Jean-d'Angély, Jonzac, Marennes.
V. pr. Royan.

CHAPITRE XI

Bretagne.

I. — CARACTÈRES GÉNÉRAUX

Situation de la Bretagne. — Pays granitique comme les presqu'îles de Cornouailles, du Cotentin et de la Galice, la **Bretagne** portait anciennement les noms d'**Armorique** (Aré-morique, pays de la mer) ou de **Petite Bretagne**, qui la distinguait de l'île de la Grande Bretagne, d'où sont venues ses populations.

Placée à l'écart des migrations des peuples, et par cela même protégée contre les invasions étrangères, la **Bretagne** a résisté plus longtemps qu'aucune autre province au grand travail d'assimilation qui a produit la nation Française; là se sont maintenus intacts pendant des siècles la population et la langue celtiques, les anciens costumes, les vieilles légendes, et de nos jours la fusion avec le reste de la France s'est lentement accomplie, beaucoup moins par les frontières de terre que par les ports : « C'est par les villes de son littoral que la Bretagne s'est francisée. »

Configuration générale de la Bretagne. — Le poète Brizeux a très nettement caractérisé son pays par ce vers célèbre :

« O terre de granit recouverte de chênes. »

Deux lignes de collines granitiques traversent en effet la Bretagne : l'une, se détachant du plateau d'Ernée, court à l'ouest parallèlement à la côte de la Manche sous les noms de monts du Menez (340 mètres) et d'Arrée (390 mètres) et se prolonge jusqu'à la rade de Brest; l'autre, composée des montagnes Noires (330 mètres), commence au sud de cette même rade, couvre de ses ramifications la région de Cornouailles, formant les promontoires avancés du Raz et de Penmarch, et se prolonge jusqu'à la Loire par les landes de Lanvaux et les collines du sillon de Bretagne.

Sur les collines et les plateaux se développent de vastes landes incultes couvertes de bois de bruyères ou d'ajoncs; telles que les landes de Lanvaux au nord de Vannes et de Mi-Voie près de Ploërmel. Là se trouvent encore ces pierres inexactement appelées druidiques, dolmens, menhirs ou cromlechs, tels que la table des Marchands, près de Locmariaquer, et les alignements de Carnac, aujourd'hui très diminués.

Malgré l'abondance des pluies, sur tout le pourtour de la Bretagne, et à cause du ruissellement rapide qui se produit sur les terrains imperméables, les fleuves sont en général médiocres; mais la mer, pénétrant dans leurs vastes estuaires, supplée à l'infériorité de leur débit.

Population; dialectes. — La population, évaluée à 3 140 000 habitants, appartient à la famille celtique venue par émigration de la Grande-Bretagne et qui habite encore l'Irlande et le pays de Galles. Elle présente deux types très différents : les représentants du ra-

meau brun sont de taille moyenne, ont le teint brun, les cheveux noirs et lisses, les traits forts comme les habitants du massif central : on les trouve groupés principalement au sud des monts d'Arrée; les **représentants du rameau blond** se distinguent par leur haute taille, leur teint rosé, leurs cheveux blonds, leurs yeux bleus; on les assimile aux anciens Kymris qui ont peuplé le nord-est de la Gaule : ce type se trouve à l'état le plus pur au nord des monts d'Arrée, dans le Léonnais, les îles de Batz et d'Ouessant. Le Breton est légendairement connu par sa probité, sa ténacité et son amour de l'indépendance.

Types bretons.

La **langue celtique** ou **Breyzad**, qui, de nos jours seulement, a reculé devant les progrès de la langue française, comprend les **quatre dialectes** de Tréguier, de Léon, de Cornouailles, de Vannes, dont plusieurs diffèrent profondément entre eux. Malgré la publication par M. de la Villemarqué des chants populaires de la Bretagne, la littérature de cette contrée est demeurée pauvre. La Bretagne a produit de grands écrivains, parmi lesquels on peut citer au dix-neuvième siècle Chateaubriand, Lamennais et Renan.

Climat; productions; industrie. — Faisant partie de la région du **climat armoricain**, la Bretagne jouit d'une température douce et constante; grâce à l'influence bienfaisante du Gulf-Stream, les camélias, les magnolias et autres plantes des pays chauds, peuvent prospérer en pleine terre. La différence entre la plus basse moyenne de l'hiver et la plus haute moyenne de l'été est à peine de 12 degrés. Les gelées y sont rares, les fortes chaleurs inconnues ; mais les pluies très abondantes tombent durant 150 à 160 jours par an.

La Bretagne, **pays pauvre, quoique surtout agri-**

cole, produit le sarrasin et le seigle ; placée au nord de la limite de la vigne en France, elle voit prospérer, surtout dans le Léonnais (Roscoff) et vers Quimperlé, **de nombreux jardins maraîchers**, dont les légumes et les primeurs s'exportent en Angleterre et à Paris.

L'élevage tient une place importante : les chevaux bretons sont estimés ; les vaches bretonnes, de petite taille, sont réputées excellentes laitières.

Presque tous les ports tirent **de la pêche** de fructueuses ressources : Saint-Malo et presque tous les ports de la baie de Saint-Brieuc arment pour la pêche à la morue ; les habitants de Douarnenez et Concarneau pêchent les sardines, et des **usines**, échelonnées depuis Douarnenez jusqu'aux Sables-d'Olonne (Port-Louis, Nantes), **préparent les conserves**, industrie qui produit un revenu annuel d'environ 50 millions. Sur plusieurs points, notamment à Cancale et à Tréguier, on élève les **huîtres**.

Les **autres industries** sont rares : on trouve des chantiers de construction dans les grands ports, des **manufactures de toiles** à Rennes et Guingamp, des **tanneries** à Dinan et Landerneau. Les stations balnéaires, très fréquentées, augmentent tous les jours.

La Bretagne est demeurée plus longtemps privée de **voies ferrées** que les autres parties de la France. La ligne de Paris à Brest, par Le Mans, Laval, Rennes, Saint-Brieuc, Morlaix, Landerneau, et la ligne des côtes occidentales de Nantes à Landerneau, par Redon, Vannes, Lorient et Quimper, n'ont été qu'assez récemment réunies par des lignes transversales.

II. — Description de la Bretagne

Côte septentrionale. — **La côte bretonne de la Manche** est généralement bordée de rochers granitiques et découpée de baies profondes. **Le mont Dol** domine une plaine fertile qui se prolongeait autrefois vers le nord par une terre aujourd'hui effondrée et que couvrait jadis une épaisse forêt. Plus à l'ouest, **Cancale** est célèbre par ses parcs d'huîtres.

La **Rance**, reliée à l'Ille par un canal, traverse **Dinan**, qui a des fabriques de toile et des tanneries. Au débouché de sa vallée pittoresque, **Saint-Servan** et **Saint-Malo**, villes contiguës et rivales, arment pour la grande pêche. Saint-Malo, dont le port est protégé par des forts, est la patrie de Jacques Cartier, Duguay-Trouin, Surcouf et Cha-

BRETAGNE

teaubriand. **Dinard**, situé en face, est une station fréquentée de bains de mer.

Entre le cap Frehel et la pointe des Iléaux, éclairés par un phare, se développe le profond **golfe de Saint-Brieuc,** dans lequel tombe le Gouet qui arrose **Saint-Brieuc** (22 000 habitants) et son port avancé le **Légué**. Autour du golfe s'élèvent de nombreux ports de pêche, tels que **Binic, Portrieux** et **Paimpol**, qui arment pour la pêche de la morue.

La côte est ensuite découpée par les estuaires du **Trieux**, sur lequel est **Guingamp**, qui fabrique des toiles, du **Treguier**, dont le port a donné son nom à l'un des dialectes principaux de la langue celtique; du **Guer**, qui passe au port de **Lannion**.

Morlaix, défendu par le château du Taureau, domine la **baie du Dossen**; à l'ouest, la **côte du Léonnais** est couverte de riches jardins maraîchers, dont **Roscoff** centralise les produits. Les fiords de l'**Aber-Wrach**, de l'**Aber-Benoist** et le petit port du Conquet précèdent la pointe Saint-Mathieu qui est le point le plus occidental de la France.

Le long des côtes septentrionales de la Bretagne se succèdent de nombreuses îles, la plupart habitées par des pêcheurs, telles que les **Minquiers**, les **îles Bréhat**, les **Sept îles**, et l'**île de Batz**.

Côte méridionale. — Rocheuse et très découpée jusqu'à la presqu'île de Quiberon, la côte de Bretagne devient ensuite basse et marécageuse à mesure que l'on approche de l'embouchure de la Loire.

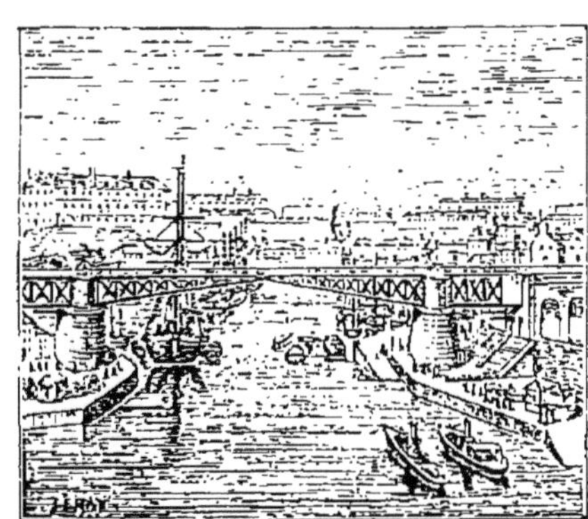

Brest.

Un **goulet**, qui n'a sur un point que 1 600 mètres de large et que défendent des forts, conduit dans la vaste et sûre **rade de Brest**, qui se ramifie en deux golfes profonds où viennent finir l'Aulne et l'Elorn.

Brest (84 000 habitants), à l'embouchure du **Penfeld**, est le premier port de guerre de la France sur l'Atlantique; des forts détachés le protègent. **Landerneau**, sur l'**Elorn**, au point de jonction des deux grandes lignes de chemin de fer de la Bretagne, a des tanneries. **L'Aulne** laisse de côté les mines de plomb argentifère, aujourd'hui abandonnées, de **Houlgoat** et passe à **Châteaulin**.

Entre les **presqu'îles du Crozon**, que termine le **cap de la Chèvre**, et de **Cornouailles**, qui finit à la **pointe du Raz**, s'ouvre une baie profonde : on y remarque **Douarnenez**, qui pêche et prépare les sardines. **Audierne** est un port de pêche moins actif, sur une baie plus ouverte, limitée par les **presqu'îles de Cornouailles** et de **Penmarch**.

C'est le long de cette côte, vers la **Baie-des-Trépassés** et l'**Enfer de Plogoff**, que la mer, toujours furieuse, transforme sans cesse les côtes, creusant les golfes, minant les falaises, et provoque de fréquents naufrages dont de sinistres légendes conservent le souvenir.

Au delà du port de pêche de **Pont-l'Abbé**, tombe l'**Odet**, la rivière de **Quimper**, chef-lieu du département du Finistère. Plus loin, **Concarneau** rivalise avec Douarnenez pour la pêche et la préparation des sardines; **Quimperlé** est entouré de cultures maraîchères.

Le **Blavet**, sorti des gorges des Montagnes-Noires, traverse une des régions les moins francisées de la Bretagne, dont **Pontivy** est le centre. A son confluent avec le **Scorff**, sur une rade plus petite que celle de Brest, s'élève **Lorient** (45 000 habitants), fondé par Colbert, et port militaire depuis 1769.

Port-Louis n'est plus qu'un port de pêche et prépare les conserves. Un canal facilite la navigation du Blavet, dont l'estuaire est défendu par des forts et des batteries.

De l'ancienne langue de terre qui unissait la presqu'île de Quiberon et la presqu'île de Guérande, et que la mer a coupée, il ne reste que quelques îles telles que celles de **Houat** et **Hœdic**. Au nord de **Quiberon**, sur une flèche de sable, est le **fort Penthièvre**, qui rappelle l'échec de la tentative de débarquement des émigrés en 1795. Près de là sont les célèbres **alignements de Carnac**. **Auray** est un pèlerinage fréquenté. Derrière le **golfe du Morbihan**, sorte de mer intérieure, qui se comble peu à peu, et au-dessus de laquelle émergent des bancs de sables et des îles, **Vannes** (22 000 habitants) exporte le sel.

Le plus long fleuve de la Bretagne, la **Vilaine** (225 kilomètres), descendue du plateau d'Ernée, arrose la vieille et pittoresque ville de **Vitré**. A son confluent avec l'**Ille**, qui communique par un **canal avec la Rance, Rennes** (75 000 habitants), ancienne capitale de la Bretagne, siège de toutes les hautes administrations, est, par sa position même, un important marché d'échanges entre Saint-Malo et Nantes, et fabrique des toiles.

Près de **Redon** aboutissent, à droite, l'**Oust**; à gauche, l'**Isac**, qui sont utilisés pour le canal de Nantes à Brest. **La Roche-Bernard** est le petit port ensablé de l'embouchure de la Vilaine.

Sur une presqu'île, bordée de marais salants et séparée de l'embouchure de la Loire par les **marais des Brières, Guérande** est restée une ville à l'aspect des plus pittoresques; le **Croisic**, qui précède l'estuaire de la Loire, est une station balnéaire.

Le cours inférieur de la Loire, depuis Ancenis, ainsi que les ports de la **baie de Bourgneuf**, se rattachent également à la Bretagne.

De Nantes, un **canal**, creusé à l'époque de Napoléon Ier, mais qui, aujourd'hui, ne pourrait éviter aux navires de guerre, se rendant à Brest, la navigation le long des côtes de Bretagne, remonte l'Erdre, par l'Isac, atteint la Vilaine, suit l'Oust pour gagner le Blavet, puis aboutit à l'Aulne qu'il descend jusqu'à la rade de Brest.

III. — Géographie politique

La **Bretagne,** dont les cités formaient au commencement du moyen âge la confédération armoricaine, est devenue, à l'époque féodale, un duché dont les souverains conservèrent longtemps leur indépendance en s'alliant aux Anglais contre les rois de France. Réunie à la France par le mariage de Charles VIII avec la duchesse Anne (1491), la Bretagne faillit lui échapper une fois encore à la mort de ce roi (1498). Mais Louis XII, en épousant sa veuve (1499), fit définitivement de la Bretagne une province française.

Elle a formé cinq départements :

Ille-et-Vilaine, ch.-l. **Rennes.**
S.-pr. Saint-Malo, Fougères, Vitré, Redon, Montfort.
V. pr. Cancale, Saint-Servan.

Côtes-du-Nord, ch.-l. **Saint-Brieuc.**
S.-pr. Dinan, Guingamp, Lannion, Loudéac.

FINISTÈRE, ch.-l. **Quimper.**
S.-pr. Brest, Morlaix, Châteaulin, Quimperlé.
V. pr. Douarnenez, Audierne, Concarneau, Landerneau.

MORBIHAN, ch.-l. **Vannes.**
S.-pr. Pontivy, Lorient, Ploërmel.
V. pr. Port-Louis, Auray, La Roche-Bernard.

LOIRE-INFÉRIEURE, ch.-l. **Nantes.**
S.-pr. Ancenis, Saint-Nazaire, Paimbœuf, Châteaubriant.
V. pr. Guérande, Le Croisic, Savenay, Indret, Bourgneuf.

CHAPITRE XII

Normandie.

I. — CARACTÈRES GÉNÉRAUX

Situation de la Normandie. — La Normandie, qui tire son nom des pirates scandinaves à qui Charles le Simple dut l'abandonner au dixième siècle, est limitée au nord par la Manche, séparée de la Picardie par la Bresle, de l'Ile-de-France par l'Epte, de la Bretagne par le Couesnon.

Configuration générale de la Normandie. — Comme la Bretagne, la presqu'île du Cotentin comprend surtout des **terrains primitifs**; les **terrains jurassiques** dominent dans la plaine de Caen; les **roches crétacées** dans les **pays de Bray** et de **Caux**, enfin les **terrains tertiaires** se rencontrent entre l'Eure et la Touques.

Le **pays de Caux** est un plateau crétacé peu élevé que prolonge, au nord-est, le **pays de Bray**. La plaine de Caen est séparée des vallées de la Sarthe et de la Mayenne par les **collines de Normandie**, où dominent la **forêt d'Ecouves** (417 mètres), et le **mont des Avaloirs**. Elles projettent, au nord, les **collines du Lieuvin** entre la Rille et la Touques, et les **collines du Cotentin**, dont les ondulations se prolongent jusqu'à Cherbourg.

Malgré des pluies abondantes, les **fleuves normands** ont un débit faible à cause de l'absence de grande plaine, et du ruissellement rapide des eaux sur un sol imperméable; leurs vallées, toujours verdoyantes, sont profondes et étroites dans le pays de Caux, où elles prennent le nom de **valleuses.**

Les **côtes de la Seine-Inférieure,** assez droites et **bordées de hautes falaises** de craie blanche qui s'écroulent, souvent minées par les flots, ne possèdent que des **plages de galets;** sur le littoral compris entre la Seine et la baie d'Isigny, se succèdent des **plages de sable,** en avant desquelles se développe la longue ligne des **rochers du Calvados.**

Populations. — Issue d'un mélange de Neustriens et de Normands, **la population de la Normandie** présente vers Caen un caractère original que l'on attribue à l'ancienne colonie saxonne établie près de Bayeux.

Climat; productions; industrie. — La Normandie se rattache à la région du **climat armoricain,** que caractérisent une température douce et constante, des pluies abondantes et l'influence du Gulf-Stream. **Pays agricole** avant tout, elle possède d'assez nombreuses **forêts** (forêts d'Ecouves et du Perche), produit les **céréales,** les fruits, surtout les **pommes,** qui servent à fabriquer le cidre, la boisson du pays; les **herbages,** les **pâturages** et les **prairies artificielles** permettent l'**élevage** de races très estimées de bœufs, de moutons et de chevaux; pour ces derniers, Alençon, Falaise, Domfront sont des marchés importants.

Les **produits agricoles** (lait, œufs, beurre), exportés à Paris ou en Angleterre, constituent une source fructueuse de revenus; la **pêche** est active le long des côtes, et Dieppe approvisionne Paris de poisson.

Malgré la rareté de la **houille** (un seul petit bassin existe à Littry, dans le Calvados), la Normandie possède des **industries diverses,** quelques-unes assez **prospères.** De **grandes usines** travaillent le fer, fabriquent les épingles et les **aiguilles,** à Rugles et à Laigle. **Lisieux, Gisors, Condé-sur-Noireau** ont des **filatures;** les **cotonnades** sont fabriquées à **Rouen** et dans sa banlieue; les **draps** à **Elbeuf, Louviers, Saint-Lô;** le **papier** à **Vire. Camembert, Neufchâtel, Pont-l'Evêque** exportent des **fromages** renommés, et les côtes fourmillent de **stations balnéaires,** dont **Trouville** et **Cabourg** sont les plus connues, et dont le nombre s'accroît tous les jours.

II. — Description de la Normandie

Le pays de Caux. — De la Bresle à la Seine, la côte est bordée par les **falaises crayeuses** du pays de Caux,

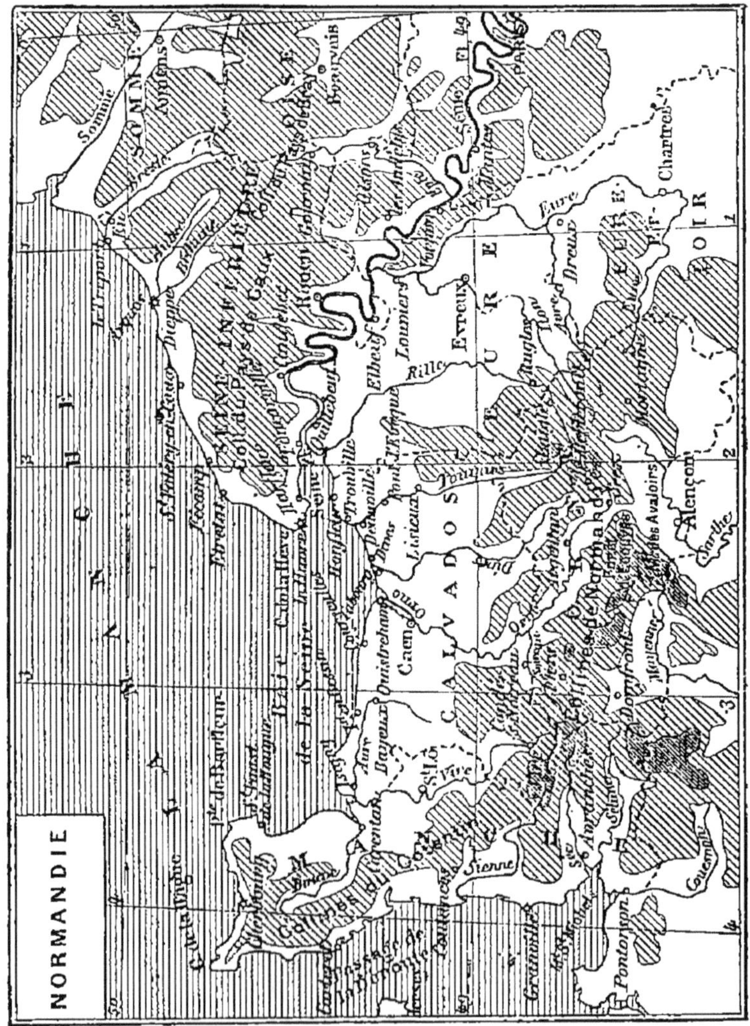

qui, minées à leur base par les vagues, s'écroulent fréquemment dans la mer : aussi les plages sont-elles encombrées de galets.

La **Bresle**, ancienne limite entre la Picardie et la Normandie, passe à **Eu**, qui possède un château princier, et finit au **Tréport**, port de pêche et station de bains de mer.

L'**Arques**, grossie de la **Béthune**, qui traverse les herbages de **Neufchâtel**, aboutit à **Dieppe** (20 000 habitants). Cette ville, jadis grand port de commerce, et qui n'est plus qu'un port de pêche et une station de bains de mer, approvisionne de poissons le marché de Paris. Des services de bateaux l'unissent au port anglais de Newhaven.

Saint-Valéry-en-Caux, **Fécamp**, qui arme pour la grande pêche, **Etretat**, célèbre par ses falaises, sont les principaux ports de la Seine-Inférieure.

La Seine en Normandie. — Depuis le confluent de l'Epte, la **Seine** décrit, entre deux rangées de collines qui suivent ses rives, d'**innombrables méandres**, le long desquels se succèdent des villes nombreuses : **Vernon**, la première ville normande, a le dépôt des équipages du train ; **les Andelys** sont formés de la réunion du Grand-Andely, qui est la ville industrielle, et du Petit-Andely, qui lui sert de port. **Elbeuf** (20 500 habitants) s'enrichit par la fabrication des draps. **Rouen** (116 000 habitants), qui a remplacé Mulhouse, est devenu la première ville de France pour la fabrication des cotonnades, des étoffes à bon marché et des toiles peintes. Toute la banlieue, Darnetal, Maromme, Malaunay, Sotteville, contribue à ces industries. Grâce aux travaux effectués dans le lit de la Seine, les vaisseaux calant 6 mètres peuvent aujourd'hui remonter jusqu'à Rouen. Ses églises et son palais de justice figurent parmi les monuments historiques les plus remarquables de France.

Après avoir contourné le coteau qui porte les ruines de l'abbaye de Jumièges, la Seine arrose **Caudebec**, où la rencontre des eaux douces du fleuve avec les eaux salées de la mer produit, au moment des grandes marées, le phénomène du mascaret ou barre de flot.

A **Quillebœuf** commence l'estuaire qui, large d'abord de 2 kilomètres et demi, en a jusqu'à 12 vers le Havre. Le lit du fleuve, bordé de grèves marécageuses, est encombré de bancs de sables mouvants qui gênent la navigation ; le récent **canal de Tancarville**, qui unit cette ville au Havre, permet de les éviter en partie.

A droite de l'estuaire, **Harfleur**, port aujourd'hui déchu, est remplacé par **le Havre** (130 000 habitants). Fondé par

François Ier, le Havre, devenu second port de France, est en relation, par des services de bateaux, avec tous les grands ports du monde, surtout avec Londres, Liverpool, et par les paquebots transatlantiques avec New-York ; il importe le coton et le blé d'Amérique, et la houille d'Angleterre; mais les navires ne peuvent entrer en tout temps dans son port, et de grands travaux sont projetés pour remédier à cet inconvénient. En face du Havre, **Honfleur**, dont le port tend

Le Havre.

à s'ensabler, fait encore le commerce des bois avec la Norvège et la Russie.

La Seine reçoit, en Normandie, plusieurs affluents. A droite l'**Epte**, qui a toujours séparé l'Ile-de-France de la Normandie, passe à **Gournay**, qui exporte les produits agricoles, et à **Gisors**, ancienne capitale du Vexin.

A gauche l'**Eure**, venue des collines du Perche, traverse une région de pâturages, puis la plaine de la Beauce, passe à **Chartres** (23 000 habitants), ville agricole connue par sa magnifique cathédrale, près de **Dreux**, près de laquelle s'élève le beau château d'Anet, à **Ivry**, qui rappelle la glorieuse victoire de Henri IV. Dans sa vallée, en Normandie, **Louviers** est depuis longtemps dépassé par Elbeuf, pour la fabrication des draps.

Parmi les deux principaux affluents de l'Eure, l'un, l'**Avre**, a des eaux limpides qui, depuis 1893, sont détournées pour l'alimentation de Paris ; l'autre, l'**Iton**, après avoir arrosé le **vallon de la Trappe**, disparaît dans la **Fosse aux Dames** avant d'atteindre **Evreux** (17 800 habitants), qui fabrique des coutils. Dans l'estuaire de la Seine tombe la **Rille**, dont les eaux alimentent les usines métallurgiques de **Laigle** et de **Rugles**, et les tanneries de **Pont-Audemer**.

Les côtes du Calvados et du Cotentin. — Entre l'estuaire de la Seine et la baie d'Isigny, la **côte normande**, basse et plate, est bordée de **grèves sablonneuses** ou de dunes, en avant desquelles s'étend la longue ligne des **rochers du Calvados**, continués par les **rochers de Grand-Camp**, débris de l'ancien rivage détruit par la mer, sur lesquels vint se briser, en 1588, le Salvador, navire de l'invincible Armada, qui donna son nom au Calvados ; de nombreuses plages couvertes de sable fin se succèdent le long de la côte.

La **Touques** fertilise la verdoyante vallée d'Auge : sur ses bords, **Lisieux** fait le commerce des bestiaux, des chevaux, des produits agricoles, fabrique les toiles et les cotonnades ; **Pont-l'Evêque** est un important marché agricole, à son embouchure, **Trouville** et **Deauville** sont deux des stations balnéaires préférées des Parisiens. La **Dive** finit entre les deux villes de bains de mer de **Dives** et de **Cabourg**.

L'**Orne**, descendue de la forêt d'Ecouves, arrose la vieille ville épiscopale de **Sées**, et **Argentan** dans les pâturages du **Merlerault**, puis pénètre dans la plaine que domine **Caen** (45 000 habitants), siège de la cour d'appel et de l'académie de la Normandie. **Un canal** réunit cette ville à **Ouistreham**, son port avancé à l'embouchure de l'Orne. Dans la région arrosée par son affluent, le **Noireau**, **Flers** et **Condé-sur-Noireau** fabriquent des toiles, des coutils et des cotonnades.

A l'ouest de l'embouchure de l'Orne, **Luc-sur-Mer**, **Lion**, **Langrune**, **Arromanches** sont des plages fréquentées par les baigneurs ; **Courseulles** a des parcs d'huîtres.

L'**Aure**, qui arrose **Bayeux**, dont les dentelles sont renommées, disparaît dans les **fosses du Souci** ; une partie de ses eaux débouche au pied des falaises de **Port-en-**

Bessin; l'autre forme l'**Aure inférieure**, qui aboutit à la **baie d'Isigny**.

La **Vire** traverse la pittoresque région du Bocage normand, dont la capitale, **Vire**, possède des papeteries; plus loin **Saint-Lô** fabrique des étoffes de coton et de laine, et à son embouchure, **Isigny**, situé sur une baie dont le desséchement a fait de rapides progrès, exporte en Angleterre une grande partie de ses produits agricoles. **Carentan**, à l'embouchure de la **Taute**, fait le même commerce.

La presqu'île granitique du Cotentin, arrosée

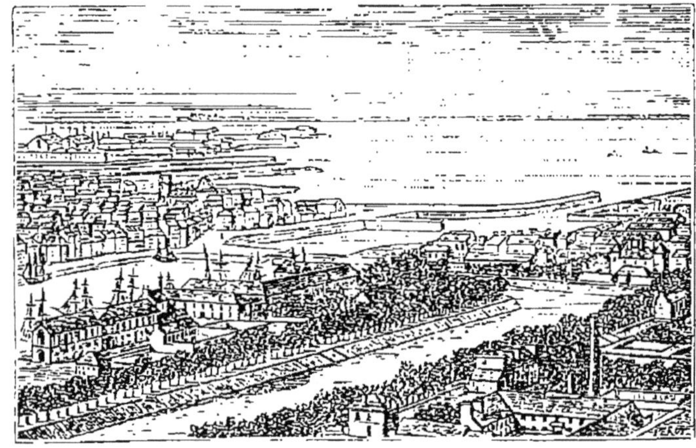

Cherbourg.

par des pluies abondantes, possède de verdoyantes prairies. Sur sa côte orientale, que bordent d'innombrables îlots et écueils, **Saint-Waast de la Hougue** est un bon mouillage et rappelle un des épisodes de la défaite de Tourville, en 1692. Entre les **pointes de Barfleur et de la Hague, Cherbourg** (43 000 habitants), port militaire dont Vauban avait compris la nécessité, ne fut commencé qu'en 1786. Sa rade est abritée par une **digue de quatre kilomètres**, construite en pleine mer, et surmontée de trois forts; les forts du Roule et d'Octeville la protègent du côté de la terre; les forts de l'île Pelée et Chavagnac défendent les passes. Sur la côte occidentale, où les falaises alternent avec les dunes, la mer est dangereuse dans le **raz Blanchard** et le **passage de la Déroute**, qui séparent le continent des îles anglo-normandes. **Carteret, Portbail** sont de simples havres. A quelques kilomètres de la mer, près de **la Sienne, Coutances**, ancienne capitale du Cotentin, possède une magnifique cathédrale. Le port de **Granville**, qui arme pour la pêche de la morue, est abrité par un rocher élevé : des services de bateaux le relient à l'île de Jersey et à Saint-Malo.

Dans la **baie du mont Saint-Michel**, où les marées atteignent une amplitude considérable, tombent la **Sée** et la **Sélune. Avranches**, à l'embouchure de la Sée, domine de vastes grèves recouvertes par la mer à marée haute. Le

Le mont Saint-Michel.

Couesnon arrose, en Bretagne, la vieille ville de **Fougères**, en Normandie, **Pontorson**, et forme en partie la limite entre les deux provinces. Au large, les **îles d'Aurigny**, de **Guernesey**, de **Jersey**, qui appartiennent à l'Angleterre; les **îles Chausey**, où l'on recueille le varech et d'où l'on tire les pavés, enfin le rocher du mont Saint-Michel, firent jadis partie du continent, auquel les réunit encore un plateau sous-marin sur lequel la mer n'a qu'une faible profondeur. Sur le rocher du **mont Saint-Michel**, que rattachent à la côte à marée basse des grèves, et autour duquel se produit souvent le terrible phénomène de l'enlizement, s'élève l'**abbaye** de ce nom, qui a jadis servi de prison d'Etat.

III. — Géographie politique

Cédée à Rollon, chef des pirates scandinaves, par Charles le Simple au traité de Saint-Clair-sur-Epte (912), la Normandie, dont le duc Guillaume le Conquérant occupa l'Angleterre en 1066, fut une première fois confisquée par Philippe-Auguste (1204). Reprise par les Anglais pendant la guerre de Cent ans (1419), elle leur fut définitivement enlevée par Charles VII après la victoire de Formigny (1450).

Elle a formé cinq départements :

Seine-Inférieure, ch.-l. **Rouen.**
S.-pr. Dieppe, le Havre, Neufchâtel, Yvetot.
V. pr. Le Tréport, Saint-Valéry-en-Caux, Fécamp, Etretat, Elbeuf, Gournay.

Eure, ch.-l. **Evreux.**
S.-pr. Les Andelys, Louviers, Pont-Audemer, Bernay.
V. pr. Vernon, Quillebœuf, Ivry.

Calvados, ch.-l. **Caen.**
S.-pr. Lisieux, Pont-l'Evêque, Bayeux, Vire, Falaise.
V. pr. Honfleur, Trouville, Cabourg, Port-en-Bessin, Isigny, Condé-sur-Noireau, Formigny.

Orne, ch.-l. **Alençon.**
S.-pr. Argentan, Domfront, Mortagne.
V. pr. Laigle, Flers, Camembert.

Manche, ch.-l. **Saint-Lô.**
S.-pr. Cherbourg, Coutances, Avranches, Valognes, Mortain.
V. pr. Carentan, Saint-Waast, Granville.

CHAPITRE XIII

Fleuves de plaines : la Seine.

I. — Caractères généraux

Aspect général de la région de la Seine. — La région qu'arrose la Seine, pas plus que celle traversée par la Loire, ne peut recevoir, au point de vue géographique, **le nom de bassin.** Les plateaux de l'Ardenne au nord-est, le massif du Morvan au sud, les collines du Perche à l'ouest constituent les seules parties importantes du relief; **des communications naturelles et très faciles** existent au nord avec la Somme et l'Escaut ; au sud-est, avec la Saône; au sud-ouest, avec la Loire. Aussi, les limites de région de la Seine étant presque impossibles à fixer, au point de vue géographique, faut-il avoir recours, pour les déterminer, à la géologie.

Le bassin géologique de Paris. — On désigne sous le nom de **bassin de Paris** l'ancien golfe marin comblé par des dépôts sédimentaires successifs, qui se sont accumulés, à travers les siècles, entre l'Ardenne, la base occidentale des Vosges, du Morvan, les derniers contreforts septentrionaux du massif central, les collines du Poitou et les terrains cristallisés de la Bretagne.

Ces divers massifs, qui limitent le bassin, sont séparés ou contournés par les détroits : du nord, à peine coupé par les deux rides du pays de Bray et du Boulonnais; du plateau de Langres et de la Côte-d'Or, du Poitou, qu'empruntent aujourd'hui routes et voies ferrées, parfois même canaux.

Les diverses couches géologiques étant non seulement juxtaposées, mais encore superposées, **on a souvent comparé le bassin géologique de Paris à une série de cuvettes** emboîtées les unes dans les autres, et au centre desquelles serait placée la capitale de la France.

Les bourrelets concentriques, qui marquent les divers dépôts accumulés par la mer en se retirant, ont généralement leur pente abrupte tournée vers l'est; depuis l'Aisne jusqu'à la Vienne, la Seine, la Loire et leurs affluents principaux, suivant une direction commune, les traversent par des brèches.

Entre Paris et les Vosges, c'est-à-dire dans la partie orientale du bassin géologique qui est la plus nettement caractérisée, **il est possible de relever jusqu'à 6 et même 7 crêtes concentriques**, que l'on peut ramener à trois groupes principaux :

1° **La crête tertiaire,** que coupe la Seine vers Moret, la Marne à Epernay, la Vesle vers Reims : elle constitue, depuis la Seine jusqu'à l'Aisne, les falaises tertiaires de la Champagne, la région agricole de la Brie, et, par Craonne et Laon, se rapproche du plateau de Saint-Quentin.

2° **Une crête**, plus ou moins large et **composée de terrains crétacés** va de Sancerre à Hirson en passant par Auxerre, Tonnerre, Bar-sur-Seine et Troyes, Bar-sur-Aube, Vitry-le-François, Bar-le-Duc et Rethel ; à elle se rattachent les plaines crétacées de la Champagne.

3° **Une crête jurassique**, souvent fort large, et que l'on décompose le plus souvent en plusieurs sillons concentriques, va depuis le seuil du Poitou jusqu'aux Ardennes : les terrains jurassiques constituent une partie du Berry, de la Bourgogne vers Châtillon-sur-Seine et Auxerre, la côte d'Or, le plateau de Langres, l'Argonne occidentale et orientale ; c'est dans ces couches calcaires que sont comprises les vallées supérieures de l'Armançon, de la Seine, de l'Aube, de la Marne, la vallée de la Meuse, depuis Neufchâteau jusqu'à Sedan, et le cours moyen de la Moselle vers Toul.

Au sud et à l'ouest de Paris, la succession de ces couches est moins nettement caractérisée ; **de vastes dépôts de terrains tertiaires** composent la Beauce, la Sologne, la région du Perche, derrière lesquelles d'étroites bandes crétacées, puis jurassiques, précèdent les granits du massif central et du Poitou ou les terrains primaires de la Bretagne.

Paris, placé au centre de ce bassin géologique, dans la plaine tertiaire, près du point d'arrivée des grands affluents de la Seine et à proximité de pays productifs qui contribuent puissamment à son alimentation, a mérité d'être appelé le « pôle attractif » de la France, et son choix comme capitale est pleinement justifié par la géologie.

La disposition de ces trois crêtes concentriques a de plus une importance capitale pour la défense de Paris ; sur chacune d'elles ont été élevées de nouvelles fortifications, et ont été, aux différentes époques de notre histoire, livrées de fréquentes batailles.

Régime de la Seine. -- Alimentée par des pluies médiocres, dont la moyenne annuelle pour toute la région est de $0^{m},68$, **la Seine est le type du fleuve régulier.** Cette régularité est due à plusieurs causes : d'abord **la faible altitude des vallées supérieures de la Seine et de ses affluents** ; puis **la grande quantité de terrains perméables** traversés par toutes ces rivières et qui empêchent le ruissellement ; enfin **le manque de coïncidence entre les crues** de ces différents cours d'eau : les crues de l'Yonne, rendues soudaines et rapides par les terrains imperméables du Morvan, arrivent à Paris quatre jours environ avant celles de la Seine supérieure et ne coïncident pas elles-mêmes avec celles de la Marne. Il en résulte que **les inondations de la Seine**, quand elles se produisent à des intervalles d'ailleurs assez rares, **sont dues** non à la Marne, dont les crues sont assez lentes, ou à l'Oise, qui déborde rarement, **mais à l'Yonne et aux rivières du Morvan**, qui la grossissent.

La **Seine**, cours d'eau régulier, est donc plus utile que la Loire ; elle ne forme pas, comme elle, de « fausses rivières », et il n'y a point, le long de ses rives, autant de terrains perdus pour l'agriculture.

Caractères politiques. — **La région de la Seine est le cœur de la France** ; c'est autour de l'Ile-de-**France** que, par un patient travail qui a duré des siècles, les princes Capétiens, Valois et Bourbons ont groupé successivement les diverses provinces de la monarchie française. Paris, le pôle attractif de la France, en est devenu la capitale.

Caractères économiques. — Limité à peu près au sud par une ligne de Bourges à Clamecy et Givet, le **climat séquanien**, où dominent les influences maritimes, s'étend sur toute la vallée de la Seine jusqu'à la Normandie, sur la plaine moyenne de la Loire et de ses affluents, entre Gien et Saumur, et même dans les portions de la Picardie, de l'Artois et de la Flandre éloignées de la mer. Il est caractérisé par une température douce et assez constante. Sa moyenne de température (+ 11°) représente la moyenne générale de température de la France. Les pluies, très abondantes dans le Morvan (2 mètres), rares en Champagne (0^m,40), présentent pour toute la région une moyenne de 0^m,68.

La vallée de la Seine est une des parties **les plus fertiles** et les mieux cultivées de toute la France : là s'étendent la **région agricole de la Brie, la Beauce**, qui produit le blé en abondance, et la **Champagne**, justement célèbre par ses vins. De grandes **forêts** se trouvent dans le Morvan et autour de Paris, principalement dans la vallée de l'Oise, et, grâce à l'**élevage des abeilles**, le **Gâtinais** produit le miel.

Sans parler de Paris, qui forme avec sa banlieue **un des groupes industriels** les plus importants de toute la

France, **les industries sont nombreuses** et variées dans la région de la Seine. On peut citer parmi les plus importantes : les **forges et usines** de Châtillon-sur-Seine et Saint-Dizier, la **coutellerie** de Langres, les moulins de Corbeil, les **papeteries** d'Essonne, les **porcelaines** de

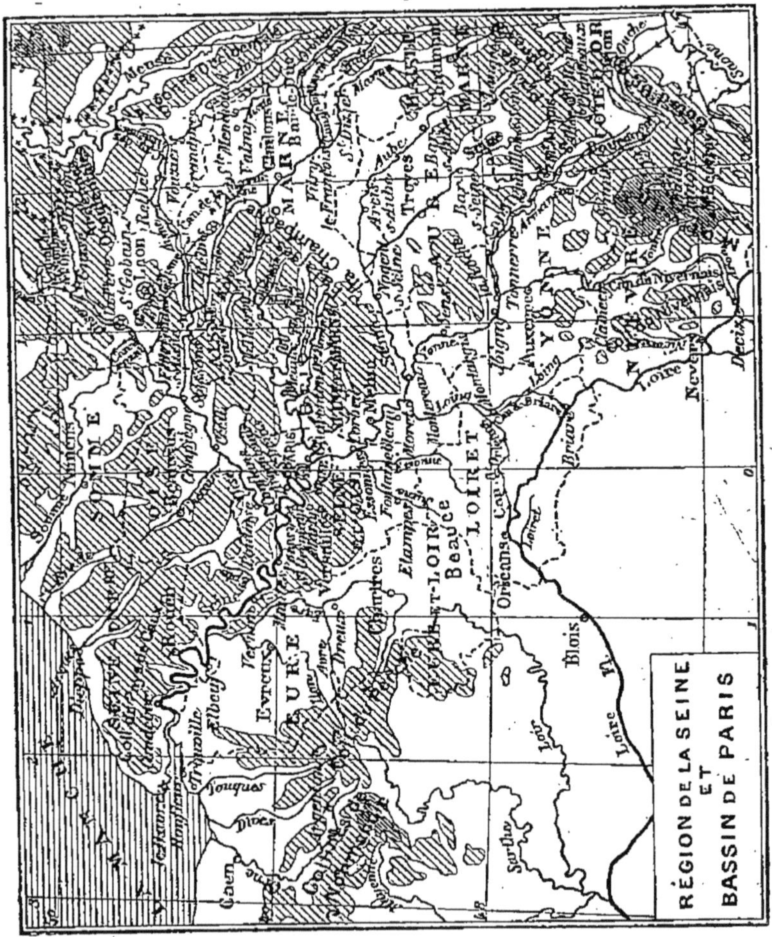

RÉGION DE LA SEINE ET BASSIN DE PARIS

Sèvres, les **faïences** de Creil, les **glaces** de Saint-Gobain, les **articles de bonneterie** de Troyes, les **draps** et **flanelles** de Reims, les **tapis** de Beauvais.

Caractères militaires. — Placés à une faible distance de la nouvelle frontière française du nord-est, la région de la Seine et Paris seraient, en cas de guerre, l'objectif des armées d'invasion; aussi a-t-on utilisé pour la défense les diverses crêtes géologiques indiquées plus haut, et derrière lesquelles se développe aujourd'hui le double camp retranché de Paris.

II. — Description de la Seine et de ses affluents

La Seine et ses affluents jusqu'à Paris. — Longue de 776 kilomètres, **la Seine prend sa source dans la Côte-d'Or**, à 470 mètres d'altitude, **dans le vallon de Saint-Germain-la-Feuille**, et près du village de Chanceaux. Par une pente, d'abord assez rapide, elle coupe les différentes crêtes du bassin de Paris en passant à **Châtillon-sur-Seine** qui a des forges, à **Bar-sur-Seine**, **Troyes** (53 000 habitants) qui, ruinée par la révocation de l'édit de Nantes, fabrique des articles de bonneterie, et à **Méry** où elle devient navigable.

A partir du confluent de l'Aube, elle coule de l'est à l'ouest par **Nogent-sur-Seine** où elle traverse les falaises de la Champagne, par **Montereau** où elle reçoit l'Yonne au pied des hauteurs de Surville, qui rappellent la victoire de Napoléon Ier en 1814, par **Moret** où se séparent, près du confluent du Loing, les lignes de chemin de fer de Bourgogne et du Bourbonnais.

Les grès de la forêt de Fontainebleau la forcent à reprendre sa direction vers le nord-ouest, qu'elle conserve jusqu'à la mer. **Fontainebleau**, situé à quelques kilomètres à gauche, montre le célèbre château élevé par François Ier, possède l'Ecole d'application de l'artillerie, et est environné d'une vaste forêt qui abonde en sites pittoresques.

Melun (14 000 habitants) a dans son voisinage le château de Vaux. **Corbeil**, entouré de jardins maraîchers, possède des filatures, des papeteries et des moulins. A **Juvisy** le chemin de fer de grande ceinture coupe le fleuve; **Choisy-le-Roi** est connu par ses cristalleries; au delà de **Charenton**, où aboutit la Marne, à une altitude qui n'est plus que de 27 mètres, la Seine, large de 165 mètres, pénètre dans Paris.

Son premier affluent de droite, l'**Aube**, qui doit son nom à la blancheur de ses eaux, descend du plateau de Langres et, sortie des collines, traverse en Champagne les prairies de **Bar-sur-Aube**, laisse de côté **Brienne**, la **Rothière**, qui rappellent les souvenirs de Napoléon Ier, arrose **Arcis** où il livra, en 1814, la dernière grande bataille, et présente à son confluent un volume d'eau égal à celui de la Seine.

La **Marne**, issue du plateau de Langres par la source peu abondante de la Marnotte, passe au pied de **Langres**, grand camp retranché où prospère l'industrie de la coutellerie ; elle descend rapidement de **Chaumont** à **Saint-Dizier**, important par ses forges et ses usines métallurgiques ; après **Vitry-le-François**, point de départ du canal de la Marne au Rhin, elle traverse la triste région de la **Champagne Pouilleuse**. **Châlons** est le siège du 6e corps d'armée et d'une école des arts et métiers ; entre cette ville et **Reims** s'étend le grand camp militaire. **Epernay**, dans les falaises de la Champagne, doit sa réputation aux vins mousseux dont l'exportation l'enrichit. A partir de **Château-Thierry**, patrie de La Fontaine, la Marne décrit de nombreux méandres, côtoie, vers **Meaux**, la région agricole de la Brie, et, après avoir décrit une vaste boucle bordée de maisons de plaisance, s'unit à la Seine à **Charenton**. Des affluents nombreux, mais peu abondants, aboutissent à la Marne :

A **Vitry-le-François** se termine la **Saulx**, dont l'affluent l'**Ornain**, remonté par le canal de la Marne au Rhin, arrose **Bar-le-Duc** (18 000 habitants), connu par ses confitures. L'**Ourcq**, dont les eaux sont amenées à Paris par un canal de dérivation, traverse la région forestière de **Villers-Cotterêts**.

Sur la rive gauche, le **Surmelin** est grossi de la **Dhuys**, dont les eaux servent à l'alimentation de Paris. Près du **Petit-Morin**, **Champaubert**, **Montmirail** et **Vauxchamps** rappellent les victoires de Napoléon Ier en 1814. Enfin, le **Grand-Morin** traverse la Brie : **Coulommiers**, situé dans la vallée, exporte les produits agricoles.

Sur sa rive gauche, la Seine reçoit comme principaux affluents :

L'**Yonne**, qui, plus longue et plus abondante que la Seine, coule sur des terrains imperméables et contribue plus qu'aucune autre rivière aux inondations de la Seine. Dans sa vallée, **Château-Chinon** et **Clamecy** font le commerce des bois du Morvan ; **Auxerre** (18 500 habitants), où arrive le canal du Nivernais, est, comme **Joigny**, un important marché pour les vins; **Sens** a conservé un archevêché, et **Montereau** marque son confluent avec la Seine. Parmi ses affluents, la **Cure** traverse le réservoir des Settons; le **Serein** arrose **Chablis**, aux vins blancs renommés; l'**Armançon**, dont la vallée, suivie par le canal de Bourgogne et la voie ferrée de Paris-Dijon, ouvre les communications les plus faciles vers l'Ouche, affluent de la Saône, traverse la région assez riche de l'**Auxois** où **Alise-Sainte-Reine**, l'ancienne Alésia, rappelle la résistance de Vercingétorix. **Semur** et **Tonnerre**, marchés pour les vins, s'élèvent dans sa vallée. Enfin, la **Vanne** a ses eaux captées pour l'alimentation de Paris.

Le **Loing** traverse la région jadis marécageuse du Gâtinais. A **Montargis**, où il est canalisé jusqu'à son confluent, se séparent les **canaux de Briare et d'Orléans**, qui vont aboutir à la Loire.

L'**Essonne** met en mouvement les papeteries de la ville qui porte son nom ; sur sa rive gauche s'étend, jusqu'à l'Eure, **la plaine monotone, mais fertile en blé, de la Beauce**, dont **Etampes** et **Chartres** sont les marchés les plus importants.

Enfin, la **Bièvre** traverse, pour rejoindre la Seine, une portion de Paris où son cours est généralement couvert.

Paris. — Son double camp retranché. — Dans une vaste plaine, limitée à distance par des collines qui ont été utilisées pour la défense, à une altitude de 27 mètres et sur une des grandes boucles de la Seine s'élève **Paris**. Peuplée de 2 661 000 habitants[1], la capitale de la France est placée dans une situation privilégiée, près de l'arrivée des grands affluents de la Seine, à proximité de la région du Nord, qui lui envoie ses étoffes et sa houille; de la Champagne et de la Bourgogne, qui lui fournissent les vins ; du Morvan, d'où arrivent les bois ; de la Beauce, qui l'approvisionne en blé; de la Normandie, d'où elle tire les bestiaux. Mais, placée à une trop grande distance du centre géométrique de la France, elle se trouve, surtout depuis les pertes territoriales de 1871, trop rapprochée de la nouvelle frontière.

La ville primitive de Lutèce, resserrée d'abord dans l'île de la Cité, déborda, à l'époque de Philippe-Auguste, sur les deux

1. Recensement de 1901.

La Seine à Paris.

rives de la Seine. Peuplée d'environ 550 000 habitants au début du dix-neuvième siècle, elle en comptait 1 700 000 vers 1860 après l'annexion des communes suburbaines, 2 424 000 dans le recensement de 1891, et 2 714 000 en 1901.

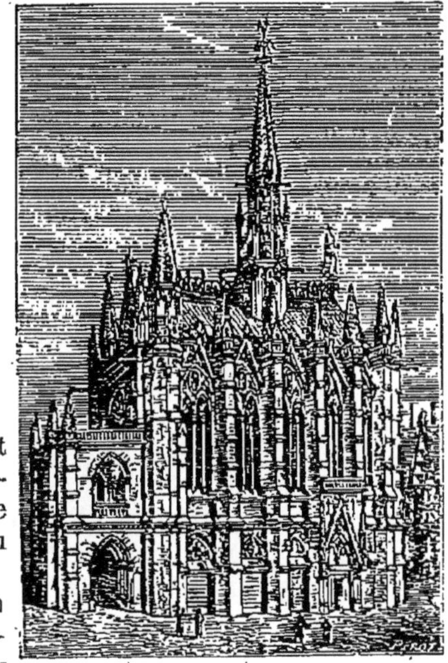

Paris : la Sainte-Chapelle.

Paris tire ses eaux potables de la Bourgogne par la Vanne, de la Champagne par la Dhuys, de l'Ile-de-France par l'Ourcq ; en outre, les eaux de l'Avre normande ont été, en 1893, amenées dans le réservoir de Montretout et l'on va actuellement conduire jusqu'à la capitale les eaux du Loing et du Lunain.

Bien qu'elle soit un centre important de commerce et que toutes les industries y soient représentées, la capitale de la France en possède quelques-unes qui lui appartiennent en propre, telles que la fabrication des meubles, les modes qu'elle impose à toutes les grandes villes du globe, les articles de Paris et les industries de luxe, telles que les bronzes et les bijoux.

Bercy est son port le plus actif ; mais les barques d'un faible tonnage peuvent seules remonter la Seine jusqu'à Paris.

Pour abréger et faciliter la navigation du fleuve, l'ingénieur Bouquet de la Grye a proposé l'établissement d'un canal qui, coupant les méandres de la Seine, aboutirait à la mer vers le Havre, permettant ainsi aux gros navires d'arriver jusqu'au port qui serait creusé vers Clichy.

Longtemps Paris est resté dépourvu de défenses ; c'est sous Louis-Philippe, en 1840, que fut construite, avec **l'enceinte bastionnée**, **la première ligne de forts**[1],

1. Les principaux sont, au nord de Paris : les forts de la Briche et

Lorsque le siège de 1870-1871 eut démontré l'insuffisance de ces fortifications, on songea, pour le mettre à l'abri d'un nouveau bombardement, pour couvrir la riche banlieue de la capitale et faciliter l'approche d'armées de secours, à utiliser les collines et les plateaux qui forment comme une ceinture à la grande plaine dont Paris occupe le centre.

Trois grands camps retranchés ont été ainsi constitués : celui du nord, défendu par des forts détachés placés

Paris : la Colonnade du Louvre.

sur les hauteurs de Cormeilles et sur le plateau de Montmorency ; celui de l'est, englobant les hauteurs de Chelles, de Vaujours, le plateau d'Avron et les collines de Villeneuve-Saint-Georges ; celui du sud-ouest, le plus étendu, qui comprend les plateaux d'Avron et de Satory et les hauteurs de Marly[1].

Le **chemin de fer de ceinture** accomplit le tour de Paris à l'intérieur des fortifications ; entre la première et la seconde ligne de forts a été établi le **chemin de fer de grande ceinture**, qui coupe la Seine au nord-ouest de

---

de la Double-Couronne ; à l'est : les forts d'Aubervilliers, de Romainville, de Nogent ; au sud : les forts de Charenton, d'Ivry, de Montrouge, de Vanves, d'Issy ; à l'ouest : le fort du mont Valérien.

1. Les principaux forts qui constituent les nouvelles défenses de Paris sont, pour le camp retranché du nord : ceux de Cormeilles, de Montlignon, de Montmorency ; pour celui de l'est : les forts de Vaujours, de Chelles, de Villiers, de Villeneuve-Saint-Georges ; pour celui du sud-ouest : les forts de Châtillon, de Palaiseau, du Haut-Buc et les batteries de Marly.

Paris, à Achères, au sud de Paris, entre Villeneuve-Saint-Georges et Juvisy. Enfin dans Paris même un chemin de fer métropolitain a été commencé.

La Seine, de Paris au confluent de l'Epte. — Au-dessous de Paris, la Seine décrit une **multitude de méandres** entre lesquels s'étendent **les trois presqu'îles** de Gennevilliers, de Houilles et de Saint-Germain. Elle longe, à gauche, les coteaux de **Meudon**, de **Sèvres**, connu par sa manufacture de porcelaines, de **Saint-Cloud**; à droite, le **bois de Boulogne**. Au sommet de la première courbe, **Saint-Denis**, célèbre par son antique basilique qui contient les tombeaux de plusieurs rois de France, est devenu, par ses innombrables usines, une annexe industrielle de Paris; là, le **canal de Saint-Denis** rattache la Seine au canal de l'Ourcq. Plus loin, **Argenteuil** domine une riche plaine qui produit en abondance la vigne, les légumes et les fruits. Dans le plateau qui borde la rive gauche de la Seine s'élève **Versailles** (55 000 habitants) qui, bâti par Louis XIV, montre encore le merveilleux château construit par le grand roi et le parc dessiné par Le Nôtre; la machine établie vers la même époque à Port-Marly élève jusqu'à Versailles les eaux de la Seine. Au-dessus du fleuve, que domine une superbe terrasse prolongée par une vaste forêt, **Saint-Germain** a conservé le château élevé par François Ier et qui contient un riche musée gallo-romain. A **Conflans** aboutit l'Oise; **Poissy** fait le commerce des bestiaux. Enfin, au delà de **Mantes** la Jolie, où se séparent les deux lignes de chemins de fer de Paris au Havre et de Paris à Cherbourg, après le confluent de l'Epte, la Seine entre en Normandie.

Le principal affluent de la Seine, en aval de Paris, est l'**Oise** qui, issue, par sa principale source, de la forêt de Chimay, en Belgique, et coulant du nord-est au sud-ouest, ouvre vers la capitale une route d'invasion suivie par les alliés en 1814 et en 1815. Le fort d'arrêt de **Hirson** défend son entrée en France. Unie, dans son cours supérieur, à la Sambre par un canal, elle traverse une vallée large et basse où se succèdent : **Guise**, qui fabrique des poêles ; **La Fère**, important camp retranché, près de laquelle se détache le récent canal de l'Oise à l'Aisne ; **Chauny**, d'où partent le canal Crozat, allant rejoindre la Somme, et le chemin de fer qui dessert **Saint-Gobain**, universellement connu par sa grande manufacture de glaces; **Compiègne**, embellie par son château et sa forêt au delà de laquelle s'élève le **château féodal de Pierrefonds**, admirablement restauré par Viollet-le-Duc; **Creil**, qui fabrique des porcelaines, et où se séparent la plupart des grandes lignes de la compagnie du Nord; enfin, **Pontoise**, grand marché agricole. A gauche de l'Oise s'étendent les vastes forêts de Compiègne, de

Château de Pierrefonds.

Villers-Cotterêts, de **Chantilly**; près de cette dernière, est le grand château historique des princes de Condé.

Plus abondante que l'Oise, et rappelant la Marne et la Seine par la direction générale de son cours, l'**Aisne** naît sur le versant occidental de l'Argonne et arrose **Sainte-Menehould**, près de laquelle est **Valmy**, immortalisé par la victoire de 1792. Grossie de l'**Aire** qui, par **Varennes** où fut arrêté Louis XVI, traverse les plateaux de l'Argonne, elle passe à **Vouziers**, au delà de laquelle le **canal des Ardennes** se détache et va rejoindre la Meuse; à **Rethel**, qui a des filatures; à **Condé-sur-Aisne**, dont le fort unit les défenses de Reims à celles de Laon, et, après avoir baigné la vieille cité de **Soissons**, rejoint l'Aisne un peu en amont de Compiègne.

La Vesle, son affluent de la rive gauche, qu'emprunte le canal de la Marne à l'Aisne, traverse la plaine de la Champagne dont le centre est **Reims** (110 000 habitants), l'ancienne ville du sacre des rois, important camp retranché et cité industrielle qui fabrique les draps, les flanelles, perce

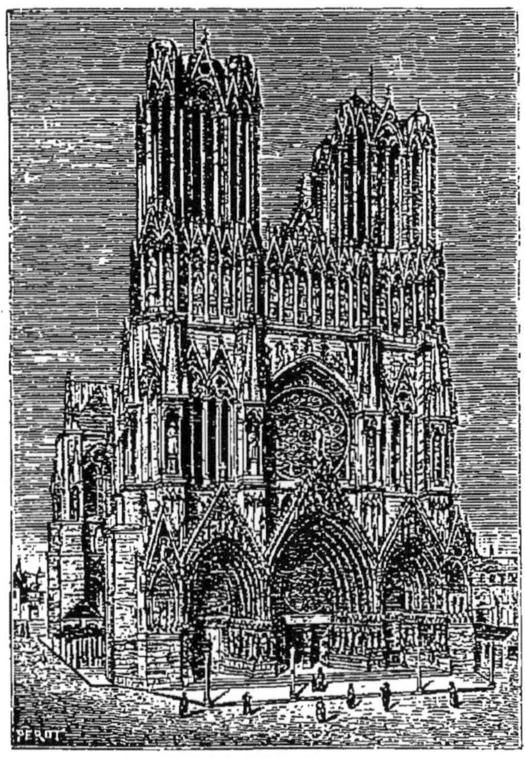

Cathédrale de Reims.

les falaises de la Champagne au **défilé de Fismes**, et aboutit près de Condé-sur-Aisne.

Entre l'Aisne et l'Oise s'élève, sur un plateau triangulaire, la petite ville mais importante place forte de **Laon** (15 000 habitants), et, dans ses environs, les ruines du fameux château de Coucy.

Beauvais (20 000 habitants), qui possède, avec sa cathédrale gothique, une importante manufacture de tapis, est situé dans la vallée marécageuse du **Thérain**, rivière qui rejoint l'Oise près de Creil.

III. — Géographie politique

Ile-de-France. — L'Ile-de-France, qui forme une sorte d'îlot géologique dans la vaste plaine de la Seine, appartenait au domaine de Hugues Capet, devenu roi de France en 987 : c'est autour d'elle que nos rois ont, par un lent travail de conquêtes et d'assimilation, groupé peu à peu toutes les autres provinces françaises.

Elle a formé cinq départements :

Seine, ch.-l. **Paris.**
V. pr. Saint-Denis, Sceaux.
Choisy-le-Roi, Charenton, Vincennes, Boulogne, Suresnes, Alfort.

Seine-et-Oise, ch.-l. **Versailles.**
S.-pr. Corbeil, Etampes, Pontoise, Rambouillet, Mantes.
V. pr. Sèvres, Saint-Germain, Poissy, Saint-Cyr, Saint-Clair-sur-Epte.

Seine-et-Marne, ch.-l. **Melun.**
S.-pr. Fontainebleau, Meaux, Coulommiers, Provins.

Oise, ch.-l. **Beauvais.**
S.-pr. Compiègne, Clermont, Senlis.
V. pr. Creil, Chantilly.

Aisne, ch.-l. **Laon.**
S.-pr. Saint-Quentin, Château-Thierry, Soissons, Vervins.
V. pr. La Fère, Chauny, Saint-Gobain.

Champagne. — La Champagne, dont les comtes furent parfois si redoutables aux rois de France, fut acquise par le mariage de Philippe le Bel avec l'héritière de ce pays (1284), et annexée par le parlement de Paris (1314); la principauté de Sedan fut confisquée sur le duc de Bouillon, révolté contre Louis XIII (1641).

Elle a formé quatre départements :

Aube, ch.-l. **Troyes.**
S.-pr. Bar-sur-Seine, Nogent-sur-Seine, Bar-sur-Aube, Arcis-sur-Aube.
V. pr. Méry-sur-Seine.

Haute-Marne, ch.-l. **Chaumont.**
S.-pr. Langres, Vassy.
V. pr. Saint-Dizier, Bourbonne-les-Bains.

Marne, ch.-l. **Châlons-sur-Marne.**

S.-pr. Reims, Vitry-le-François, Epernay, Sainte-Menehould.

V. pr. Valmy, Champaubert, Montmirail, Vauxchamps.

Ardennes, ch.-l. **Mézières-Charleville.**

S.-pr. Rethel, Vouziers, Rocroi, Sedan.

Le département de l'Yonne se rattache à la Bourgogne, et celui du Loiret à l'Orléanais.

CHAPITRE XIV

Fleuves de plaine : l'Escaut et la Somme. — Côtes de Flandre, d'Artois et de Picardie.

I. — Caractères généraux

Aspect général de la région du nord de la France. — **La région traversée par l'Escaut et la Somme** appartient à la grande plaine allemande et belge qui se continue en France jusqu'au pied des Pyrénées. Elle comprend, outre les **collines crétacées de Picardie et de l'Artois**, qui, réunies au **plateau de Saint-Quentin**, limitent la vallée marécageuse de la Somme, et outre le **massif calcaire et isolé du Boulonnais**, la **plaine tertiaire de l'Escaut**, tandis que les **alluvions** ont formé la **Marquenterre**, **comblé l'ancien golfe de Flandre**, et qu'une **longue bande de terrains houillers** s'étend, sans solution de continuité, depuis Lens jusqu'au delà de Liège.

Plate, monotone, dépourvue d'arbres, mais couverte de cultures riches et variées, de grandes villes où se sont développées les industries les plus diverses, cette région est traversée par des rivières coulant à pleins bords, salies par la poussière du charbon et les détritus des usines, mais presque toutes canalisées et utilisées par une batellerie des plus actives que complète heureusement un réseau de chemins de fer des plus serrés.

Les provinces et les départements de la région du nord. — La Picardie, acquise sur la maison de Bourgogne, l'Artois et la Flandre française, conquis sur l'Espagne, cette dernière, léger fragment d'une vaste province dont la majeure partie est restée à la Belgique, ont, depuis le quinzième siècle, complété la frontière du nord. Si le département du Pas-de-Calais ne vient qu'au troisième rang, **le département du Nord** est, après celui de la Seine, **le plus peuplé des départements de France** : sur plusieurs points où les villages se succèdent presque sans interruption, la population atteint la densité énorme de 300 habitants par kilomètre carré; la **langue flamande** est très répandue le long de la frontière belge.

Importance économique de la région du nord. — Tandis que le littoral est soumis au **climat armoricain**, le **climat séquanien** exerce son influence dans les parties de la région les plus éloignées de la mer.

Médiocrement arrosée par des **pluies** dont la moyenne ne dépasse pas $0^{m},60$, mais recevant une humidité assez abondante que les rivières laissent filtrer à travers un sol perméable, **la plaine** est une des régions les plus **fertiles et les mieux cultivées** de France. Elle produit en abondance les **céréales**, les **graines oléagineuses**, les **betteraves**, le **houblon**, le **tabac**; la forêt de **Raismes** et celle de **Mormal**, qui s'étend entre l'Escaut et la Sambre, sont les principales. Pour les bêtes à cornes et les moutons, la **race flamande**, pour les chevaux, les **races flamande et boulonnaise** sont justement estimées. La richesse agricole du seul département du Nord dépasse 3 milliards.

La présence d'un **immense et riche bassin houiller** qui, dans sa partie française seulement, produit 14 millions de tonnes et qui se divise en deux sections : le **bassin du Pas-de-Calais (Lens)** et **celui du Nord (Anzin)**, a donné naissance à des industries florissantes, telles que celles du **coton** (Lille, Tourcoing, Roubaix), des **toiles et batistes** (Lille, Armentières, Cambrai, Dunkerque, Boulogne), des **draps** et **tapis** (Roubaix, Tourcoing), des **velours** (Amiens, Saint-Quentin), des **tulles** (Abbeville, Saint-Pierre-les-Calais).

On y trouve encore des **forges, usines, ateliers de construction de machines** (Fives-Lille), de nombreux **moulins**, des **raffineries de sucre**, des **usines de produits chimiques (Lille)**, des **manufactures de**

glaces (Aniche), des **brasseries** (Dunkerque, Lille, Cambrai, Armentières), des **fabriques de ciment** (Boulogne). La richesse industrielle du seul département du Nord dépasse 1 milliard.

La frontière du nord. — La **frontière entre la France** et la Belgique, qui, **essentiellement conventionnelle**, traverse de grandes plaines présentant les mêmes caractères, a été jadis pourvue par Vauban de nombreuses places fortes que protégeait souvent un vaste système d'inondations tendues entre elles.

En prévision de la violation de la neutralité de la Belgique, on s'est préoccupé, en déclassant la plupart des anciennes forteresses devenues insuffisantes, d'appliquer à la protection de cette frontière le **nouveau système des camps retranchés** (Dunkerque, Lille).

II. — Description de la région de l'Escaut et de la Somme

L'Escaut et ses affluents. — **L'Escaut,** long de 420 kilomètres, dont environ 100 sur le territoire français, prend sa source **près du Catelet,** à une altitude de 87 mètres, et sort des collines à **Cambrai,** vieille place forte déclassée, qui fabrique des toiles, des dentelles, et qui est le siège d'un archevêché. A **Bouchain,** il reçoit la Sensée utilisée par un canal. **Denain,** où le fleuve entre dans le bassin houiller, rappelle la victoire de Villars, en 1712, qui sauva la France. **Valenciennes** (31 000 habitants), place forte déclassée, a perdu son ancienne industrie des dentelles, mais fabrique des toiles et exporte la houille extraite à **Anzin** qui, situé en face, est le siège de la plus importante compagnie minière de la région du nord. Au-dessous de **Condé,** le fleuve, devenu navigable, quitte la France pour arroser, en Belgique, Tournay, Gand, Anvers, le grand port belge du fleuve, et pénétrer en Hollande, où ses eaux enveloppent les îles de la Zélande.

Les affluents de l'Escaut sont presque tous des rivières utilisées pour l'industrie : la **Ronelle** arrose **Le Quesnoy,** place forte servant de transition entre les défenses de Valenciennes et les forts de Maubeuge; la **Haisne,** après avoir traversé le bassin belge du **Borinage,** finit à Condé.

Sur la rive gauche, la **Scarpe** passe à **Arras** (26 000 habitants), ancienne ville espagnole qui fabrique des dentelles.

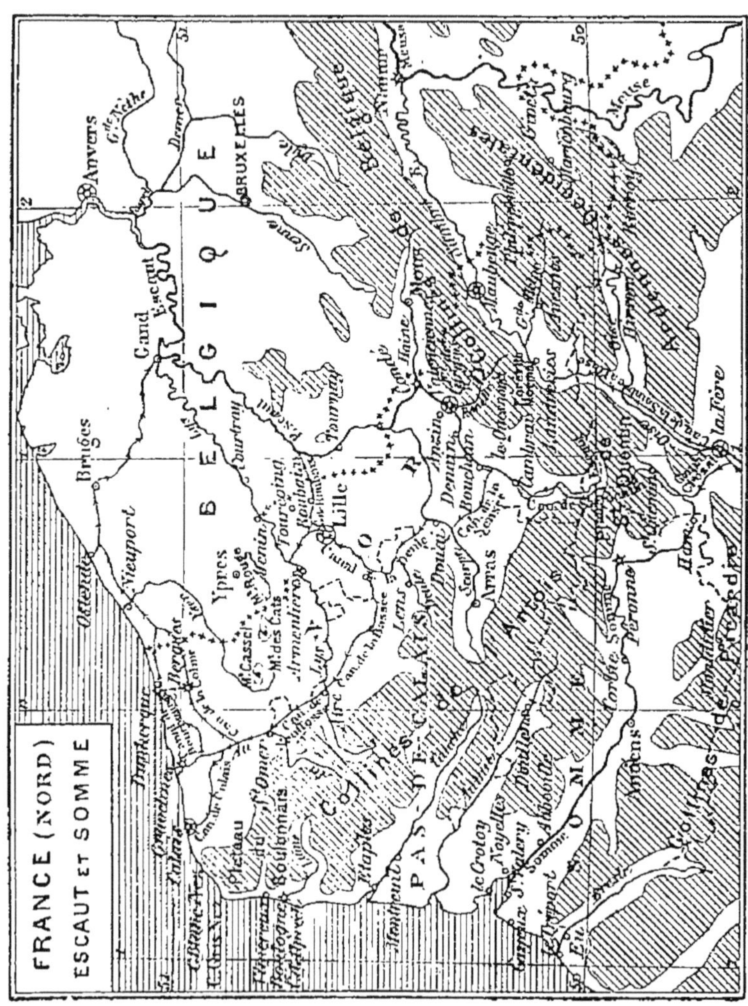

Ses fortifications sont déclassées ainsi que celles de **Douai** (34 000 habitants), qui a conservé sa cour d'appel, mais qui a perdu l'académie de la région du nord ; plus loin, **Saint-Amand** a des boues minérales. La **Lys,** partagée entre la France et la Belgique, est la rivière du lin ; presque toutes les villes placées sur ses rives fabriquent des toiles. **Aire**

Beffroi d'Arras.

a vu déclasser ses défenses, et **Armentières**, ville industrielle qui fabrique les toiles, se rattache à la banlieue de Lille. Entre Armentières et Menin, le fossé de la Lys forme limite entre la France et la Belgique, et des villages traversés par la rivière sont partagés entre les deux pays. Après Menin, la première ville belge, **Courtrai**, fabrique des toiles; **Gand** (150 000 habitants), le grand centre belge de l'industrie du coton, marque le confluent avec l'Escaut. La **Deule**, canalisée, mêle ses

Lille : la Grande place.

eaux à la Lys après avoir arrosé la plus grande ville de la région du nord, **Lille** (211 000 habitants), importante par ses filatures, ses manufactures de toiles, ses ateliers de construction de machines (ateliers de Fives-Lille), ses manufactures de produits chimiques (La Madeleine). Lille, qui fut prise en 1708, malgré la belle défense de Boufflers, mais qui résista victorieusement aux Autrichiens en 1792, est devenue un grand camp retranché. Au nord de cette capitale d'où rayonnent de nombreuses voies ferrées, **Roubaix** (142 000 habitants) est la première ville de France pour la fabrication des draps, et se distingue des villes similaires par la perfection de son outillage industriel; **Tourcoing** (79 000 habitants) fabrique les draps et les tapis.

La côte de la mer du Nord. — **Les côtes françaises de la mer du Nord** sont **droites, basses et bordées de dunes** fixées par des plantations qui préservent des inondations une vaste étendue de pays située au-dessous du niveau de la mer.

Un **ancien golfe marin**, appelé **golfe de Flandre**, s'étendait jadis jusqu'à Bruges, Furnes et Saint-Omer : par des travaux qui rappellent ceux des Hollandais, les comtes de Flandre, à partir du douzième siècle, ont conquis ce pays sur les eaux. Autour de Saint-Omer, on appelle **wateringues** cette région jadis à demi noyée; les **watergands** sont les canaux qui amènent ces eaux à la mer. Au nord-est de Dunkerque s'étendent les **moëres**, dépressions aujourd'hui desséchées et placées au-dessous du niveau des terres voisines.

Sur la lande littorale qui séparait autrefois le golfe de Flandre de la mer se sont construits les nouveaux ports :

Dunkerque (39 000 habitants), achetée en 1662 par Louis XIV à l'Angleterre, et dont les Anglais ont réclamé le comblement à tous les traités du dix-huitième siècle, est aujourd'hui un des ports de commerce les plus actifs de la France. Protégée contre la haute mer par les bancs de Flandre, cette ville a été, dans ces dernières années, dotée de vastes et nombreux bassins et possède des chantiers de construction; elle forme avec Bergues un grand camp retranché; c'est la patrie du corsaire Jean Bart. Des services de bateaux l'unissent à Londres, et un important mouvement commercial s'est développé récemment avec la République Argentine.

L'**Aa**, qui écoule les eaux de la région marécageuse où

s'élève **Saint-Omer**, finit au petit port fortifié de **Gravelines**.

Calais qui, récemment réuni à **Saint-Pierre-les-Calais**, la première ville de France pour la fabrication des tulles, compte avec lui 60 000 habitants, a été complètement transformé par la création d'un nouveau port que protègent des batteries; les paquebots qui l'unissent à Douvres transportent un nombre toujours croissant de voyageurs. Près de là, à **Sangatte**, avaient été commencés les travaux du tunnel sous-marin qui devait relier la France et l'Angleterre, mais que les craintes et l'opposition du gouvernement britannique ont fait abandonner : le projet d'établissement d'un pont sur la Manche ne semble guère promettre plus de chances de succès.

Les falaises élevées des caps Blanc-Nez et Gris-Nez, ce dernier surmonté d'un phare, séparent la mer du Nord de la Manche.

Les côtes de la Manche; la Somme. — Du cap Gris-Nez au cap d'Alprech, **la côte est bordée de falaises**, dont la mer ronge la base et provoque l'écroulement. Après les petits ports d'**Ambleteuse** et de **Vimereux**, qui sont maintenant ensablés, **Boulogne** (50 000 habitants), à l'embouchure de la **Liane**, a été dotée d'un port en eau profonde. Des bateaux qui vont à Folkestone transportent surtout les marchandises. Boulogne, où Napoléon Ier fit, en 1803, de grands préparatifs pour tenter une descente en Angleterre, est défendu par des forts et des batteries.

Au sud du cap d'Alprech, réapparaissent les **dunes de sable**. Les anciens ports de **Montreuil** et d'**Etaples**, sur la Canche, sont aujourd'hui ensablés. Entre l'Authie, qui arrose la place forte déclassée de **Doullens**, et l'estuaire de la Somme, la **Marquenterre**, ancien lac desséché, est devenue une région agricole d'une prodigieuse fertilité.

La **Somme** (245 kilomètres), issue d'une région de collines, coule ensuite dans une **plaine couverte de tourbières**, puis à travers des jardins maraîchers appelés **hortillonnages**, avant de finir dans la Manche par un large estuaire. Sur ses bords, **Saint-Quentin** (50 000 habitants), ville industrielle active, qui rappelle la désastreuse bataille de 1871, fabrique les cotonnades et les velours; le château de **Ham** a parfois servi de prison d'Etat; **Péronne**, place forte conservée pour défendre le passage du fleuve, rappelle la captivité de Louis XI; **Corbie** est une ancienne abbaye; **Amiens** (91 000 habitants), où le fleuve se divise en une multitude de bras, est la première ville de France pour la fabrication des velours; sa cathédrale est justement célèbre. **Abbeville**, patrie de l'amiral Courbet, possède des manufactures de draps. **L'estuaire de la Somme**, que traverse le viaduc du chemin de fer de Noyelles à Saint-Valery, présente, à marée haute, l'aspect d'un vaste golfe, mais est, à marée basse, parsemé de bancs de sable. A droite, **Noyelles** et **Le Crotoy**, à gauche, **Saint-Valery** et **Cayeux** ne sont que des ports de pêche et des stations de bains de mer.

Parmi les affluents de la Somme, l'**Avre** traverse la région agricole du **Santerre**, dont **Roye** et **Montdidier** exportent les grains; la **Maye**, rivière de la Marquenterre, traverse le champ de bataille jadis célèbre de **Crécy** (bataille de 1346).

Les canaux de la région du nord. — Outre les canaux qui facilitent la navigation de la plupart des rivières, il existe dans la région du nord un **vaste réseau de canaux** permettant d'aller de la mer du Nord à l'Oise et à la Seine.

De l'Aa canalisée se détachent, un peu en aval de Saint-Omer, des **canaux** qui vont aboutir à Calais (**canal de Calais**) et à Dunkerque (**canal de Bourbourg**).

L'Aa communique avec la Lys par le **canal de Neuf-fossé**, sur lequel a été établi, pour les bateaux, l'**ascenseur hydraulique des Fontinettes**. Le **canal de la Bassée** va de la Lys à la Deule, et cette dernière rivière est rendue navigable par un canal qui se prolonge jusqu'à la Scarpe; la communication entre la Scarpe et l'Escaut est assurée par le **canal de la Sensée**. Le **canal de Saint-Quentin** conduit de Cambrai à Saint-Quentin, sur la Somme, et le **canal Crozat**, qui le prolonge, permet d'atteindre l'Oise, non loin de La Fère. Il convient encore de citer le **canal de Roubaix**, qui unit directement la Deule à l'Escaut.

III. — Géographie politique

La région du nord de la France comprend les trois anciennes provinces de la Flandre, de l'Artois et de la Picardie.

Flandre. — La fertile et industrielle province de Flandre forma au moyen âge un comté disputé, sous Philippe le Bel et sous Philippe de Valois, entre la France et l'Angleterre, et qui appartint ensuite à la Bourgogne, à l'Autriche et à l'Espagne. La portion qui est aujourd'hui française a été démembrée par Louis XIV de la grande province de Flandre, dont la majeure partie est restée à la Belgique. Elle lui fut cédée en plusieurs tronçons par les traités des Pyrénées (1659), d'Aix-la-Chapelle (1668, annexion de Lille) et de Nimègue (1678).

Elle a formé le département du Nord, qui est le plus important et le plus peuplé de France après celui de la Seine.

NORD, ch.-l. **Lille.**
S.-pr. Dunkerque, Hazebrouck, Douai, Cambrai, Valenciennes, Avesnes.
V. pr. Gravelines, Bouchain, Condé, Le Quesnoy, Landrecies, Maubeuge, Roubaix, Tourcoing, Armentières, Anzin, Somain, Denain, Cassel, Cateau-Cambrésis, Malplaquet, Hondschoote.

Artois. — Divisé en plusieurs seigneuries à l'époque féodale, l'Artois fut acquis pour la première fois par Philippe Auguste, aliéné par saint Louis, repris par Louis XI et rétrocédé à l'Autriche par Charles VIII. Richelieu l'enleva par conquête (1640) à l'Espagne dont il était devenu la propriété après l'abdication de Charles-Quint, et le traité des Pyrénées en garantit la possession à la France (1659).

Il a formé un département :

PAS-DE-CALAIS, ch.-l. **Arras.**
S.-pr. Boulogne, Saint-Omer, Montreuil, Béthune, Saint-Pol.
V. pr. Calais, Aire, Lens, Azincourt, Bapaume.

Picardie. — La Picardie, disputée pendant le quinzième siècle entre les ducs de Bourgogne et la France, fut cédée par l'Autriche à Louis XI, après la guerre de succession de Bourgogne, par le traité d'Arras (1482).

Elle a formé un département :

SOMME, ch.-l. **Amiens.**
S.-pr. Péronne, Abbeville, Montdidier, Doullens.
V. pr. Ham, Corbie, Le Crotoy, Saint-Valery, Cayeux.

IV. — FRONTIÈRE FRANÇAISE DU NORD

La frontière. — La frontière, entre la France et la Belgique, presque partout conventionnelle, traverse de vastes plaines où elle n'est le plus souvent indiquée que par une succession de bornes. Partant de la mer du Nord, près de Zuydcote, elle coupe l'Yser, atteint à Armentières la Lys qu'elle suit jusque auprès de Menin, passe au nord de Tourcoing, coupe l'Escaut au-dessous de Condé, puis traverse la Haisne, les collines de Belgique, et vient franchir la Sambre entre Maubeuge et Erquelines.

En fortifiant, au dix-septième siècle, les places de la Flandre et de l'Artois, à mesure qu'elles étaient cédées à Louis XIV, **Vauban avait constitué** ce que l'on a parfois appelé la **frontière de fer.** Son système de défense consistait en un réduit central composé des trois places de Condé, Tournay, Mons, que protégeaient des enceintes bastionnées et des inondations puissantes. Puis, le long de la côte, sur les rivières et entre elles, étaient accumulées les places fortes [1].

De nos jours, la fortification de la frontière du nord, transformée comme celle de la frontière du nord-est et de l'est, à cause des progrès de l'artillerie moderne, a été singulièrement simplifiée.

Sur la côte, **Dunkerque** forme avec **Bergues** un vaste camp retranché. **Lille,** sur la Deule, entouré de forts détachés, est un des principaux obstacles que rencontrerait une armée d'invasion. Les **forts de Maulde** et de **Flines** défendent le confluent de la Scarpe et de l'Escaut. Valenciennes, dont l'enceinte bastionnée a été déclassée, est relié par le **fort de Curgies** et par **Le Quesnoy** avec **Maubeuge,** camp retranché de la vallée de la Sambre : cette ligne militaire fort importante est protégée en avant par la forêt de Mormal, qui présenterait un obstacle sérieux à une invasion tentée dans cette partie de la frontière.

Calais et **Boulogne** sont protégés par des forts et des batteries; mais dans l'intérieur, à part **Péronne,** qui a été conservée pour permettre à une armée de franchir la Somme, toutes les autres anciennes places de Vauban ont été déclassées.

---

1. Les principales places fortes étaient, sur la côte : Dunkerque, Gravelines, Calais; sur l'Aa : Saint-Omer; sur la Lys : Aire, Saint-Venant; entre la Lys et la Deule : Béthune; sur la Deule : Lille; sur la Scarpe : Arras, Douai; sur l'Escaut : Cambrai, Bouchain, Valenciennes, Condé; enfin, sur la Ronelle : Le Quesnoy.

LIVRE II

STATISTIQUE

CHAPITRE PREMIER

Gouvernement et administration de la France.

La Constitution de 1875. — La France est une république régie par la Constitution de 1875. Le pouvoir exécutif appartient à un président irresponsable, assisté de ministres choisis par lui et responsables de leurs actes devant les Chambres. Le président, élu pour sept ans par les deux assemblées, nomme tous les fonctionnaires et possède le droit de grâce.

Le pouvoir législatif est partagé entre la Chambre des députés et le Sénat. Les membres de la Chambre des députés sont élus pour quatre ans au suffrage universel et au scrutin d'arrondissement.

Le Sénat se compose de membres inamovibles dont, par suite d'une modification introduite dans la Constitution, le nombre diminue chaque jour, et de membres nommés dans chaque département par un corps électoral spécial, composé des députés, des conseillers généraux, des conseillers d'arrondissement et des délégués des conseils municipaux. Le Sénat est renouvelable tous les trois ans par tiers; il forme, avec la Chambre des députés, le Congrès qui se réunit à Versailles et élit le président de la République.

Un Conseil d'Etat prépare les projets de loi et juge en appel les questions administratives.

Administration de l'intérieur. — Le ministre de l'intérieur est chargé de tous les rapports administratifs avec les départements, ainsi que de l'administration des prisons et des hospices.

La France est divisée, depuis 1790, en départements,

subdivisés en arrondissements, cantons et communes [1]. Chaque département est administré par un préfet assisté du conseil de préfecture, sorte de tribunal administratif, et du conseil général, composé de membres élus à raison d'un par

canton. A la tête de l'arrondissement est le sous-préfet, assisté du conseil d'arrondissement. Dans chaque commune est un maire assisté du conseil municipal ; les deux villes de Paris et de Lyon sont partagées en plusieurs arrondissements : seule, la ville de Paris n'a pas de maire. La commune constitue, au point de vue politique, l'unité organique de la nation.

---

(1) On compte en France 86 départements, plus le territoire de Belfort, 362 arrondissements, 2 908 cantons et 36 192 communes (Recensement de 1901).

Administration de la justice. — La justice civile est rendue, dans chaque canton, par un juge de paix ; dans chaque arrondissement, par un tribunal de première instance ; au-dessus sont vingt-sept cours d'appel [1], qui ont été généralement placées dans les anciens sièges de parlements, puis la Cour de cassation, cour suprême, résidant à Paris, et qui peut casser, uniquement pour vice de forme, les arrêts des tribunaux inférieurs.

Une cour d'assises par département, non permanente, juge, avec l'assistance du jury, les causes criminelles.

La magistrature se divise en magistrature debout (procureurs généraux, procureurs de la République, avocats généraux et substituts), qui est révocable, et magistrature assise (juges, conseillers, présidents), qui est inamovible.

La justice administrative est rendue par le conseil de préfecture avec appel au Conseil d'Etat.

Les affaires commerciales sont jugées par des tribunaux de commerce composés de juges élus, et par les tribunaux de prud'hommes qui règlent les différends entre patrons et ouvriers.

Administration financière. — A la tête de toute cette administration sont le ministre des finances et la Cour des comptes. Il existe dans chaque département un directeur des contributions directes, un directeur des contributions indirectes et un directeur de l'enregistrement, assistés d'inspecteurs.

Pour la levée des contributions directes (impôts foncier, personnel, des portes et fenêtres, patentes), il y a un percepteur par canton, un receveur par arrondissement, et, par département, un trésorier-payeur général qui en verse le produit dans la caisse du Trésor.

Les contributions indirectes comprennent les impôts de consommation (droits sur les boissons, le sucre, le tabac, les poudres, etc.), les droits d'enregistrement et de timbre, les droits de douane [2] ; c'est la principale source d'alimentation du Trésor.

---

1. Les sièges des vingt-sept cours d'appel sont : Agen, Aix, Alger, Amiens, Angers, Bastia, Besançon, Bordeaux, Bourges, Caen, Chambéry, Dijon, Douai, Grenoble, Limoges, Lyon, Montpellier, Nancy, Nîmes, Orléans, Paris, Pau, Poitiers, Rennes, Riom, Rouen, Toulouse.

2. Pour les douanes, il y a vingt-six directeurs dans les départements frontières, assistés d'inspecteurs, de receveurs et d'un nombreux personnel de douaniers.

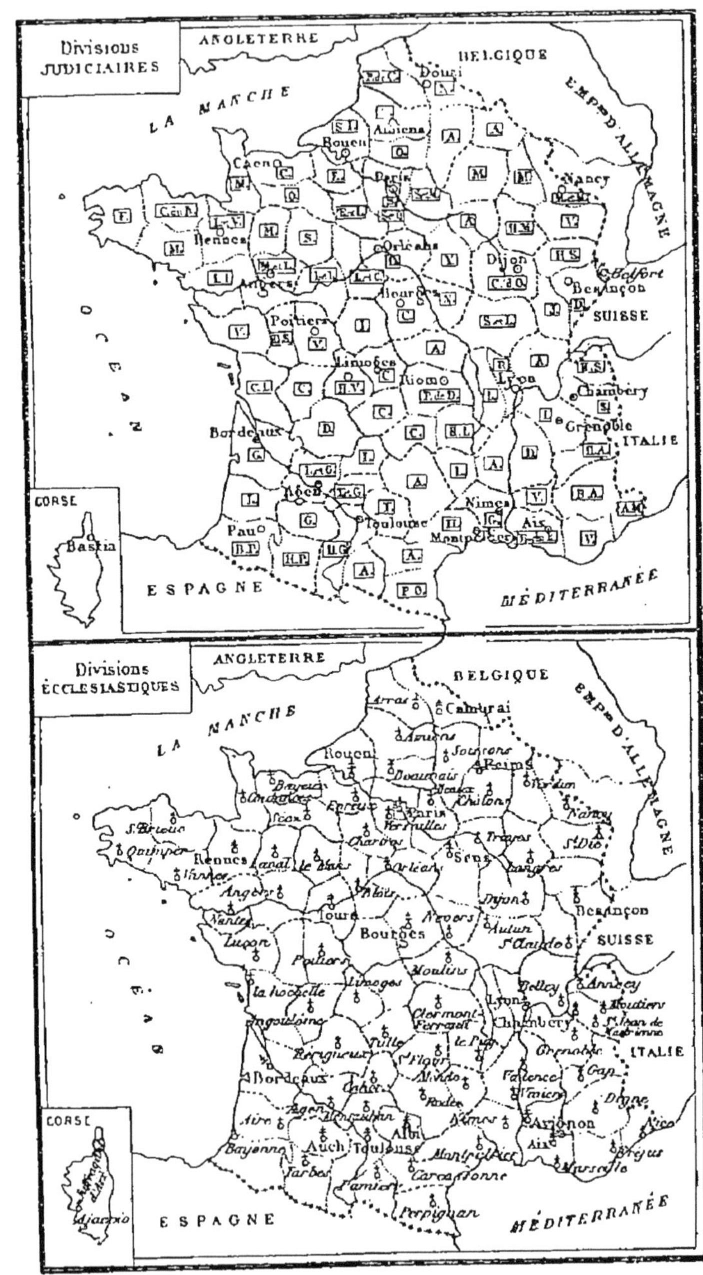
Divisions
JUDICIAIRES
ANGLETERRE
BELGIQUE
LA MANCHE
EMPIRE D'ALLEMAGNE
Douai
Amiens
Rouen
Caen
Paris
Nancy
Rennes
Orléans
Dijon
Belfort
Besançon
Angers
Bourges
SUISSE
OCÉAN
Poitiers
Limoges
Riom
Lyon
Chambéry
Grenoble
Bordeaux
ITALIE
CORSE
Bastia
Agen
Nîmes
Toulouse
Aix
Montpellier
Pau
ESPAGNE
MÉDITERRANÉE
Divisions
ECCLÉSIASTIQUES
ANGLETERRE
BELGIQUE
LA MANCHE
EMPIRE D'ALLEMAGNE
Arras
Cambrai
Amiens
Soissons
Rouen
Reims
Beauvais
Verdun
Bayeux
Évreux
Châlons
Sées
Paris
Versailles
Nancy
S. Brieuc
Chartres
Troyes
S. Dié
Quimper
Rennes
Laval
Le Mans
Orléans
Sens
Vannes
Langres
Angers
Blois
Dijon
Besançon
Nantes
Tours
Nevers
Autun
Luçon
Bourges
S. Claude
SUISSE
OCÉAN
Poitiers
Moulins
Belley
Annecy
La Rochelle
Limoges
Lyon
Moutiers
Angoulême
Clermont-Ferrand
Chambéry
S. Jean de Maurienne
Tulle
Le Puy
Périgueux
S. Flour
Grenoble
ITALIE
Gap
Bordeaux
Viviers
Valence
Cahors
Rodez
Digne
Agen
Montauban
Aire
Albi
Nîmes
Avignon
Nice
CORSE
Ajaccio
Bayonne
Auch
Toulouse
Montpellier
Aix
Fréjus
Tarbes
Carcassonne
Marseille
Pamiers
Perpignan
ESPAGNE
MÉDITERRANÉE

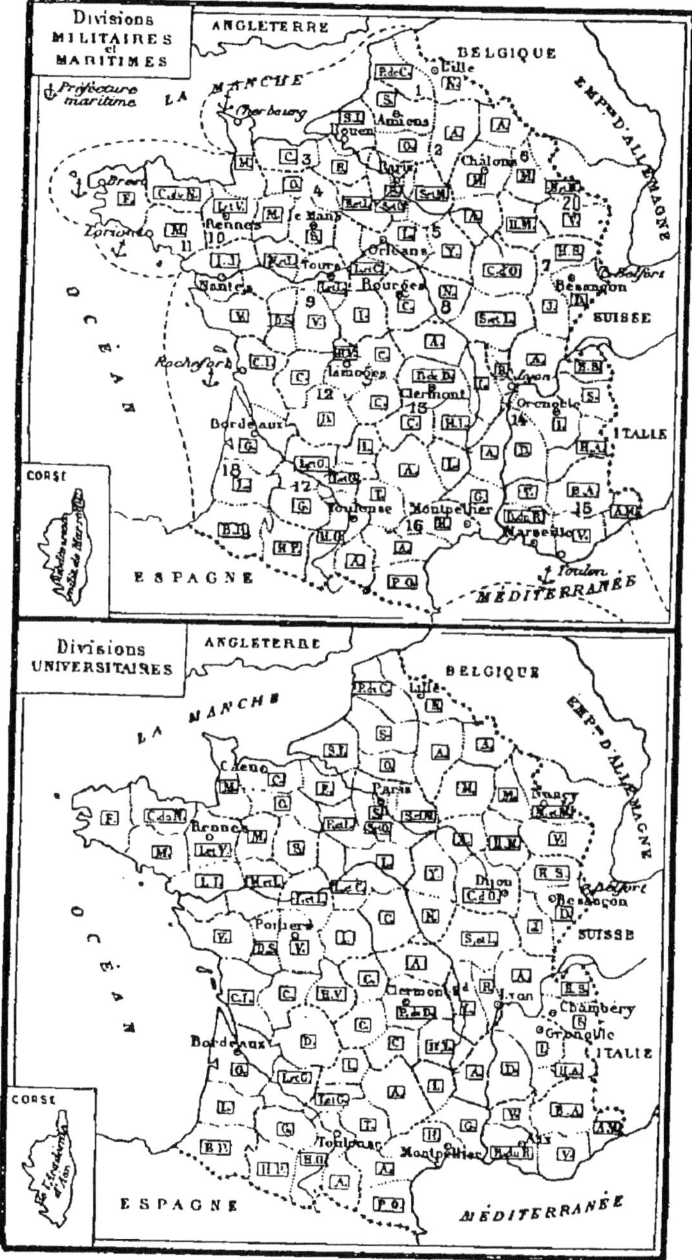
Divisions
MILITAIRES
et
MARITIMES
Préfecture maritime
ANGLETERRE
BELGIQUE
EMP^re D'ALLEMAGNE
LA MANCHE
Cherbourg
Lille
Amiens
Rouen
Paris
Châlons
Brest
Rennes
Le Mans
Orléans
Lorient
Tours
Nantes
Bourges
Besançon
Belfort
SUISSE
OCÉAN
Rochefort
Limoges
Clermont
Lyon
Grenoble
ITALIE
Bordeaux
Toulouse
Montpellier
Marseille
Toulon
ESPAGNE
MÉDITERRANÉE
CORSE
Divisions
UNIVERSITAIRES
ANGLETERRE
BELGIQUE
EMP^re D'ALLEMAGNE
LA MANCHE
Lille
Caen
Paris
Nancy
Rennes
Dijon
Belfort
Besançon
Poitiers
SUISSE
OCÉAN
Clermont
Lyon
Chambery
Grenoble
ITALIE
Bordeaux
Toulouse
Montpellier
Aix
ESPAGNE
MÉDITERRANÉE
CORSE

Le budget de la commune est préparé par le maire et discuté par le conseil municipal; celui du département, préparé par le préfet, est discuté par le conseil général. Le budget de l'Etat, préparé par les ministres, est discuté par la commission du budget, composée de députés, et par les deux Chambres. Il dépasse annuellement 3 milliards et demi.

La dette de la France, considérablement accrue depuis 1871 par le paiement de l'indemnité de guerre, par les dépenses nécessaires à la réfection de notre matériel et à l'organisation de la défense nationale, par l'impulsion rapide donnée aux travaux publics et à l'instruction publique, est une des plus fortes du monde entier. Elle est évaluée à environ 30 milliards.

Armée. — La loi militaire de 1872, qui proclama pour la première fois l'obligation du service militaire, fixé à cinq ans pour l'armée active, a été remplacée par la loi plus rigoureuse encore du 15 juillet 1889 qui oblige tout Français à servir de vingt à vingt-cinq ans. Enfin la loi du 21 mars 1905 a réparti ainsi les vingt-cinq années de service : deux ans dans l'armée active, onze ans dans la réserve, six ans dans l'armée territoriale et six ans dans la réserve de l'armée territoriale. Toutes les dispenses ont été supprimées.

L'armée, dont les chefs sont le ministre de la guerre, le chef d'état-major général et les inspecteurs d'armée, est répartie en vingt corps, y compris l'Algérie[1]. Paris et Lyon, qui ne sont pas des chefs-lieux de corps d'armée, possèdent chacun un gouverneur militaire.

L'effectif de l'armée, qui est d'environ cinq cent quatre-vingt mille hommes en temps de paix, peut être porté à plus de trois millions et demi en temps de guerre.

Du ministère de la guerre dépendent les grandes écoles militaires de Saint-Cyr, Polytechnique, d'application de l'artillerie (Fontainebleau), de cavalerie (Saumur), d'infanterie (Saint-Maixent) et l'école supérieure de guerre.

Marine. — L'administration de la marine est chargée des travaux sur les côtes, et d'assurer, avec le concours de la flotte, la défense des ports.

---

1. Les chefs-lieux des vingt corps d'armée sont : Lille, Amiens, Rouen, Le Mans, Orléans, Châlons, Besançon, Bourges, Tours, Rennes, Nantes, Limoges, Clermont, Grenoble, Marseille, Montpellier, Toulouse, Bordeaux, Alger, Nancy.

Le matériel (cuirassés, croiseurs, avisos, transports, canonnières et torpilleurs, dont les modèles se modifient sans cesse) comprend environ 402 navires dont 52 cuirassés, 240 torpilleurs et plusieurs sous-marins.

Les équipages recrutés par le tirage au sort et par l'inscription maritime, comprennent 45000 hommes en temps de paix, et peuvent, en temps de guerre, atteindre un chiffre qui varie entre 150000 et 180000 marins. L'école navale de Brest assure le recrutement des officiers.

La France est divisée en cinq préfectures maritimes, correspondant aux cinq ports militaires[1].

Instruction publique. — L'instruction publique, dirigée par le ministre assisté du conseil supérieur et par les inspecteurs généraux, comprend trois degrés d'enseignement :

1° L'enseignement primaire, devenu, par une loi, obligatoire et gratuit, et largement étendu depuis quinze ans, est donné dans les salles d'asile, dans les écoles primaires et écoles primaires supérieures, que dirigent des instituteurs et des institutrices formés dans les écoles normales primaires.

2° L'enseignement secondaire (classique ou moderne) est donné dans les lycées et collèges, dans les établissements libres; la loi de 1880 a organisé des lycées et collèges de jeunes filles.

3° L'enseignement supérieur est donné dans les facultés et dans les écoles préparatoires à l'enseignement supérieur; l'enseignement commercial, dans certains établissements spéciaux, dont les principaux sont, à Paris, l'école supérieure de commerce, l'école des hautes études commerciales et l'Institut commercial.

Les trois ordres d'enseignement composent l'Université, divisée en seize académies[2] gouvernées chacune par un recteur assisté du conseil académique et, en général, d'un inspecteur d'académie par département et d'inspecteurs primaires dans chaque arrondissement.

---

1. Ce sont : Cherbourg, Brest, Lorient, Rochefort et Toulon.
2. Les chefs-lieux d'académie sont : Aix, Besançon, Bordeaux, Caen, Chambéry, Clermont, Dijon, Douai, Grenoble, Lyon, Montpellier, Nancy, Paris, Poitiers, Rennes, Toulouse.
Alger est le chef-lieu d'une dix-septième académie.

De grandes écoles, telles que l'Ecole normale supérieure, les écoles françaises de Rome et d'Athènes, l'Ecole des chartes, l'école normale supérieure de jeunes filles à Sèvres ; de grands établissements, tels que l'Institut divisé en cinq classes, le Collège de France, l'Observatoire, le Muséum, dépendent aussi de l'administration de l'instruction publique, à laquelle se rattachent les Beaux-Arts, régis par un directeur.

Cultes. — La France compte plus de 37 millions et demi de catholiques, 600 000 protestants et des israélites. Les cultes catholique, protestant et israélite sont reconnus et salariés par l'Etat.

Pour le culte protestant, la France est divisée en paroisses administrées par un pasteur, avec un conseil presbytéral.

Le culte israélite, que surveille souverainement le grand rabbin de France, est exercé dans les synagogues.

Pour le culte catholique, la France est divisée en paroisses administrées par des curés assistés de vicaires ; au-dessus sont dix-sept archevêchés[1] et soixante-sept évêchés.

Il y a, en général, un évêché ou archevêché par département. Par exception, le département de la Savoie compte, à lui seul, un archevêché (Chambéry) et deux évêchés (Moutiers et Saint-Jean-de-Maurienne). Le département des Bouches-du-Rhône comprend un archevêché (Aix) et un évêché (Marseille), celui de la Marne possède un archevêché (Reims) et un évêché (Châlons). Mais, par contre, il n'y a ni archevêque, ni évêque dans les départements de la Loire, de l'Indre, de la Creuse, de la Haute-Saône et des Ardennes.

Les évêques et archevêques sont nommés par le président de la République, après entente avec le pape ; les archevêques ou évêques nomment les curés et les vicaires.

Les rapports de la France avec le pape sont réglés par le Concordat de 1801.

Autres administrations. — Le ministre des affaires étrangères, qui est chargé des relations diplomatiques avec les puissances étrangères, nomme tous les fonctionnaires, ambassadeurs, chargés d'affaires et consuls.

Du ministre de l'agriculture dépendent les écoles agricoles (école de Grignon, Institut agronomique).

---

1. Les 17 archevêchés sont : Aix, Albi, Auch, Avignon, Besançon, Bordeaux, Bourges, Cambrai, Chambéry, Lyon, Paris, Reims, Rennes, Rouen, Sens, Toulouse, Tours. — Alger est également le siège d'un archevêché.

Au ministère du commerce se rattachent les écoles commerciales et l'administration des postes et télégraphes. Les colonies, qui ont été longtemps rattachées au même ministère, forment, depuis mars 1894, un ministère spécial.

Le ministre des travaux publics a auprès de lui un conseil général des ponts et chaussées et un conseil général des mines. La France est partagée en seize inspections des ponts et chaussées et en dix-huit inspections des mines.

CHAPITRE II

Population et formation territoriale de la France.

I. — Les races qui ont peuplé la France

La nationalité française. — La nationalité française, bien que formée d'éléments très divers, présente aujourd'hui, par suite du mélange très complet des races qui se sont succédé sur le sol français, une très grande unité.

Il n'y a pas eu de race française proprement dite, mais, à l'époque la plus ancienne à laquelle on puisse remonter dans l'histoire de la Gaule, il a existé au moins deux races très distinctes : l'une blonde, aux yeux bleus, à la taille élevée; l'autre brune, aux yeux noirs et à la taille plus petite.

Populations préhistoriques. — Les savants travaux de Boucher de Perthes, Lartet et Broca, les débris retrouvés dans les grottes de Moustiers, des Eyzies, de La Madeleine, de Laugerie, ont permis de constater l'existence de populations préhistoriques ayant une civilisation de plus en plus développée. A ces populations se rapportent les monuments mégalithiques, improprement appelés druidiques, dont il reste encore sur le sol français de nombreux vestiges : tels sont les dolmens, pierres énormes ayant à peu près la forme d'une table, les menhirs ou pierres isolées, qui prennent le nom de cromlechs quand elles sont alignées ou disposées en cercle : les plus célèbres alignements étaient ceux de Carnac, singulièrement réduits aujourd'hui.

Populations historiques : Ibères; Ligures. — Les deux plus anciennes populations dont il est possible de contrôler l'existence sur le sol de l'ancienne Gaule sont les Ibères et les Ligures.

Les **Ibères**, race brune et de petite taille, habitaient les deux versants des Pyrénées et s'étendaient jusqu'à la Garonne; plusieurs villes de la région de l'Adour, de la Garonne ou du Roussillon ont conservé des noms ibères. Les Basques, qui, habitant surtout dans les arrondissements de Bayonne et de Mauléon, se nomment eux-mêmes Escualdunacs, et parlent l'euskara, langue qui n'a aucune parenté avec les langues parlées de nos jours en Europe, sont regardés comme les descendants des Ibères.

Les **Ligures**, au teint brun et à la taille moyenne, occupèrent les côtes de la Méditerranée et une partie de la région des Alpes; leur nom s'est conservé dans la province italienne qui s'appelle la Ligurie.

Celtes ou Gaulois. — Les Romains confondaient sous le nom général de **Celtes** ou **Gaulois** tous les habitants de la Gaule, qui, malgré les incertitudes régnant encore sur ces questions, semblent avoir appartenu à deux races très distinctes, l'une présentant le type blond, et l'autre le type brun.

Ces Gaulois, venus très probablement de l'Orient, adorant, comme les populations aryennes, les forces de la nature, étaient célèbres par leur bravoure, leur caractère aventureux, leur amour de la parole; ils étaient divisés en tribus, soumises à des gouvernements très divers.

Les colons : Phéniciens; Grecs; Romains. — De nombreux colons vinrent, à une époque très ancienne, s'établir sur les côtes méridionales de la Gaule. Les **Phéniciens** fondèrent Port-Vendres et Monaco; les **Grecs**, Nice, Antibes, Marseille (600 ans av. J.-C.) et Agde; on croit retrouver le type grec chez les Arlésiennes.

Les **Romains**, après avoir fondé, le long des côtes, entre la Ligurie et l'Espagne, la province romaine dont Aix, Arles et Narbonne étaient les cités principales, conquirent la Gaule avec Jules César (1er siècle av. J.-C.), imposèrent aux Gaulois vaincus leur langue, leur religion, leurs institutions et leurs mœurs, et fondèrent d'importantes cités qui subsistent encore (Lyon, Nîmes, Arles, Orange, Vienne, Saintes, etc.). Aussi l'empreinte de la civilisation romaine a-t-elle survécu à toutes les guerres civiles et à toutes les invasions.

Invasions germaniques : Francs; Burgondes; Visigoths. — Pendant les grandes invasions barbares, la Gaule fut envahie et occupée par des populations germaniques qui, bien que conquérantes, subirent l'ascendant de la civilisation romaine supérieure à la leur. Les **Visigoths** se fixèrent entre la Loire et les Pyrénées, les **Burgondes** dans la vallée de la Saône et du Rhône; mais tous ces peuples durent céder devant les **Francs** qui, peu à peu, s'emparèrent de la Gaule entière, et dont les rois furent pendant des siècles les continuateurs des empereurs romains.

Arabes; Northmans; éléments divers. — Poussés par le fanatisme religieux à la conquête du monde, après la mort de Mahomet, les **Arabes** arrivèrent par l'Afrique et l'Espagne. Par sa grande victoire de Poitiers (732), Charles Martel empêcha la France et l'Europe de devenir musulmanes; mais ces nouveaux envahisseurs se maintinrent longtemps vers les Pyrénées et dans la Septimanie.

A partir du neuvième siècle arrivent les pirates scandinaves ou **Northmans**, qui remontent les fleuves en pillant et prennent Paris; un de leurs chefs, Rollon, fonde le duché de Normandie (911, traité de Saint-Clair-sur-Epte).

Enfin les Anglais pénètrent dans l'intérieur de la France pendant la guerre de Cent ans; les Espagnols occupent longtemps le Roussillon, la Flandre, l'Artois, la Franche-Comté : de nos jours, d'assez nombreux étrangers viennent se fixer et travailler en France.

C'est du mélange de ces éléments nombreux et très dissemblables que, par un lent travail d'assimilation, dû aux rois de France, s'est constituée la nation française.

II. — Formation de l'unité française

L'ancienne Gaule. — Le travail d'unification des diverses contrées de la France, et de fusion entre les diverses races qui les ont occupées, a été l'œuvre de la monarchie française et constitue l'histoire même de notre pays.

La Gaule, dotée par les Romains de ses frontières naturelles du Rhin, du Jura, des Alpes, des Pyrénées et de la mer, leur dut sa première unité. Après le morcellement produit par les invasions germaniques, Clovis réunit à son tour presque toute la Gaule sous son autorité; mais les partages accomplis par ses fils et petits-fils détruisirent son œuvre.

Charlemagne, en plaçant sous sa suprématie les peuples germaniques pour arrêter les invasions menaçantes des Slaves, reconstitue l'unité de la Gaule franque qui disparaît après lui.

Au milieu des Etats multiples qui se divisent le sol français à l'époque féodale, apparaissent déjà les noms de quelques grandes provinces qui survivront aux vicissitudes politiques de la féodalité. Tels sont : le Languedoc, la Guyenne, la Bretagne, la Normandie, l'Ile-de-France, la Champagne, la Picardie, la Flandre.

La France sous les Capétiens. — Quand Hugues Capet, duc de France, fut devenu roi (987), autour de l'Ile-de-France et de l'Orléanais, son domaine particulier, commença le lent et pénible rattachement des autres provinces françaises. Philippe Ier acquiert la vicomté de Bourges (1100), Philippe-Auguste l'Artois, puis la Normandie, le Maine, la Touraine et une partie du Poitou (1203-1204), dont la possession fut garantie à saint Louis par le traité d'Abbeville (1259). Sous la régence de Blanche de Castille, le traité de Meaux (1229) avait donné à la France le bas Languedoc (Beaucaire, Carcassonne); Philippe le Hardi complète cette acquisition en héritant du comté de Toulouse (1270). Lyon est réuni à la France sous Philippe le Bel (1312).

La France sous les Valois. — Bien que Philippe VI eût acheté Montpellier et le Dauphiné, l'œuvre d'unification territoriale est compromise par la guerre de Cent ans, jusqu'au moment où Charles VII reconquiert peu à peu son royaume et chasse définitivement les Anglais de France, en leur enlevant la Normandie (1450) et la Guyenne (1453).

Louis XI, en combattant la féodalité apanagée, accroît puissamment le domaine royal, de la Bourgogne, de l'Anjou, du Maine, de la Provence : l'acquisition de la Franche-Comté et du Roussillon qu'il accomplit n'est pas encore définitive.

Après Louis XII, qui, par mariage, obtient la Bretagne

(1499), François Ier, maître du duché d'Angoulême, confisque sur le connétable de Bourbon (1522) le Bourbonnais, l'Auvergne, la Marche.

Sous Henri II, la Lorraine est entamée par la prise des Trois-Evêchés (1559) et Calais repris aux Anglais (1558). Vers la fin de la dynastie des Valois, la France forme déjà un vaste Etat, et les grandes réformes administratives de plusieurs rois ont contribué à rapprocher ses différentes provinces.

La France sous les Bourbons. — Grandement accrue par le domaine royal de Henri IV (1589 : comté de Foix, Béarn, partie de la Gascogne), la France doit encore à ce roi la Bresse, le Bugey, le Valromey, le pays de Gex, que cède au traité de Lyon (1601) le duc de Savoie.

Richelieu, pendant la guerre de Trente ans, assure la conquête de la plus grande partie de l'Alsace, que donneront les traités de Westphalie (1648), de l'Artois, du Roussillon et de la Cerdagne, que l'Espagne abandonnera au traité des Pyrénées (1659).

A ces territoires, Louis XIV joint Dunkerque (1662) achetée à l'Angleterre, la Flandre (1668), la Franche-Comté (1678), conquises sur l'Espagne, et Strasbourg (1681).

Sous Louis XV, la Lorraine (1766) et la Corse (1768) sont réunies à la France pendant le ministère de Choiseul.

La France de 1789 à nos jours. — Divisée, en 1790, en quatre-vingt-trois départements, bientôt accrue du comtat Venaissin confisqué sur le pape (1791), la France atteint, dès le début des guerres de la République, ses frontières naturelles du Rhin et des Alpes (1792), puis les dépasse sous le premier Empire, étendant jusqu'à la Trave, au Saint-Gothard et jusqu'à l'extrémité de l'Italie, son territoire qui comprend alors cent trente départements (1810). Réduite, par les traités de 1815, à ses anciennes limites de 1790, elle ne compte plus que quatre-vingt-six départements, portés à quatre-vingt-neuf par l'acquisition de la Savoie et du comté de Nice (1860), et réduits de nouveau à quatre-vingt-six par la perte de l'Alsace, sauf le territoire de Belfort, et d'une partie de la Lorraine dite allemande (traité de Francfort, 1871).

III. — Population de la France. — Ses variations. — Son état actuel.

Le recensement de 1901. — La population de la France, qui n'était guère que de 5 millions d'habitants au dixième siècle, de près de 12 millions vers 1610, et de 27 millions en 1789, a suivi depuis le commencement du siècle une progression bien lente, surtout en comparaison de certaines contrées d'Europe telles que l'Allemagne, l'Angleterre et l'Autriche.

Le dernier recensement qui, accompli en 1901, a donné le chiffre de 38 962 000 habitants, place la France au quatrième rang en Europe après la Russie, l'Allemagne et l'Autriche-Hongrie.

Par la densité de cette population (environ 72,5 habitants par kilomètre carré), la France est inférieure à la Belgique, l'Allemagne, l'Angleterre et l'Italie.

Parmi les départements les plus peuplés on remarque la Seine (3 670 000 habitants), le Nord (1 867 000 habitants), puis le Pas-de-Calais, la Seine-Inférieure, le Rhône et la Gironde.

Les départements les moins peuplés sont : les Hautes-Alpes (110 000 habitants), les Basses-Alpes (115 000 habitants), puis la Lozère, le Tarn-et-Garonne, les Pyrénées-Orientales.

Paris (2 661 000 habitants), Marseille (491 000 habitants), Lyon (459 000 habitants), Bordeaux (257 000 habitants), Lille (211 000 habitants) et Toulouse (150 000 habitants) sont les villes les plus peuplées de France.

Les recensements de 1896 et de 1901, s'ils n'ont accusé qu'un très faible accroissement de la population depuis celui de 1886 (37 880 000 habitants), ont clairement démontré la diminution constante de la population rurale en face de l'augmentation régulière de la population urbaine : la campagne tend à se dépeupler au profit des villes.

Causes d'accroissement de la population française : naissances ; immigration. — Deux causes contribuent à l'accroissement d'ailleurs fort lent de la population de la France :

1° Les **naissances**, dont le chiffre, très élevé en Hongrie (43 p. 1000), en Autriche, en Italie, en Prusse, etc., est très faible en France. La France est à l'heure actuelle de tous les pays d'Europe celui qui possède la natalité la plus faible (22,7 p. 1 000). Cette infériorité est attribuée en général à la différence des conditions économiques de la vie en France et dans les autres pays de l'Europe, et au développement encore insuffisant de notre industrie.

L'immigration. — Des pays voisins des étrangers viennent travailler et se fixer en France. Le recensement de 1886 accusait 1 126 000 étrangers, celui de 1896, 1 027 000, et celui de 1901, 1 037 000. Cette variation provient de la loi de 1889, qui, en conférant la nationalité française à tous les individus nés en France et qui y sont domiciliés à leur majorité, a augmenté les naturalisations dans des proportions considérables, et à la loi de 1893 qui a astreint certaines catégories d'étrangers à des déclarations de résidence.

Causes de la diminution de la population française : décès; émigration. — Le chiffre de la mortalité en France (22 p. 1 000) est inférieur à celui de la mortalité en Hongrie (36 p. 1 000), en Autriche, en Italie et en Prusse. La France est le pays d'Europe où, grâce à l'amélioration des conditions matérielles de la vie, il meurt le moins d'adultes.

Tandis que l'émigration enlève annuellement à l'Angleterre (340 000), à l'Italie (218 000) et à l'Allemagne (97 000) un assez grand nombre d'habitants, le Français émigre peu (23 000) et se porte le plus souvent vers le Brésil et la République Argentine.

Population de Paris et du département de la Seine. — Il convient enfin de remarquer que dans Paris la population du centre de la capitale a peu varié, tandis que celle des quartiers annexés en 1861 subit un accroissement constant.

Dans la banlieue, grâce au développement des moyens de communication, une poussée formidable s'est produite à l'ouest et au nord-ouest (Neuilly, Boulogne, Levallois, Asnières, Colombes, Saint-Ouen). Une augmentation également sensible, quoique moins considérable, a eu lieu dans la direction du sud-est, vers la vallée de la Marne.

LIVRE III

GÉOGRAPHIE ÉCONOMIQUE[1]

CHAPITRE PREMIER

Climats de la France.

I. — CAUSES QUI MODIFIENT LES CLIMATS DE LA FRANCE

Loin d'avoir un climat à peu près uniforme comme les pays qui ne sont composés que de vastes plaines, **la France**, par sa situation dans la zone tempérée, par sa position entre deux mers, par les aspects différents de son sol où les plaines alternent avec les montagnes, **possède un climat tempéré, dans lequel domine l'influence de l'Océan,** et qui présente une grande variété avec des transitions assez douces.

Plusieurs causes contribuent à produire cette variété de climats dans les diverses parties de la France.

Influence de l'Océan. — La France touche à la mer de trois côtés, tandis que dans sa partie centrale et sur ses frontières s'élèvent des massifs montagneux.

Le courant tiède du Gulf-Stream, les pluies abondantes que produisent les vents d'ouest venus de l'Océan, donnent à la région occidentale de la France, surtout à la Bretagne et à la Normandie, une température plus douce et plus constante que celle des autres régions.

---

1. Nous tenons à signaler, en abordant la géographie économique, l'excellent ouvrage de M. Marcel Dubois (*Géographie de la France et de ses colonies*), qui a puissamment contribué à développer chez nous ce genre d'études, et auquel nous emprunterons une grande partie des renseignements contenus dans ces chapitres.

L'altitude. — Par suite de l'altitude du sol, les variations de température sont nombreuses dans les différentes parties de la France : les hautes montagnes des Alpes, la région du massif central, des Pyrénées, des Vosges, du Jura ont une température plus basse que les plaines françaises.

La latitude. — Le climat d'un pays est, en général, dans une dépendance étroite de la latitude, c'est-à-dire de la position de ce pays par rapport à l'équateur et aux pôles ; mais des causes multiples viennent neutraliser son influence. Il ne faudrait point, par exemple, conclure que tous les points placés sur le même degré de latitude doivent avoir une température identique. Naples, Madrid, New-York, Pékin, situés à peu près à la même latitude, ont, en effet, un climat essentiellement différent : il est donc évident que les différences de température seront encore plus grandes pour les villes situées dans la partie septentrionale ou méridionale de la France.

Les vents. — **Notre pays est surtout exposé aux vents chauds du sud-ouest, de l'ouest ou du nord-ouest**; soufflant de l'Atlantique, ils poussent sur nos côtes les bourrasques et tempêtes qui, après avoir éprouvé l'Amérique du Nord, nous arrivent avec une intensité heureusement fort affaiblie.

Le **vent d'est**, qui atteint la France après avoir traversé le continent européen et augmente dans nos contrées la chaleur et le froid ; le **mistral**, vent froid descendu des Cévennes, qui exerce sa violence sur les côtes occidentales de la Méditerranée jusque vers Toulon ; le **siroco**, vent chaud et sec qui, venu du Sahara, pénètre dans le long couloir que forme la vallée du Rhône, et le **fœhn**, dont la chaleur fait fondre les neiges des hautes montagnes, sont ensuite les vents les plus importants et les plus connus qui soufflent en France.

Les pluies. — **La moyenne générale des pluies** qui tombent annuellement sur le sol français **est d'environ $0^{m},80^{c}$**; mais leur abondance et leur répartition varient dans les différentes régions, d'après leur voisinage de l'Océan ou l'importance de leur relief.

La région des montagnes françaises est très abondamment arrosée : il tombe jusqu'à 2 mètres de pluie par an dans les Cévennes, $1^{m},50$ environ dans les Alpes, les Pyrénées, le Morvan, $1^{m},20$ dans les Vosges.

Dans les plaines occidentales de la France, qui sont beaucoup moins humides, la moyenne annuelle des pluies varie entre $0^m,50$ et $0^m,75$. Elle atteint par exception 1 mètre en Bretagne et dans quelques parties de la Normandie; mais elle n'est plus que de $0^m,51$ à Paris, et n'atteint même pas $0^m,50$ dans les plaines de la Sologne et de la Champagne.

Tandis que la France du nord-est et du centre est soumise aux pluies d'automne, la région méditerranéenne est caractérisée par des pluies d'hiver, la Bretagne et la côte française de l'Océan sont à peu près également arrosées en toute saison.

II. — Les divers climats de la France

La France peut être, **au point de vue des climats,** divisée en **deux grandes régions :** la zone du climat maritime et la zone du climat continental, entre lesquelles le climat rhodanien forme la transition.

1° Zone du climat maritime

Climat armoricain. — Le **climat armoricain** domine dans les plaines de la Touraine et de l'Anjou, dans la Bretagne, la Normandie et les régions côtières de la Picardie, l'Artois et la Flandre.

Ne subissant ni les fortes gelées, ni les grandes chaleurs, il est caractérisé, grâce à l'influence du Gulf-Stream, par une température douce et constante, et par des pluies abondantes : la chaleur n'y est pas assez forte pour permettre à la vigne de prospérer; mais, grâce à la douceur de la température, les camélias et certaines plantes des pays chauds poussent en pleine terre[1].

Climat girondin. — Le **climat girondin** s'étend dans toutes les plaines de la Charente, de la Garonne et de l'Adour. Plus chaud que le précédent, il est plus sec que lui, surtout à mesure que l'on s'avance vers le massif central. Des différences très sensibles dans la température, le régime des

---

1. Entre la plus basse moyenne d'hiver + 5°, et la plus haute moyenne d'été + 17°, il n'y a que 12° d'écart.

vents et des pluies existent entre la région maritime et la région intérieure : ainsi Toulouse a des hivers plus froids et des étés plus chauds que Bordeaux. Pau, grâce à un climat privilégié, a pu devenir une ville d'hiver[1].

Climat séquanien. — Correspondant à la plus grande partie du bassin géologique de Paris (plaine de la Seine jusqu'au confluent de l'Epte, et plaine moyenne de la Loire), **ce climat** s'étend aussi sur une partie de la Picardie, de l'Artois, de la Flandre, et est limité au sud-est par une ligne joignant Clamecy à Givet.

Dans cette région exposée aux vents du sud-ouest et de l'ouest, la moyenne de température est d'environ 11°, chiffre qui représente la moyenne générale de la France entière; les écarts de température sont très faibles et les pluies peu abondantes; toutefois le climat est déjà plus rigoureux dans les parties septentrionales, par exemple en Flandre ou en Artois, que dans les parties méridionales, c'est-à-dire dans l'Orléanais et le Berry. Les hivers les plus rigoureux constatés à Paris ont été ceux de 1709, 1778, 1871 et 1879-1880[2].

Climat méditerranéen. — Plus nettement délimité que les précédents, **ce climat** s'étend sur toutes les côtes de la Méditerranée et dans la vallée du Rhône, depuis le delta du fleuve jusqu'à La Voulte, près Valence. Avec sa moyenne de température annuelle de + 15°, c'est le climat le plus chaud de la France, qui permet aux oliviers, aux orangers et aux palmiers de prospérer. Les pluies y sont peu fréquentes, mais tombent brusquement et avec force; deux vents y prédominent : le mistral et le siroco. Il est toutefois nécessaire de distinguer deux régions : à l'ouest de Toulon, les étés sont chauds, les hivers tièdes; mais le mistral exerce ses ravages : il est beaucoup plus rare dans la région à l'est de Toulon, où de nombreuses villes (Hyères, Cannes, Nice, Menton, etc.) sont, grâce à une moyenne générale de température variant entre + 15° 1/2 et + 16° 1/2, devenues des villes d'hiver.

---

1. Température moyenne d'hiver dans le climat girondin, + 5°. Température moyenne d'été, + 21°; écart entre ces deux moyennes, 16°. Moyenne générale de température de l'année, à Bordeaux, + 13°, à Pau, + 16° 1/2.

2. Température moyenne d'hiver dans le climat séquanien, + 3° 1/2. Température moyenne d'été, + 18°; écart, 15°.

2° Zone du climat rhodanien

Entre les climats maritimes et les climats continentaux de la France, le **climat rhodanien**, mal nommé parce qu'il domine beaucoup plus dans la plaine de la Saône que dans celle du Rhône, forme la transition. Son influence s'exerce dans la région de la Saône et dans la vallée du Rhône, jusqu'à La Voulte, qui forment un étroit couloir exposé aux vents du sud et du nord.

De notables différences de température se rencontrent dans les diverses parties de cette région. Tandis que la plaine de la Saône jouit d'une température assez douce, les plateaux du Jura subissent pendant l'hiver des froids comparables à ceux de la Lorraine; Lyon a un climat continental tour à tour très froid, très chaud et, de plus, très brumeux.

Les vallées des Alpes possèdent, suivant leur altitude, une grande variété de climats. Enfin Valence a déjà presque le climat méditerranéen[1].

3° Zone du climat continental

Climat du massif central. — Correspondant assez exactement à la région du massif central de la France, ce climat est caractérisé par un assez grand écart entre les moyennes de températures d'hiver et d'été, par des pluies et des neiges abondantes, par des vents violents, par de brusques changements de température s'accomplissant souvent dans une même journée. Les plaines du Forez et de la Limagne, enclavées dans le massif central, ont une température sensiblement plus douce[2].

Climat lorrain ou vosgien. — Dans la région des

1. A Dijon, la moyenne de température, qui est de + 11°, rappelle déjà le climat séquanien. A Lyon, il y a un écart de 19° entre la température moyenne d'hiver (+ 2°) et celle d'été (+ 21°). Enfin, dans les Alpes, à Barcelonnette, la moyenne annuelle de température n'est que de + 5°. A Valence, elle est de + 13°.

2. Température moyenne d'hiver de la région du massif central, + 3°. Température moyenne d'été, + 18°; écart, 15°. Moyenne annuelle, + 9° 1/2, inférieure de près de 2° à la moyenne générale de la France.

Vosges et de la Moselle domine le **climat lorrain** ou **vosgien**, le plus rigoureux de la France, à cause de la latitude du pays, de l'altitude du sol et de l'éloignement de la mer, dont l'influence modératrice ne peut plus s'exercer.

Les saisons y sont nettement tranchées, les neiges et les gelées précoces ou tardives, les pluies abondantes, les brusques changements de température très fréquents : c'est le vrai climat continental de la France[1].

CHAPITRE II

Géographie économique de la France. — Agriculture.

I. — Caractères généraux de l'agriculture de la France

La France agricole. — La France, qui est un pays essentiellement agricole, possède, grâce à sa situation et à son climat, une agriculture assez riche et assez variée.

Sans avoir en partage des terrains aussi fertiles que les terres jaunes de la Chine et les terres noires de la Russie, elle est un des pays les mieux dotés de l'Europe par les qualités de son sol où les surfaces incultes sont rares et diminuent chaque jour grâce au travail persévérant de l'homme[2].

Régions agricoles de la France. — Les plaines occidentales, composées de terrains tertiaires et d'alluvions, constituent la partie la plus riche de la France ; dans les plateaux, les terres cultivables sont déjà plus rares ; enfin, dans les montagnes, si les parties basses sont susceptibles de cultures, les parties élevées sont couvertes de forêts, de

---

1. Température moyenne d'hiver à Nancy, + 2°. Température moyenne d'été, + 29° ; écart, 18°. Moyenne annuelle, + 9°.

2. Telles sont les plaines de la Sologne, de la Brenne, des Dombes, où d'importants travaux de desséchement et de culture sont depuis longtemps poursuivis.

pâturages que dominent les neiges et les glaces perpétuelles.

Trois grandes divisions agricoles peuvent être distinguées en France : au sud, la région méditerranéenne où, grâce aux fortes chaleurs et aux pluies peu abondantes, prospère surtout la vigne; à l'ouest, les plaines qui s'étendent de la Flandre jusqu'au pied des Pyrénées : c'est la région océanique où la chaleur est moins forte, les pluies plus abondantes, et dans certaines portions de laquelle apparaissent les brouillards : les céréales y dominent; enfin, dans la région orientale, si l'on excepte le pays très productif de la Bourgogne, la rigueur du climat continental ne permet guère, sur les plateaux, que la culture de l'orge et de l'avoine, et la vigne, cultivée en Lorraine, est souvent sujette à des gelées tardives qui compromettent sa prospérité.

Zones de cultures. — Quatre cultures principales peuvent être groupées en France dans des zones diverses.

1° **La zone de la vigne** est à peu près limitée au nord par une ligne allant de l'embouchure de la Loire aux Ardennes françaises : la limite jusqu'où prospère la vigne est donc plus septentrionale en France que dans n'importe quel autre pays de l'Europe.

2° **Zone du maïs.** — Sa limite, qui est beaucoup plus méridionale, coïncide à peu près à l'ouest, avec le 46° de latitude nord, au centre avec le 47°, à l'est avec le 49°.

3° **Zone du mûrier.** — Le mûrier ne réussit en France que dans la région méditerranéenne, et dans la vallée supérieure et moyenne de la Garonne.

4° **Zone de l'olivier.** — Elle correspond très exactement à la région soumise au climat méditerranéen; c'est à la Voulte, qu'en venant du nord de la France, on rencontre les premiers oliviers.

II. — PRODUCTIONS VÉGÉTALES

Forêts. — Les forêts, très nombreuses en Gaule, à l'époque romaine, ont beaucoup diminué d'étendue dans la France actuelle, par suite d'incendies fréquents et d'un déboisement immodéré; elles occupent environ la sixième partie du sol. Parmi les plus importantes, on peut citer les forêts des Vosges; celles de la Haute-Joux et de Chaux, dans le Jura; de la Grande-Chartreuse, de l'Estérel, des monts des Maures, dans les Alpes ; de Quillan, dans les Corbières ; de Mercoire et de la Montagne Noire, dans le massif central ; des Ardennes et de l'Argonne ; de Compiègne, Villers-Cotterêts et Fontainebleau, autour de Paris ; du Morvan ; et la grande forêt de Mormal, dans les collines de Belgique. Elles fournissent les bois de construction, les bois à brûler, le liège et la résine. De grands travaux de reboisement ont été accomplis ou sont poursuivis dans les monts du Vivarais, de la Lozère, et dans les Landes.

Cultures alimentaires : céréales. — La culture dominante en France est celle des céréales, et parmi les céréales celle du blé. Sa récolte annuelle, évaluée à 123 millions d'hectolitres en 1904, est en général insuffisante, et la France doit importer du blé de la Russie, de la Roumanie, de l'Inde ou des Etats-Unis. Le blé est principalement cultivé dans le département du Nord, dans la Beauce, la Limagne, et les grandes plaines françaises du nord-ouest. Le seigle, qui se trouve dans les régions élevées, a perdu du terrain ; le sarrasin, ou blé noir, est surtout cultivé dans les pays granitiques ; le maïs se rencontre dans la région de la Garonne et dans les plateaux de l'est. Enfin, tandis que la production de l'avoine a considérablement augmenté depuis le début du siècle, celle de l'orge, très insuffisante, oblige la France à en importer de Russie, d'Angleterre et d'Allemagne.

Vigne. — La vigne a toujours constitué une des principales richesses de la France : les progrès de sa culture, réguliers jusqu'en 1875, ont été subitement arrêtés par la désastreuse invasion du phylloxera, dont les plantations de cépages américains sont parvenues à arrêter les ravages. Les vignobles comprennent actuellement une superficie de plus de 1 700 000 hectares et ont produit : en 1900, 68 millions d'hectolitres ; en 1902, moins de 40 millions, et, en 1904, plus de 66 millions.

Les vignobles français peuvent être, au point de vue géographique, répartis en quatre grandes régions :

1° **Dans la région du sud-ouest** : les groupes de Toulouse, Cahors et Gaillac ; celui de l'Armagnac (Auch, Condom) ; le groupe du Bordelais qui comprend la région de Graves (Barsac, Sauternes), le Médoc (Château-Lafitte, Château-Margaux, Saint-Estèphe, Saint-Julien), le pays d'Entre-Deux-Mers placé entre le cours inférieur de la Garonne et celui de la Dordogne, et la région de Saint-Emilion ;

le groupe des Charentes, si durement éprouvé et qui, comme l'Armagnac, produit surtout les eaux-de-vie.

2° **Dans la région méditerranéenne** on peut distinguer les vins du Roussillon (Banyuls, Rivesaltes), ceux du Languedoc (Limoux, Frontignan, Lunel), dont les marchés

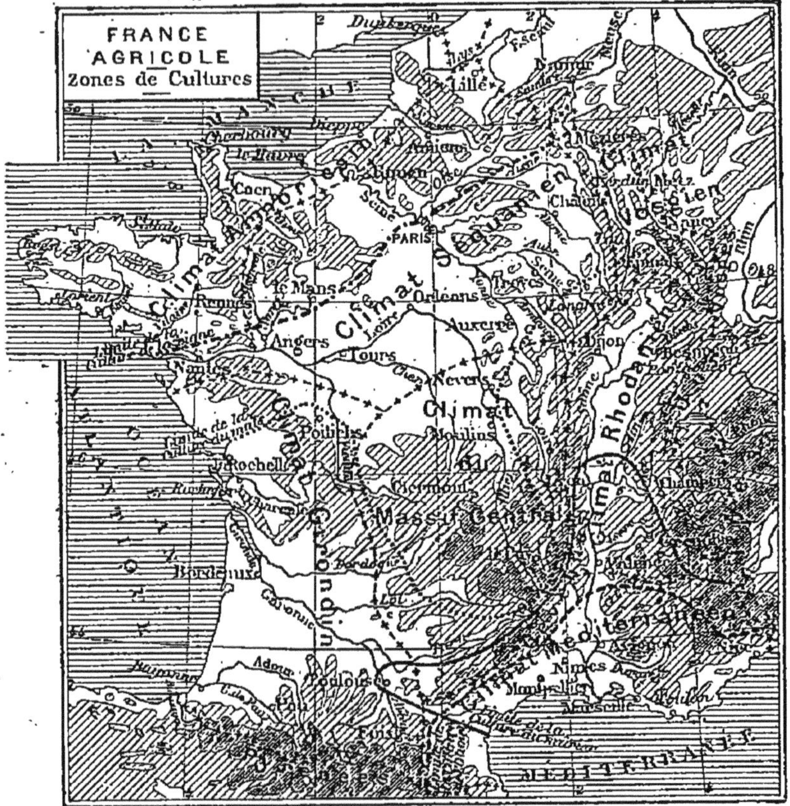

sont Narbonne, Béziers, Pézenas, Montpellier, et le groupe de la Provence auquel on doit rattacher la Corse.

3° **La région de l'est** comprend d'abord le groupe très important de la Bourgogne, qui peut se partager en trois sections; dans la basse Bourgogne : Auxerre, Joigny, Chablis; dans la haute Bourgogne : les environs de Dijon (Chambertin) et l'arrondissement presque entier de Beaune (Pomard, Volnay, Nuits, etc.); enfin la région du Mâconnais et du Beaujolais.

A la même région se rattachent : les vins jadis si estimés de la vallée du Rhône (Châteauneuf-du-Pape, Tavel, l'Hermitage, Côte-Rôtie) ; le groupe du Jura (Arbois) ; celui de la Champagne, dont les deux centres sont Reims et Epernay ; enfin, celui de la Lorraine (vins de la Moselle), où les gelées tardives viennent souvent compromettre le succès de la récolte.

4° **Dans les régions du centre et de l'ouest,** beaucoup moins riches, on peut encore signaler les vins de Limagne (Clermont-Ferrand), ceux de la plaine de la Loire (Orléans, Vouvray, Saumur), et de la Seine (Suresnes, Argenteuil).

Olivier. — L'olivier, dont la culture est localisée dans la région du climat méditerranéen, ne donne qu'une récolte très insuffisante et la France est obligée d'importer de l'huile d'Italie, du Levant, de Tunisie et d'Algérie.

Autres cultures. — La culture des pommes de terre, développée par Parmentier au dix-huitième siècle, permet à la France d'en exporter. La culture maraîchère s'est rapidement étendue autour des grandes villes et en Bretagne (Roscoff) ; le mûrier se trouve dans les vallées de la Garonne et du Rhône ; le tabac, en Guyenne, en Savoie, en Lorraine ; la betterave, dans toute la région du nord de la France ; mais la culture des plantes textiles, telles que le lin et le chanvre, a perdu beaucoup de terrain, et la France est à ce point de vue tributaire de l'étranger.

III. — L'ÉLEVAGE. — LA PÊCHE

La France, grâce à ses pâturages, à ses prairies naturelles et artificielles, à la production abondante des fourrages, dont la valeur est estimée approximativement à 2 milliards, occupe une des premières places parmi les pays d'élevage.

Races bovines. — Les animaux de race bovine sont surtout élevés dans les plaines du nord, du nord-ouest et de l'ouest, dans les régions de la Lorraine, du Jura, des Alpes, dans le Morvan, le Charolais et le massif central. Leur nombre, qui s'est considérablement augmenté depuis le commencement du siècle, place la France à peu près au même rang que l'Autriche, l'Allemagne, la Suisse, mais bien au-dessous de l'Angleterre, de la Belgique et de la Hollande[1].

La race bretonne, de petite taille, mais renommée comme excellente laitière, les races normande et flamande, de plus forte taille, mais également très estimées, sont les seules races vraiment pures. La race garonnaise présente de grandes variétés de types. La race charolaise et celle des Ardennes proviennent de croisements avec des races étrangères.

Chevaux et ânes. — Parmi les races de trait, les chevaux percherons, bretons et normands se distinguent par leur vigueur et leur agilité; les chevaux flamands et boulonnais, par leur haute taille et leur force. Les chevaux anglo-normands, limousins, les petits chevaux tarbésans, landais et corses, sont surtout d'excellents chevaux de selle. La perte de l'Alsace-Lorraine a sensiblement diminué le nombre des chevaux que possède aujourd'hui la France[2].

Les meilleures races d'ânes sont celles du Poitou et de la Gascogne.

Moutons. — L'élevage des moutons est depuis vingt-cinq ans en décroissance en France[3], à cause des progrès de la culture, et de la dépréciation de la laine par suite des importations considérables faites de l'Australie, du Cap et de la République Argentine. La Flandre, les Ardennes, la Champagne, la Bretagne et les Causses sont les régions de la France qui élèvent le plus de moutons.

Grâce à l'élevage des abeilles, le miel, dont la production fournit un revenu d'environ 20 millions, est surtout renommé dans le Gâtinais, la Bretagne, le Languedoc (Narbonne), et la Savoie (Chamonix).

Chasse et pêche. — La chasse ne produit qu'un revenu peu considérable; mais sur toutes nos côtes la pêche est fort active. Les armements se font surtout à Boulogne, Fécamp, Quimper pour la pêche du hareng et du maquereau; Dieppe approvisionne de poisson le grand marché de Paris; la sardine est surtout pêchée sur les côtes de la Bretagne (Douarnenez, Concarneau).

---

1. On évalue à environ 13 millions le nombre des animaux de race bovine en France.
2. On évalue leur nombre à 3 millions environ.
3. La France possède environ 21 millions de moutons.

Presque tous les ports du littoral de la Manche (Saint-Malo, Saint-Brieuc, Binic, Portrieux, Paimpol) arment pour la pêche de la morue, sur les côtes d'Islande ou sur le banc de Terre-Neuve.

Enfin des parcs nombreux pour l'élevage des huîtres se sont créés à Courseulles, Cancale, Tréguier, Marennes et Arcachon.

Résumé. — La culture qui domine en France est donc celle des céréales; puis vient la culture très rémunératrice de la vigne.

La France possède des races estimées de bestiaux et de chevaux.

Enfin la mer contribue à nourrir ou à enrichir la région littorale du nord-ouest et de l'ouest.

CHAPITRE III

Industrie de la France.

La France industrielle. — La France, si riche par l'agriculture, est beaucoup moins bien partagée au point de vue de l'industrie : les causes de cette infériorité sont l'insuffisance des matières premières qu'elle possède, et les modifications trop fréquentes qu'a subies, depuis un siècle, son régime industriel et commercial.

Développée, grâce aux applications merveilleuses de la vapeur comme force motrice, la grande industrie fait peu à peu disparaître les petites industries, en produisant à meilleur compte et par quantités énormes. « Vendre à bon marché, ne tirer du produit qu'un faible gain, mais le multiplier par la quantité des mêmes objets manufacturés dans l'usine, telle est aujourd'hui la condition de la production industrielle. Il en est résulté pour la société des phénomènes nouveaux : d'abord l'obligation pour l'industriel d'utiliser à tout prix un outillage dont l'installation, l'entretien et le renouvellement sont fort coûteux, a provoqué des crises de surproduction pendant lesquelles le travail a dû se ralentir et les salaires baisser; puis la production à bon marché a mis à la portée de toutes les bourses les objets que les personnes aisées pouvaient seules se procurer autrefois, et répandu dans toutes les classes le goût et l'habitude d'un bien-être jusqu'alors inconnu[1]. »

L'industrie ayant avec le sol des rapports moins étroits que la production agricole, on peut considérer successivement les industries dérivées du règne minéral, du règne végétal et du règne animal.

I. — Industries dérivées du règne minéral

1° Mines et carrières.

Houille; bassins houillers. — A part le fer qui est assez abondant, la France, par la pauvreté de ses mines, se trouve placée dans un état d'infériorité notable vis-à-vis de l'Angleterre, des États-Unis, de l'Allemagne et de la Belgique.

La production totale de nos bassins houillers, très insuffisante pour les besoins du pays, est annuellement d'environ 33 millions de tonnes : aussi la France est-elle obligée d'acheter de la houille aux pays voisins, surtout à la Belgique et à l'Angleterre; mais cette importation de houille étrangère, qui était jadis de 10 millions de tonnes, tend à baisser depuis que la production nationale augmente. Mais, par suite de la cherté de la main-d'œuvre et de l'exploitation parfois difficile des mines, le prix de la tonne de houille, qui est de 5 à 6 francs à Cardiff et Newcastle, de $6^{fr},50$ en Allemagne, s'élève chez nous à près de 10 francs (Anzin), et même de 15 francs (Saint-Étienne).

Les bassins les plus productifs sont situés dans le nord et le centre de la France :

1° Au premier rang vient le **bassin houiller du Nord et du Pas-de-Calais**, qui commence entre la Lys et la Deule, se prolonge en Belgique par Mons, Charleroi, Namur, et finit au delà de Liège.

Dans le Pas-de-Calais, Bruay, Béthune, **Lens**, Carvin,

---

1. Gasquet, *Géographie de la France*, ch. XIV.

dans le Nord, Aniche, Somain, Denain, **Anzin**, Valenciennes, Condé sont les principaux centres d'exploitation, dont la production a atteint un moment plus de 19 millions de tonnes, soit plus de la moitié de la production totale de la France.

2° De nombreuses couches de houille sont disposées sur la bordure extérieure, ou dans quelques-unes des vallées du massif central, qui forme ainsi un second groupe des plus importants :

Le **bassin de la Loire**, dont les couches sont exploitées à une profondeur parfois considérable, produit plus de 3 millions et demi de tonnes. Il s'étend du Rhône à la Loire, par les vallées du Gier et du Furens, et a pour centres principaux Rive-de-Gier, Saint-Etienne, Saint-Chamond et Firminy.

Dans le **bassin du Gard**, la houille est surtout exploitée à la Grand-Combe, Alais et Bessèges ; dans celui de l'Orb, à Graissessac.

Entre le Tarn et le Viaur est situé le **bassin de Carmaux** ; entre l'Aveyron et le Lot, **celui de Decazeville** et Aubin. Ahun est le principal centre du **bassin de la Creuse** ; Commentry, de **celui de l'Allier**.

Enfin, au nord-est du massif central, Decize, Epinac, Blanzy, Montceau-les-Mines se rattachent à l'**important bassin du Creusot**, qui produit plus d'un million et demi de tonnes.

Les couches situées dans l'intérieur du massif central sont beaucoup moins riches ; les principales sont celles de Brassac, dans le Puy-de-Dôme, et de Champagnac, dans le Cantal.

3° Il existe encore quelques **exploitations dispersées à la surface de la France.** Tels sont le bassin houiller de Ronchamp (Haute-Saône), les mines de lignite et d'anthracite des Alpes (Aix, vallées du Drac et de la Tarentaise), et dans l'ouest les petits bassins houillers de la Vendée (Chantonnay, Vouvant), de la basse Loire (Chalonnes, Nort), et du Calvados (Littry).

La tourbe, dont la consommation diminue chaque jour, est exploitée dans la région du sud-est de la France et dans la vallée de la Somme.

Les métaux. — Le **fer**, assez abondant en France pour suffire à peu près à la consommation nationale[1], se trouve

---

1. La production annuelle du fer est évaluée à 5 millions 1/2 de tonnes.

surtout dans la Lorraine (Nancy, Frouard, Pont-à-Mousson, Longwy), dans la Haute-Marne (Vassy), dans le Morvan et le Berry, dans l'Ardèche (La Voulte), dans l'Isère (Allevard), dans les Pyrénées (vallée supérieure de l'Ariège), et dans le Périgord (Nontron).

Le **cuivre**, ne se trouvant que dans les mines de Chessy et Saint-Bel (Rhône), et sur quelques points dispersés dans les Ardennes, les Alpes et la Corse, la France est obligée d'en importer de grandes quantités du Chili, des Etats-Unis, d'Espagne et d'Angleterre.

La production du **plomb** est également insuffisante; depuis que les mines jadis si riches de Huelgoat (Finistère) sont épuisées, on l'exploite dans le Puy-de-Dôme (Pontgibaud), dans la Lozère (Vialas), dans l'Ardèche (Largentière) et dans la Corse.

Le **zinc** et l'**étain** ne se rencontrent qu'en très petite quantité sur le sol français.

Sel. — Le traité de Francfort (1871) a enlevé à la France les salines très riches de la Seille (Dieuze, Château-Salins). Aussi le sel n'est-il aujourd'hui recueilli que dans les marais salants qui bordent le littoral de l'Océan entre la Loire et la Gironde, dans ceux des côtes du Languedoc et dans les mines de sel gemme de la Lorraine (Varangeville, Rosières) et de la Franche-Comté (Salins).

Carrières. — La France, assez pauvre en mines, possède, au contraire, d'abondantes et riches carrières.

Le **granit** est exploité dans toutes les régions granitiques, surtout dans le Cotentin (Vire) et dans les îles Chausey; la **lave**, dans le Puy-de-Dôme (Volvic). Les **pierres de taille** de Chantilly, de Château-Landon (Seine-et-Marne), de Commercy, de Beaucaire, de Saint-Waast (Manche) sont renommées.

Les **ardoises** se rencontrent en couches épaisses dans les Ardennes (Fumay) et près d'Angers (Trélazé).

Les Pyrénées possèdent d'abondantes **carrières de marbres** (Saint-Béat, Campan); on en trouve aussi dans les Ardennes, les Vosges, les Alpes, dans le Nord (Maubeuge), le Pas-de-Calais (Boulogne), la Sarthe (Sablé) et la Corse.

Le **plâtre** provient surtout des carrières des environs de Paris.

Le **kaolin**, qui sert à la fabrication de la porcelaine, abonde dans la région du Limousin.

Eaux minérales. — L'exploitation des eaux minérales et thermales de France a fait de grands progrès, et, se développant tous les jours, produit de grands revenus.

Dans la **région des Pyrénées** les eaux minérales abondent dans la vallée du gave d'Oloron (les Eaux-Bonnes et les Eaux-Chaudes, Salies-de-Béarn), du gave de Pau (Cauterets, Luz, Barèges), de l'Adour (Bagnères-de-Bigorre), de la Pique (Luchon), de l'Ariège (Ax, Ussat, Aulus), et du Tech (Amélie-les-Bains).

Les principales stations des **Alpes** sont Aix-les-Bains (Savoie), Evian (Haute-Savoie), Uriage et Allevard (Isère).

Le **massif central** doit à sa composition géologique de posséder des sources minérales nombreuses; on les trouve dans le Puy-de-Dôme (Royat, le Mont-Dore et la Bourboule), dans le Cantal (Vic-sur-Cère), dans la Loire (Saint-Galmier), dans l'Ardèche (Vals) et dans l'Allier, où Vichy est la ville d'eaux la plus fréquentée de France.

Salins, dans le **Jura**, Bussang, dans les **Vosges**, Bourbonne-les-Bains et Plombières, dans les **monts Faucilles**, Vittel et Contrexéville, dans l'**Argonne**, ont également des sources renommées à des titres divers.

2° Industries dérivées des productions minérales.

Industries métallurgiques. — Parmi les industries dérivées des productions minérales, les unes, qui ne sont pas nettement localisées, ne sauraient rentrer dans le cadre très restreint de cette étude géographique, les autres présentent une distribution plus régulière dont il est possible d'indiquer les traits généraux.

La production de la fonte, le travail du fer, et surtout la métallurgie de l'acier ont fait depuis moins de cinquante ans des progrès considérables.

Les **forges et hauts fourneaux** se trouvent groupés dans trois régions :

1° **Dans l'est** : en Lorraine (Nancy, Frouard, Pont-à-Mousson, Stenay, Longwy), en Champagne (Saint-Dizier, Joinville, Charleville), en Bourgogne (Châtillon-sur-Seine) et en Franche-Comté (Champagnole);

2° **Dans le nord** : à Fives-Lille, Valenciennes, Maubeuge, Fourmies;

3° **Dans le centre :** autour du Creusot, à Decize, à Fourchambault, dans tout le bassin houiller de la Loire, autour de Saint-Etienne, puis à Commentry, Vierzon et Bourges.

Des groupes moins importants se trouvent dispersés dans le Gard (Bessèges), l'Ardèche (La Voulte), l'Isère (Vienne, Voiron), autour de Marseille, près de Toulon (La Seyne), près de Paris (Ivry), et dans l'Oise (Montataire), et sur la basse Loire (Indret).

Industries mécaniques. — La puissance des machines s'est développée avec une prodigieuse rapidité, d'abord dans le voisinage des grands bassins houillers, puis dans les principaux ports et dans les grandes villes de l'intérieur.

Les **machines agricoles**, dont l'usage a été plus lent à se répandre en France qu'en Angleterre et en Allemagne, sont principalement construites dans la région du nord (Lille, Amiens, Saint-Quentin), dans la région de Paris (Paris, Saint-Denis, Grignon, Orléans, Bourges) et dans l'est (Nancy); les machines qui servent à travailler les métaux sont fabriquées dans les grands centres d'industrie métallurgique, les **machines de filature et de tissage** se trouvent dans les régions où sont concentrées ces industries.

En dehors des grandes villes qui ont aussi ces industries, Monistrol (Haute-Loire) et Villedieu (Manche) ont conservé l'industrie de la quincaillerie et de la chaudronnerie; Rugles (Eure) et Laigle (Orne) fabriquent les **aiguilles** et les **épingles**.

Les grosses **pièces d'artillerie** sont fondues dans les usines de l'Etat (Bourges, Ruelle) et dans les ateliers particuliers (Le Creusot, Saint-Chamond, Paris, Le Havre). Saint-Etienne, Tulle, Châtellerault, possèdent des **manufactures d'armes**.

La **coutellerie** fine est l'industrie caractéristique de Thiers, Langres et Châtellerault.

Enfin l'**horlogerie** est concentrée dans le Jura (Besançon, Montbéliard, Morez, Morteau).

Les **coques des navires**, leurs accessoires et les machines qui les mettent en mouvement, sont construits dans les chantiers que possède l'Etat dans les cinq grands ports militaires, à Guérigny, à Indret et dans les chantiers des Sociétés particulières. Ceux de la Société des forges de la Méditerranée sont à la Seyne, ceux de la Compagnie des Messageries maritimes à la Ciotat, et ceux de la Compagnie générale transatlantique à Penhoët.

Enfin Paris, Fives-Lille, Le Creusot, Givors et Belfort sont les principaux centres de construction du **matériel de chemin de fer**.

Industries chimiques. — La **fabrication des produits chimiques** est localisée dans la banlieue des grandes villes, principalement autour de Paris (Saint-Denis, Saint-Ouen), de Lille, du Havre, de Rouen, de Lyon et de Marseille.

La concurrence étrangère a causé le plus grand préjudice à l'industrie des verreries qui, ayant besoin d'une énorme quantité de combustible, se trouve naturellement localisée dans le voisinage immédiat des régions houillères.

La première **manufacture de glaces** de France est celle de Saint-Gobain qui a pour succursales Circy (Meurthe-et-Moselle) et Montluçon ; les glaces sont aussi fabriquées à Chauny et à Aniche (Nord).

Les **cristalleries** de Baccarat, de Nancy, de Pantin et de Clichy sont justement célèbres.

Sèvres est universellement connu par sa grande **manufacture nationale de porcelaine**; des manufactures qui fournissent des produits analogues existent à Limoges et dans tout le Limousin, à Nevers, à Vierzon.. Creil, Montereau, Gien et Lunéville fabriquent les **faïences**.

II. — Industries dérivées du règne végétal

L'importance de l'agriculture française a permis à notre pays de créer et de développer plusieurs industries dérivées des produits agricoles qui se rapportent surtout à l'alimentation et au vêtement.

1° **Industries alimentaires: meunerie.** — La transformation des blés et farines par d'innombrables moulins permet la fabrication des pâtes alimentaires.

D'importantes **meuneries** existent dans le Nord (Lille, Douai, Arras), dans la Brie (Meaux), vers la Beauce (Etampes, Corbeil), au Havre, à Nantes et à Bordeaux, où arrivent les blés des Etats-Unis, dans la plaine de la Garonne (Toulouse, Moissac), à Marseille, où arrivent les blés d'Algérie, de l'Inde et du Levant. Les pâtes alimentaires se fabriquent dans les grandes villes et dans la Limagne (Clermont-Ferrand).

Sucre. — Des **raffineries de sucre** se sont établies dans les pays producteurs de betteraves (région du nord de la France) et dans les grands ports (Nantes, Bordeaux, Marseille)

Clermont-Ferrand prépare les fruits confits et les pâtes d'abricots. Bar-le-Duc est depuis longtemps renommé par ses confitures.

Boissons. — Le **cidre** est produit dans les régions dont il est la boisson courante, surtout en Normandie et en Bretagne. La **bière**, dont la production est loin de suffire à la consommation qui a si rapidement augmenté depuis moins d'un demi-siècle, est fabriquée dans le Nord (Dunkerque, Armentières, Lille, Cambrai), dans l'est (Maxéville, Tantonville dans les environs de Nancy), à Melun, Lyon et Marseille.

Enfin, des **alcools** importés de l'étranger viennent s'ajouter à la production nationale qui est cependant fort développée.

2° **Industries du vêtement : coton.** — Depuis que les premières filatures ont été établies il y a un siècle, l'importation du coton et l'industrie qui en dérive ont pris en France un rapide développement.

Le **coton** est surtout travaillé en Normandie (Rouen et sa banlieue, Le Havre, Dieppe, Flers), dans la région du nord (Lille, Roubaix, Tourcoing, Amiens, Saint-Quentin), et dans les Vosges (Belfort, Giromagny, Remiremont, Epinal, Saint-Dié).

Enfin, les principales villes de la région septentrionale de la France fabriquent aussi des toiles de lin et de jute.

Industries du logement et du transport. — Le bois est transformé dans de nombreuses scieries placées près des régions forestières. A Paris, le quartier du faubourg Saint-Antoine lutte assez heureusement pour la **fabrication des meubles** contre la terrible concurrence de l'Allemagne.

De grands ateliers placés près des gares importantes de chemins de fer construisent les wagons et le matériel roulant.

III. — Industries dérivées du règne animal

1° **Industries alimentaires.** — La Bretagne et la Normandie (Isigny) envoient à Paris et en Angleterre des œufs et d'énormes quantités de **beurre**. Des **fromages** estimés sont fabriqués en Normandie (Neufchâtel, Pont-l'Evêque, Camembert), dans la Brie, dans le Jura (Gex), dans le Dauphiné (Sassenage), dans les Causses (Roquefort) et dans le Cantal.

Presque toutes les villes des côtes occidentales de Bretagne (Douarnenez, Concarneau, Port-Louis, Nantes) préparent les **conserves de poissons** et principalement de sardines.

2° **Industries du vêtement.** — Paris et sa banlieue traitent les cuirs bruts; l'industrie de la **mégisserie** se rencontre aussi dans le nord à Lille, en Normandie à Rouen, le Havre et Gisors, puis dans l'ouest à Nantes et Bordeaux. Les **gants** de Grenoble et d'Annonay sont renommés.

La **laine** que la France importe en grandes quantités de l'Australie, du Cap et de la République argentine est travaillée et transformée dans plus de deux mille établissements.

Dans le groupe du Nord qui vient au premier rang et se distingue par le perfectionnement de son outillage, Roubaix et Tourcoing fabriquent les **draps**. En Champagne, Reims et Sedan sont deux grands centres de l'industrie de la laine. Dans le Languedoc, les draps sont fabriqués sur les deux versants de la Montagne Noire (Castres, Mazamet au nord; Bédarieux, Lodève, Saint-Pons, Carcassonne au sud). En Normandie, la croissante prospérité d'Elbeuf a porté un grave préjudice à Louviers sa voisine. L'exportation des lainages assure à la France un revenu annuel de près de 230 millions.

L'industrie des **soieries**, établie en France par Colbert, a beaucoup diminué et ne produit même plus un revenu de 400 millions. Elle a fait la fortune de Lyon, à laquelle de nombreuses villes de la région sont venues s'ajouter. Tours, à un degré moindre, fabrique aussi des soieries.

CHAPITRE VI

Commerce. — Voies de communication.

Le régime commercial de la France. — Le commerce, c'est-à-dire le mouvement des échanges des produits agricoles et industriels, a subi, grâce au développement des voies de communication, des progrès considérables jusqu'en 1892 et depuis cette époque une diminution très sensible.

Au système protecteur pratiqué jusqu'en 1860 a succédé le régime des traités de commerce qui a été lui-même de nouveau remplacé à partir du 1er février 1892 par le système protecteur. La loi nouvelle établit deux tarifs : un tarif maximum applicable à tout pays étranger qui ne conclura pas avec la France de convention particulière reposant sur des concessions réciproques ; un tarif minimum qui fixe, au sujet des divers articles, la limite des concessions douanières que la France peut accorder aux pays étrangers.

Voies de communication : Routes. — Le commerce intérieur a largement profité de

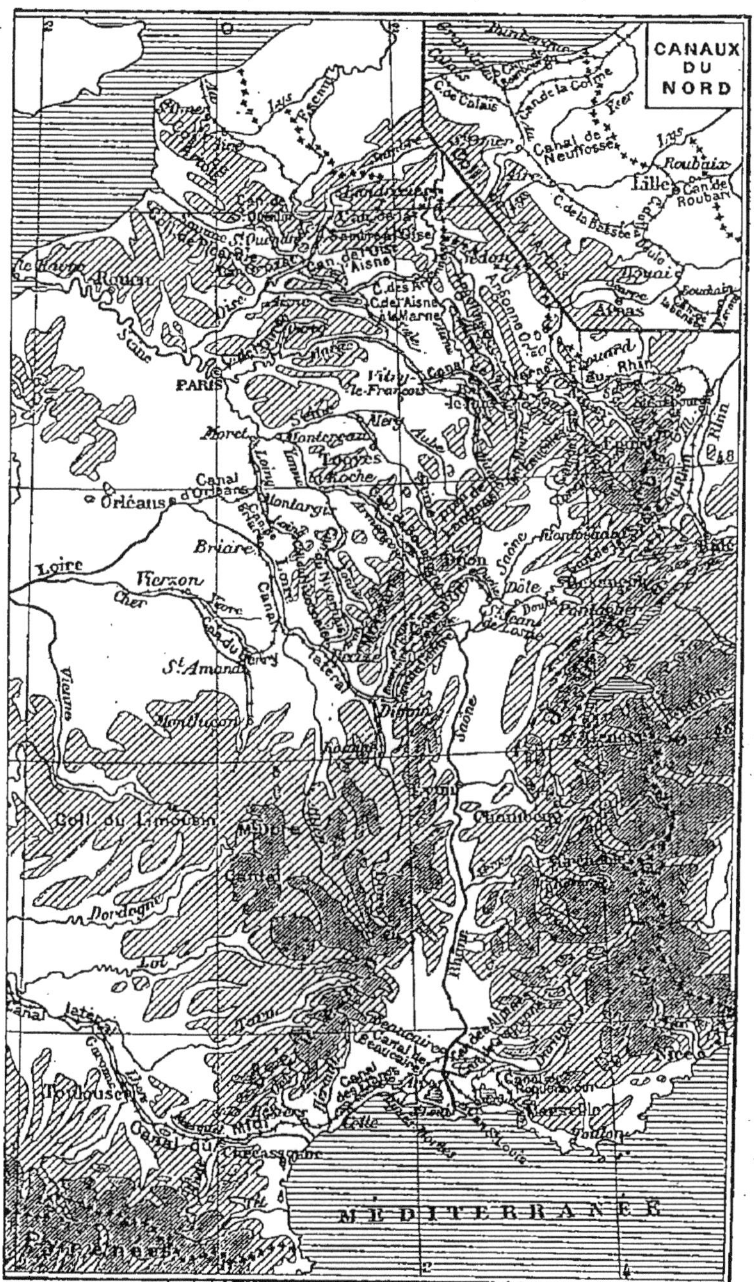
CANAUX
DU
NORD
C. de Calais
Canal de
Neuffossé
Lys
Roubaix
Lille
Can. de
Roubaix
Douai
Arras
C. des A.
C. de l'Aisne
à la Marne
Aisne
Oise
Rouen
Seine
PARIS
Vitry-
le-François
Canal
Rhin
Troyes
Moret
Montereau
Canal
d'Orléans
Orléans
Montargis
Briare
Loire
Vierzon
Cher
Dijon
Saône
Dôle
St Amand
Vienne
Montluçon
Lyon
Chambéry
Dordogne
Lot
Canal
latéral
Beaucaire
Canal du
Marseille
Toulon
Cette
MEDITERRANEE

la création et de l'extension des routes, des canaux et des chemins de fer. L'heureuse disposition du sol français a rendu cette œuvre relativement facile.

Ce sont les Romains qui ont fait la première tentative pour établir dans l'ancienne Gaule un réseau de routes dont quelques-unes, soigneusement réparées, sont encore utilisées et dont il reste de si nombreux vestiges. Plus tard, Louis XI, Henri IV, Louis XIV imitèrent cet exemple. Au dix-huitième siècle, les intendants de province, et particulièrement Trudaine, déployèrent la plus louable activité dans la construction des routes qui, interrompue durant la Révolution française, a été reprise sous le Consulat, l'Empire, et de nos jours.

Les routes ont été classées en trois groupes : les routes nationales (plus de 38000 kil.) ; les routes départementales (35 000 kil.), et les chemins vicinaux (600 000 kil.). Des voies merveilleusement construites, au prix souvent des plus grands efforts, traversent les montagnes, et des routes de plaine très nombreuses desservent les régions agricoles et industrielles : leur trafic, jadis considérable, a été en grande partie absorbé par les canaux et les chemins de fer.

Canaux et voies navigables. — On évalue à plus de 13 500 kilomètres le réseau des canaux et voies navigables de la France. Les canaux, dont la construction a exigé une dépense de plus de 800 millions, sont en très grande partie administrés par l'Etat, et, assurant aux marchandises des transports moins onéreux que les voies ferrées, produisent, grâce à un mouvement très actif de batellerie, un trafic qui dépasse 3 milliards de tonnes kilométriques.

On les divise, d'après leur rôle et leur utilité, en deux groupes : 1° **les canaux de simple navigation** qui facilitent la navigation d'un fleuve ou d'une rivière (Ex. : tous les canaux latéraux à la Garonne, à la Loire, à la Marne, etc.), ou qui réunissent entre elles plusieurs rivières d'une même région (Ex. : canaux de la Marne à l'Aisne, de l'Aisne à l'Oise, du Berry..., etc.) ; 2° **les canaux de grande communication** qui, plus étendus et plus importants, relient entre elles les diverses parties de la France, unissant, par exemple, la Manche et l'Océan à la Méditerranée (Ex. : les canaux du nord de la France, les canaux de l'Est, de Bourgogne, du Centre, du Midi..., etc.)[1].

1. Les canaux ont été décrits en même temps que les fleuves dans

Presque tous les canaux de la France, trop étroits et trop peu profonds, ne sont point accessibles aux gros navires, et des bateaux d'un faible tirant d'eau peuvent seuls les utiliser.

I. — Chemins de fer

Origine et développement des chemins de fer français. — Les premiers chemins de fer établis en France furent, en 1828, celui de Saint-Etienne à Andrezieux, destiné à l'exploitation de la houille, et, en 1837, la ligne de Paris à Saint-Germain. La loi de 1842 fut le signal des grands travaux qui, continués depuis, aboutirent à la création d'un vaste réseau de voies ferrées dont le développement, qui était déjà de 17000 kilomètres vers 1870, dépasse aujourd'hui 44000 kilomètres.

L'heureuse disposition du sol français, c'est-à-dire l'isolement du massif central, entouré de toutes parts de grandes plaines, et la facilité relative de passage entre le versant de l'Océan et celui de la Méditerranée, l'abaissement des Pyrénées et des Vosges à leurs deux extrémités, ont puissamment contribué à cette rapide extension des chemins de fer ; les ingénieurs ont triomphé des pentes abruptes du Jura et les Alpes ont été traversées par le tunnel de Fréjus.

La multiplication de ces voies ferrées, en facilitant les communications, a inspiré le goût des voyages, accru la production des régions traversées, mais augmenté aussi la cherté de la vie ; enfin, en développant le commerce, elle a permis d'organiser plus solidement la défense du territoire.

La France possède un réseau ferré inférieur à celui des Etats-Unis et de l'Allemagne ; elle est également inférieure à l'Angleterre et à la Belgique si l'on compare le réseau de ces pays avec leur superficie.

Disposition et répartition des chemins de fer français. — Lorsqu'on a commencé à créer des voies ferrées en France, on s'est avant tout préoccupé de relier Paris aux grands ports de commerce, aux importantes villes des départements et aux pays voisins. Paris est donc devenu le centre naturel d'où se dispersent toutes les grandes lignes.

---

l'Etude des différentes régions de la France. Voir les chapitres VII à XIV du livre Ier.

FRANCE
Principales lignes de Chemin de fer

Cette disposition particulière du réseau français, essentiellement favorable à Paris, a été très longtemps nuisible aux communications transversales entre les grandes villes des départements.

L'exploitation des chemins de fer a été concédée à six grandes compagnies et, depuis 1879, l'Etat s'est constitué un réseau spécial. Le partage du territoire entre les six compagnies a été accompli à peu près géométriquement et d'une façon tout artificielle ; un réseau spécial, celui du Midi, a été constitué dans le sud-ouest de la France. Aussi, à part la Compagnie du Midi qui a son siège à Bordeaux, toutes les autres Compagnies ont-elles leur siège à Paris.

1° Chemins de fer de la Compagnie du Nord. — Le réseau de la Compagnie du Nord couvre la plus grande partie des

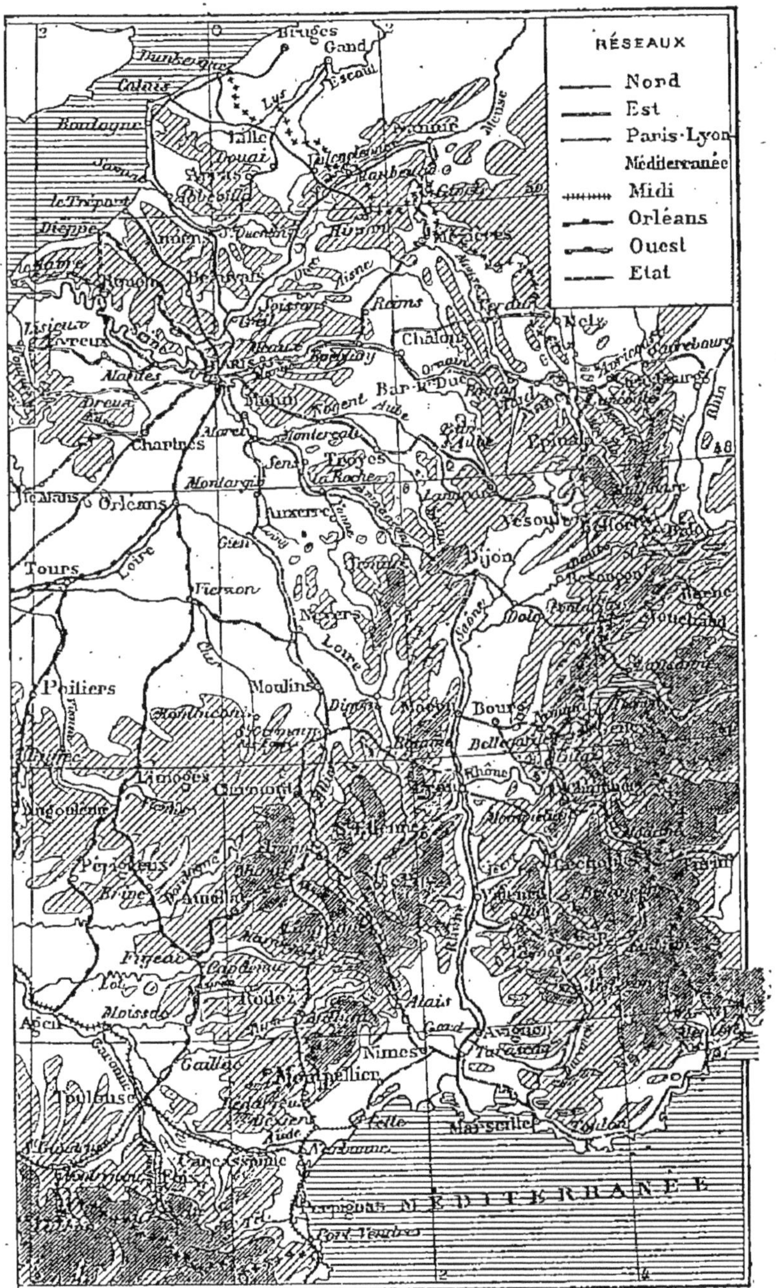
RÉSEAUX
Nord
Est
Paris-Lyon-Méditerranée
Midi
Orléans
Ouest
Etat
Bruges
Gand
Escaut
Lys
Calais
Boulogne
Dieppe
Meuse
Reims
Aisne
Châlons
Bar-le-Duc
Aube
Chartres
Sens
Troyes
Montargis
Orléans
Auxerre
Vesoul
Tours
Loire
Gien
Dijon
Vierzon
Nevers
Saône
Poitiers
Moulins
Bourg
Rhône
Limoges
Périgueux
Figeac
Rodez
Alais
Agen
Nîmes
Montpellier
Toulouse
Marseille
Carcassonne
MÉDITERRANÉE
Port-Vendres

pays situés entre Paris et la frontière belge. Il unit la France à la Belgique, la Hollande, l'Allemagne, la Russie et aboutit à plusieurs ports que rattachent à l'Angleterre des services de bateaux. De plus, il forme avec le réseau de l'Est une partie de la grande artère de transit conduisant, soit vers le Saint-Gothard et Brindisi, soit vers Vienne, Constantinople ou Salonique.

La construction des chemins de fer n'a présenté que peu de difficultés à travers la vaste plaine dont la richesse agricole et industrielle, jointe aux produits variés arrivant d'Angleterre et de Belgique, fournit au commerce un aliment énorme représenté par un transport considérable de voyageurs et de marchandises. La Compagnie du Nord est la première de France, sinon par l'étendue de son réseau, du moins par l'activité de son trafic et l'importance de ses recettes[1].

Les principales lignes dépendant de la Compagnie du Nord sont :

1° **De Paris au Tréport**, par Beauvais;

2° **De Paris à Dunkerque** et Ostende, par Creil, Longueau, Amiens, Abbeville, Boulogne et Calais;

3° **De Paris à Gand**, par Longueau, Arras, Douai, Lille, Roubaix, Tourcoing (frontière) et Courtrai;

4° **De Paris à Bruxelles**, soit par Lille et Tournay, soit par Douai, Valenciennes et Mons;

5° **De Paris à Liège**, Aix-la-Chapelle, Berlin et Saint-Pétersbourg, soit par Creil, Compiègne, Saint-Quentin, Maubeuge (frontière), Charleroi, Namur, soit par Soissons, Laon, Hirson (frontière), Chimay, Marienbourg, Dinant et Namur;

6° La ligne transversale parallèle à la frontière **de Dunkerque et de Calais à Hirson**, par Hazebrouck, Lille, Valenciennes, Avesnes, Hirson, qui se continue sur le réseau de l'Est jusqu'à Mézières;

7° La ligne transversale **d'Amiens à Laon**, qui se continue sur le réseau de l'Est jusqu'à Reims.

2° **Chemins de fer de la Compagnie de l'Est.** — Les chemins de fer de l'Est traversent l'Ile-de-France orientale, la Champagne et la Lorraine, unissant Paris à

1. Etendue du réseau du Nord : environ 3800 kilomètres. Recettes nettes kilométriques : 27000 francs; transport de 36 millions de voyageurs et de 18 millions de tonnes de marchandises.

l'Allemagne, à la Suisse et, par l'Autriche, à Salonique et à Constantinople qu'atteint « l'Orient express[1] ».

Sauf vers les Vosges, que l'on a d'ailleurs tournées au nord et au sud, aucun obstacle sérieux ne s'est opposé à la construction des voies ferrées de cette Compagnie qui desservent d'importantes régions agricoles et industrielles et importent en France les produits allemands. Mais le trafic de ces lignes étant, en général, peu actif, les canaux leur font une redoutable concurrence.

On peut distinguer parmi les grandes lignes de l'Est :

1° La ligne **de Paris à Givet**, et de là à Namur et Liège, par Meaux, Château-Thierry, Epernay, Reims, Rethel, Mézières-Charleville;

2° **Celle de Paris à Metz**, par Epernay, Châlons-sur-Marne, Sainte-Menehould et Verdun ;

3° **Celle de Paris à Strasbourg**, et de là à Munich, Vienne, Belgrade, puis Constantinople ou Salonique, par Châlons-sur-Marne, Vitry-le-François, Commercy, Pagny-sur-Meuse, Toul, Frouard, Nancy, Lunéville, Avricourt (frontière), Sarrebourg et le col de Saverne;

4° **Celle de Paris à Bâle** et de là à Lucerne et Milan, en empruntant la ligne du Saint-Gothard, par Nogent-sur-Seine, Troyes, Bar-sur-Aube, Chaumont, Langres, Vesoul, Lure et Belfort. De cette dernière ville on peut gagner Bâle, soit par Mulhouse et l'Alsace, soit par Delle, Sainte-Ursanne et Délémont;

5° La ligne de la Meuse **de Neufchâteau à Givet**, par Pagny-sur-Meuse, Commercy, Verdun, Sedan et Mézières-Charleville.

De nombreux embranchements ont été construits dans ces dernières années pour grouper facilement, en cas de guerre, les troupes près de la frontière.

3° Les chemins de fer de la Compagnie de Paris à Lyon et à la Méditerranée. — Exploitant environ le quart de la France[2], les lignes de cette Compagnie traversent des pays d'aspect très divers et unissent la France à la Suisse, à l'Italie et aux ports méditerranéens.

---

1. Le réseau de l'Est a un développement total de 4860 kilomètres.

2. Le réseau de la Compagnie de Lyon a un développement total de 9150 kilomètres; le produit kilométrique est d'environ 23000 francs.

Leur construction a nécessité des travaux d'art plus ou moins considérables dans les Alpes (tunnels de Fréjus et de la Nerthe, ligne de la Corniche et du Col de Luz-la-Croix-Haute), dans le massif central (lignes de la vallée supérieure de l'Allier et d'Arvant au Puy), dans le Jura (lignes de Pontarlier à Neuchâtel et de Besançon à Neuchâtel), et dans la Côte-d'Or (tunnel de Blaisy-Bas).

Si les chemins de fer de la Compagnie de Lyon desservent quelques contrées peu productives dans les Alpes et le massif central, ils traversent d'importantes régions agricoles telles que la Limagne, le Forez, les plaines de la Saône et du Rhône, servent de débouchés aux grands centres industriels du Creusot, de Saint-Etienne, d'Alais, de Lyon, de Marseille et importent les produits de l'Algérie, de la Tunisie, des colonies françaises de l'Extrême-Orient et de l'Italie. Dans les contrées diverses qu'elles sillonnent, les voies ferrées n'ont pas à redouter la concurrence des voies navigables ou des canaux peu nombreux.

Il y a neuf grandes lignes de la Compagnie de Lyon :

1° **De Paris à Berne et à Lausanne**, par Melun, Moret, Montereau, Laroche, Tonnerre, le tunnel de Blaisy-Bas, Dijon, Auxonne, Dôle, Pontarlier et le col des Verrières, où au pied du fort de Joux la ligne se divise pour atteindre, d'un côté Berne par le val Travers, Pontarlier, Bienne ; de l'autre Lausanne par le val de Jougne et Vallorbe ;

2° **De Paris à Genève**, par Dijon, Mâcon, Bourg; de là à Genève, soit par Ambérieu, Culoz et Bellegarde, soit par Nantua, Bellegarde et le tunnel du Grand Credo. De Bellegarde, une ligne passant sous le mont Vouache dessert Thonon, Evian et va rejoindre à Saint-Maurice la ligne suisse qui contourne sur la rive nord le lac de Genève et conduit par le tunnel du Simplon à Milan ; d'Annemasse part une ligne qui atteint Chamonix.

3° **De Paris à Turin** (ligne d'Italie), par Dijon, Mâcon, Bourg, Ambérieu, Culoz, Chambéry, Montmélian et la Maurienne jusqu'à Modane; elle franchit entre Modane et Bardonnèche, à une altitude qui atteint jusqu'à 1 335 mètres, le tunnel de Fréjus qui a été construit de 1857 à 1871 et, par la vallée de la Doria Riparia gagne Turin ;

4° **De Paris à Marseille** (ligne de Bourgogne), par Dijon, Mâcon, Lyon, Vienne, Valence, Avignon, Tarascon où la ligne se divise : d'un côté par Arles elle franchit le tunnel de la Nerthe sous les monts de l'Etoile et aboutit à Marseille; de l'autre par Nîmes, Montpellier, elle rejoint à Cette les lignes du Midi qui la prolongent jusqu'à Barcelone.

Une ligne peu active dessert la vallée du Rhône sur la rive droite du fleuve entre Lyon et Nîmes par Tournon;

5° **De Marseille à Gênes**, et de là à Livourne, Rome et Naples (ligne de la Corniche), par Toulon et les côtes de la Méditerranée en desservant Cannes, Nice, Monaco et Menton;

6° **De Paris à Nîmes** (ligne du Bourbonnais), par Melun, Moret, Montargis, Gien, Nevers, Moulins, Saint-Germain-des-Fossés, Gannat, Clermont-Ferrand, Arvant, la trouée de Villefort et Alais;

7° **De Lyon à Marseille** (ligne des Alpes), par Grenoble, la vallée du Drac, le col de Luz la Croix-Haute, Veynes, d'où un embranchement se détache sur Gap, Embrun et Briançon, puis par Sisteron, Pertuis et Aix;

8° **De Lyon à Belfort**, par Bourg, Lons-le-Saulnier, Besançon et Montbéliard. Besançon est en outre relié à Neuchâtel par une ligne qui passe à Morteau et à la Chaux de Fonds;

9° **De Clermont-Ferrand à Lyon**, soit par Thiers et Saint-Etienne, soit par Saint-Germain-des-Fossés et Roanne.

4° **Chemins de fer de la Compagnie du Midi.** — La Compagnie du Midi, la seule qui ait son siège, non à Paris, mais à Bordeaux, dessert surtout la région du sud-ouest comprise entre la Garonne, l'Aude et les Pyrénées[1].

Ses lignes qui unissent la France à l'Espagne en rattachant les chemins de fer d'Orléans aux voies ferrées espagnoles, ne traversent pas les Pyrénées, mais les contournent : aussi la construction n'a-t-elle pas en général présenté de sérieuses difficultés, sauf dans la ligne des Causses (viaduc de Garabit).

Les chemins de fer du Midi traversent la région agricole très riche de la Garonne et du Roussillon; mais une grande partie des produits espagnols les évitent en arrivant par mer jusqu'à Bordeaux ou jusqu'à Marseille. La convention de 1885 a décidé que les lignes françaises et espagnoles seront reliées

1. Le réseau des chemins de fer du Midi a un développement d'environ 3 510 kilomètres.

par deux tronçons à construire à travers les Pyrénées centrales au port de Salau et au col de Canfranc. Leur exécution augmentera le trafic des chemins de fer du Midi, mais nécessitera des travaux plus difficiles et plus coûteux que tous ceux accomplis jusqu'à ce jour sur les autres lignes.

Les principales lignes de la Compagnie du Midi sont :

1° **De Bordeaux à Cette**, par la Réole, Marmande, Agen, Moissac, Montauban, Toulouse, Villefranche, le col de Naurouse, Castelnaudary, Carcassonne, Narbonne, Béziers et Agde ;

2° **De Bordeaux à Madrid**, à travers la plaine des Landes, puis par Bayonne, Hendaye (frontière), Irun, Saint-Sébastien et le col d'Idiazabal ;

3° **De Narbonne à Barcelone**, par Perpignan, Port-Vendres, Cerbère (frontière), Port-Bou et Figuières ;

4° **De Toulouse à Bayonne**, par Murat, Saint-Gaudens, Montréjeau, Tarbes, Lourdes, Pau et Orthez.

C'est de cette voie principale que se détachent une foule de petits embranchements pénétrant dans les vallées des Pyrénées. Parmi eux on peut citer :

La ligne de l'Ariège se prolongeant par Pamiers, Foix et Tarascon jusqu'à Ax.

La ligne du Salat jusqu'à Saint-Girons.

Les embranchements de Montréjeau à Luchon, de Tarbes à Bagnères de Bigorre, de Lourdes à Pierrefitte, de Pau à Oloron ;

5° La ligne **de Paris à Béziers** (ligne des Causses), qui, après avoir emprunté le réseau de Lyon jusqu'à Arvant et celui d'Orléans, d'Arvant à Neussargues, passe à Saint-Flour, franchit le viaduc de Garabit, et par Millau et Bédarieux atteint Béziers.

5° **Chemins de fer d'Orléans**[1]. — La Compagnie d'Orléans exploite de l'Ile-de-France à la Guyenne, au Limousin et à l'Auvergne, les parties centrales de la France et rattache Paris aux ports de l'Océan (Saint-Nazaire, Bordeaux).

Bien que la construction ait présenté sur quelques points (de Murat à Aurillac, de Brive à Clermont-Ferrand, de Capdenac à Toulouse) de sérieuses difficultés, c'est la Compagnie qui a pu l'exécuter avec le moins de frais.

---

1. La longueur du réseau d'Orléans est d'environ 7010 kilomètres.

Sauf dans la riche plaine de la Loire, les lignes d'Orléans traversent des régions assez peu productives au point de vue agricole et industriel; mais elles transportent des ports dans l'intérieur de la France les produits des colonies françaises. Les canaux, fort rares, ne peuvent faire aucune concurrence aux voies ferrées.

On distingue parmi les grandes lignes d'Orléans celles :

1° **De Paris à Toulouse,** par Etampes, les Aubrais (près Orléans), Vierzon, Châteauroux, Limoges, Nexon, Brive, où la ligne se divise pour atteindre Toulouse, d'un côté par Saint-Denis, Figeac, Capdenac, Villefranche de Rouergue, Gaillac, de l'autre par Gourdon, Cahors et Montauban ;

2° **De Paris à Agen,** qui suit la précédente jusqu'à Nexon, d'où elle se détache pour venir passer à Périgueux et atteindre la Garonne à Agen ;

3° **De Paris à Bordeaux,** par Etampes, Orléans, Blois, Tours, Châtellerault, Poitiers, Ruffec, Angoulême et Libourne;

5° **De Paris au Croisic,** par Tours, Angers, Ancenis, Nantes, Savenay, Saint-Nazaire. A Savenay se détache la ligne du littoral occidental de la Bretagne qui, par Redon, Vannes, Lorient et Quimper, va rejoindre les chemins de fer de l'ouest à Landerneau, et envoie vers la côte bretonne des embranchements sur Quiberon, sur Concarneau et sur Douarnenez ;

5° **D'Arvant à Figeac** (grand central), qui unit Clermont-Ferrand à Toulouse en passant par Murat, le tunnel du Lioran (1 152 m. d'altitude), et Aurillac ;

6° **De Paris à Aurillac,** par les Aubrais, Vierzon, Bourges, Saint-Amand, Montluçon, Mauriac. Le réseau d'Orléans est également traversé par un tronçon important de la ligne transversale de Bordeaux à Lyon, par Bergerac, Saint-Denis, la vallée de la Cère, Aurillac et le grand Central, d'où à partir d'Arvant la ligne emprunte le réseau de Lyon par le Puy et Saint-Etienne.

6° **Chemins de fer de la Compagnie de l'Ouest**[1]. — Le réseau de l'Ouest s'étend dans la Normandie, la Bretagne et le Maine. Si la construction des grandes lignes a été en général facile, celle des embranche-

1. Le réseau de l'Ouest a 5650 kilomètres de développement. Transport de 65 millions de voyageurs mais seulement de 8 millions de tonnes de marchandises.

ments transversaux destinés à les réunir entre elles a exigé de plus grands travaux et de plus fortes dépenses.

Les lignes de l'Ouest, rattachant Paris aux ports que des paquebots font communiquer avec l'Angleterre et l'Amérique, desservent de riches contrées agricoles entre Paris et le Havre, Paris et Cherbourg, ainsi que l'importante région industrielle dont Rouen est le centre. La ligne de Paris au Havre, transportant dans l'intérieur de la France les produits de l'Angleterre et de l'Amérique et dans les ports les produits manufacturés français, est cependant la seule vraiment productive : aussi, le projet de Paris port de mer, s'il était exécuté, priverait la compagnie de l'Ouest de ses plus sûrs revenus.

On distingue, dans les lignes de l'Ouest, les lignes de Normandie et celles de Bretagne :

1° **De Paris à Dieppe**, soit par Pontoise, Gisors et Neufchâtel; soit par la vallée de la Seine et Rouen;

2° **De Paris au Havre**. Cette ligne arrive à Mantes par les deux rives de la Seine, à gauche par Poissy, à droite par Argenteuil et Conflans. De Mantes elle passe par Vernon, Rouen, Yvetot et Harfleur, et envoie des embranchements sur Saint-Valery-en-Caux et sur Fécamp ;

3° **De Paris à Cherbourg**, par Mantes, Evreux, Lisieux (embranchement sur Trouville), Caen et Valognes;

4° **De Paris à Granville**, par Versailles, Saint-Cyr, Dreux, Laigle, Argentan et Vire;

5° La grande ligne de Bretagne, **de Paris à Brest**, passe par Versailles, Saint-Cyr, Chartres, Le Mans, Laval, Rennes, Saint-Brieuc, Morlaix et Landerneau.

Parmi les lignes transversales il faut encore citer : celles de Rouen à Amiens, de Mézidon (près de Caen) au Mans, par Argentan et Alençon, de Caen à Laval, par Flers et Domfront, de Sottevast (près de Cherbourg) à Lamballe (près de Saint-Brieuc), par Coutances et Avranches, enfin de Saint-Malo à Redon, par Rennes.

Les petites lignes de Paris à Versailles, soit par la rive droite de la Seine, soit par la rive gauche, et le chemin de fer de ceinture qui fait le tour de Paris à l'intérieur des fortifications se rattachent aussi à la compagnie de l'Ouest.

7° **Chemins de fer de l'Etat**. — Depuis 1879, l'Etat s'est constitué, en rachetant des lignes appartenant à de petites compagnies, ou en construisant lui-même, un réseau qui ne présente aucune unité. Pour atteindre ce réseau qui est enclavé dans les chemins de fer de la compagnie d'Orléans et qui s'étend surtout dans le Poitou, l'Aunis et la Saintonge, les trains de l'Etat, partant de Paris (gare Montparnasse), sont obligés d'emprunter pendant quelque temps les lignes de l'Ouest. Ce réseau, traversant des régions d'importance secondaire au point de vue agricole et industriel, ne rapporte qu'un produit très faible de 3 300 francs à peine par kilomètre[1].

On distingue dans les chemins de fer de l'Etat les lignes :

1° **De Paris à Bordeaux**, par Chartres, Château-du-Loir, Saumur, Parthenay, Niort, Saint-Jean-d'Angély, Saintes et Jonzac;

2° **De Nantes à Saintes**, par la Roche-sur-Yon, Luçon, La Rochelle et Rochefort.

Les lignes de Chartres à Orléans, de Tours à Poitiers, par Chinon, d'Angers à Chatellerault, d'Angers à Poitiers, par Cholet et Parthenay, de la Roche-sur-Yon aux Sables-d'Olonne et de La Rochelle à Poitiers, par Niort, ont une importance beaucoup moins grande.

Les chemins de fer de la France transportent chaque année environ 250 millions de voyageurs et 95 millions de tonnes de marchandises. Les compagnies du Nord et de Lyon viennent au premier rang par l'importance du trafic et du produit kilométrique.

Commerce intérieur. — Grâce à la multiplication des divers moyens de communication, le commerce est très actif à l'intérieur de la France, et, bien qu'il soit très difficile d'en évaluer même approximativement la valeur, les économistes estiment qu'elle représente un chiffre de 45 à 50 milliards.

Commerce extérieur. — Le commerce extérieur, développé par une marine marchande qui occupe le troisième rang, après celle de l'Angleterre et des Etats-Unis, avait atteint, avant l'établissement du nouveau régime commercial, le chiffre de 10 milliards. Il a sensiblement diminué au moment de la substitution du régime protecteur au système du libre échange, puis a subi un relèvement continu. Le commerce, en 1897, comprenant à l'impor-

1. Il atteint actuellement un développement de 2200 kilomètres.

tation toutes les marchandises mises en consommation et à l'exportation la totalité des marchandises nationales ou nationalisées exportées, s'est élevé à 7 milliards 554 millions dont 3 milliards 956 millions pour les importations et 3 milliards 598 millions pour les exportations. En 1900, le commerce de la France a atteint 8 671 000 000 de francs. Dans cette année, la France a surtout exporté les tissus de soie, de laine, de coton, de lin et de jute, les outils, les articles de Paris et de modes, les vins et eaux-de-vie, les sucres et les produits agricoles.

En 1901, le commerce français s'est élevé à 8 880 000 000, mais il n'a atteint en 1902 que 8 846 000 000. Le relèvement s'est produit en 1903 et pour la première fois, en 1904, il a dépassé 9 milliards.

Les importations ont consisté en céréales, vins, café, bestiaux, laines, soies, cotons, graines, houille, peaux, poissons et tabac.

L'Angleterre occupe le premier rang dans les rapports commerciaux des puissances avec la France; puis viennent la Belgique, l'Allemagne, les États-Unis, la Suisse, l'Espagne et l'Italie.

Le commerce de transit a diminué depuis que la ligne directe de l'Extrême-Orient (malle des Indes), qui empruntait la ligne de Paris à Turin, s'est détournée vers le Saint-Gothard et aussi vers Salonique.

Enfin, le mouvement général de la navigation en 1900 a été, à l'entrée et à la sortie, d'environ 55 000 navires.

Anvers, Hambourg, Gênes, Trieste et Salonique font à Marseille et au Havre, nos deux plus grands ports de commerce, la plus redoutable concurrence.

Boulogne vient aujourd'hui au troisième rang et après lui Dunkerque, Cherbourg, Bordeaux, Calais, Rouen, Cette et Saint-Nazaire.

La marine marchande de la France, qui vers 1887 occupait encore le second rang en Europe, n'a cessé de décroître depuis cette époque.

LIVRE IV

LES COLONIES FRANÇAISES

CHAPITRE PREMIER

Formation de l'empire colonial français.

Développement général de la colonisation française. — Grâce à l'initiative et à l'esprit aventureux de ses marins, de ses armateurs et de ses négociants, la France a précédé dans les voyages de découvertes et dans la colonisation des pays étrangers tous les autres peuples de l'Europe. Après **quelques tentatives isolées** accomplies durant le seizième siècle, **Henri IV, Richelieu, Colbert** constituent un **vaste empire colonial** dans l'Amérique du Nord, tandis que des comptoirs fondés sur les côtes de l'Inde semblent préparer la conquête de ce pays.

Mais au dix-huitième siècle, l'indifférence coupable de Louis XV assure à l'Angleterre la prépondérance maritime et **fait perdre à la France ses plus importantes colonies**, en Amérique, le Canada et la Louisiane, en Asie, l'Inde dont la conquête avait été commencée par Dupleix.

La France, dont les pertes coloniales furent encore accrues par le **traité de Paris** (1814), est parvenue, en s'associant au mouvement d'expansion coloniale qui, vers la fin du dix-neuvième siècle, a entraîné toutes les nations d'Europe, à **reconstituer dans l'Indo-Chine un vaste empire colonial**, et à prendre sa part dans le **partage du continent africain**, en occupant l'Algérie, la Tunisie, le Sénégal et le Soudan, le Congo, Madagascar et Obock.

Les tentatives de colonisation française avant le dix-septième siècle. — Dès le neuvième siècle, les **pêcheurs du pays basque** parcouraient l'Océan Glacial arctique; **les Dieppois**, au quatorzième siècle, avaient fondé, sur la côte de Guinée, des comptoirs tels que le Petit-Dieppe et le Petit-Paris, et, en 1402, Jean de Béthencourt avait découvert et occupé les îles Canaries.

Plusieurs années avant Christophe-Colomb, le Dieppois **Jean Cousin**, dans un voyage dont il ne reste malheureusement aucun document écrit, aurait découvert le continent américain. D'autres Normands, **Gonneville** et **Denis de Honfleur**, abordent au Brésil (1504), quatre ans après Alvarez Cabral.

Des Français accompagnaient Magellan dans son voyage autour du monde, et **Jean Parmentier** explorait Sumatra (1529).

François Ier entreprend de substituer à l'initiative privée la colonisation par l'Etat. Sous son règne, **Verazzani** découvre Terre-Neuve (1524), **Jacques Cartier** remonte le Saint-Laurent et accomplit la première colonisation du Canada (1535).

Sous les auspices de Coligny, **Villegagnon** fonde un établissement dans la baie de Rio de Janeiro, **Jean Ribaud** aborde en Floride et donne à la côte qui s'étend au nord le nom de Caroline en l'honneur de Charles IX (1562). **Laudonnière** élève en Floride le fort Caroline que les Espagnols prennent bientôt en faisant périr la garnison française; mais **de Gourgues** tire vengeance de ce meurtre en faisant massacrer tous les Espagnols qui avaient occupé le fort. Les guerres de religion arrêtèrent le premier essor colonial qui aurait pu produire de si féconds résultats.

La colonisation française au dix-septième siècle. — Henri IV, après avoir rétabli la paix religieuse et l'autorité royale, poursuit avec activité la fondation d'un empire colonial français en Amérique. **Champlain** fonde Port-Royal en Acadie (1605), Québec au Canada (1608) et découvre les grands lacs dont le Saint-Laurent est l'émissaire et qu'il nomme la « mer douce. » Les colons affluent et une Compagnie se forme pour le commerce des pelleteries. En même temps, **La Ravardière** prenait possession de la Guyane.

Sous Richelieu, Champlain est nommé gouverneur du Canada que les Anglais restituent après l'avoir un moment occupé. Des établissements sont fondés dans les Antilles à Saint-Domingue, Saint-Christophe, la Martinique, la Guadeloupe et les petites îles qui en dépendent. Cayenne s'élève en Guyane (1635), la Réunion est occupée (1642) et Ricault crée le comptoir de Fort-Dauphin sur la côte orientale de Madagascar. Richelieu avait, quelques mois avant sa mort, fait signer à Louis XIII l'acte qui constituait la première Compagnie des Indes orientales.

Colbert développe les établissements français dans toutes les parties du monde et institue des **Compagnies de commerce** pour les exploiter. L'Acadie est reprise aux Anglais (1667), des colons, des soldats de l'ancien régiment de Carignan sont envoyés au **Canada** qui, grâce à l'habile administration du gouverneur Talon, compte bientôt une population de 11 000 habitants.

Dans deux voyages successifs (1681-1687), **Cavelier de la Salle** découvre le Mississipi et prend possession de la **Louisiane**. Aux **Antilles** déjà **françaises** viennent s'ajouter la Grenade, Sainte-Lucie, Saint-Martin, la Dominique, Tabago.

Madagascar, gouvernée par Flacourt, prend le nom d'île Dauphine, puis de France orientale et devient une colonie de la couronne. La Compagnie d'Afrique fonde les comptoirs de Saint-Louis, de Gorée, d'Arguin au **Sénégal** où, à la fin du dix septième siècle, André Brue développera le commerce français.

Enfin la Compagnie des Indes orientales établit des **comptoirs dans l'Inde**, à Surate, à Mazulipatam et à Pondichéry que fonde François Martin (1676).

La France possédait à la mort de Colbert un empire colonial des plus prospères et dont le noyau était les territoires d'Amérique divisés en **Nouvelle France** (colonies de l'Amérique du Nord) et en **France équinoxiale** (Antilles et Guyane).

Perte des colonies françaises au dix-huitième siècle. — Le dix-huitième siècle a vu s'accomplir la décadence et la chute de ce bel empire colonial français. Déjà Louis XIV, désireux de détacher l'Angleterre de la grande coalition formée en 1701 par les puissances européennes, afin de pouvoir traiter avec elle, lui cède au **traité d'Utrecht** (1713), l'Acadie, l'île de Terre-Neuve et les territoires de la baie d'Hudson, laissant ainsi les Anglais entourer le Canada.

Malgré ces pertes désastreuses, la colonisation française se développe encore quelque temps avec tant de force que l'Angleterre, alarmée de ses progrès, met tout en œuvre pour les arrêter. Maîtresse encore du cours du Saint-Laurent par le Canada, de la vallée inférieure du Mississipi et de son embouchure par la **Louisiane** dont **Law fonde** la capitale, la **Nouvelle-Orléans**, la France fait établir dans la vallée de l'Ohio une série de forts qui semblaient devoir interdire aux colonies britanniques de la côte orientale de l'Amérique du Nord toute expansion vers l'intérieur. Le nombre des colons canadiens s'élevait à 50000, et **La Bourdonnais** assurait la prospérité de l'île Bourbon et de l'**île de France** récemment occupée (1721).

Mais la coupable insouciance de Louis XV, les calculs intéressés de la Compagnie des Indes uniquement occupée de développer son trafic et d'assurer à ses actionnaires de fructueux dividendes, enfin l'ignorance générale que partageait Voltaire, en matière de colonisation, rendent ces efforts stériles et amènent le triomphe des Anglais.

Tandis que Louis XV consacrait tous ses efforts à des guerres funestes en Europe, **Dupleix** donnait le tiers de l'Inde à la France; mais sa disgrâce faisait passer toutes ses conquêtes aux Anglais. En Amérique, **Montcalm** périssait glorieusement en tentant de défendre le Canada.

Par le **traité de Paris** (1763), la France ne conservait dans l'Inde qui aurait pu lui appartenir que cinq comptoirs isolés, cédant à l'Angleterre : le Canada, l'île du cap Breton; dans les Antilles, la Dominique, Saint-Vincent, Tabago; au Sénégal, Saint-Louis, et donnait bientôt la Louisiane à l'Espagne. C'en était fait de la puissance coloniale de la France.

Sous Louis XVI quelques efforts sont tentés : mais l'essai de colonisation de **Beniouski, à Madagascar**, aboutit à un déplorable échec; le **traité avec l'empereur d'Annam** (1787), qui cédait la baie de Tourane à la France, n'est pas exécuté, et seul le **traité de Versailles** (1783) nous restitue Saint-Louis du Sénégal et quelques petites Antilles, telles que Sainte-Lucie et Tabago.

Pendant la Révolution, la France attaquée de toutes parts est obligée d'abandonner à elles-mêmes les colonies qui lui restaient, dans plusieurs desquelles le décret de la Convention abolissant l'esclavage provoqua du reste de graves événements. Puis Bonaparte, reprenant les anciennes traditions colonisatrices de la France, entreprend vainement de conquérir l'**Egypte** (1798-1799) et de soumettre **Saint-**

Domingue (1803); mais durant les guerres de l'Empire toutes nos colonies délaissées deviennent l'une après l'autre la proie de l'Angleterre, et, si le **traité de Paris** (1814) obligeait les Anglais à nous faire quelques restitutions, il leur abandonnait encore l'île de France, Sainte-Lucie et Tabago.

Reconstitution de l'empire colonial français au dix-neuvième siècle. — Il a fallu, pour réparer ces pertes, de longs et patients efforts dont les résultats, compromis parfois par une politique faible et hésitante, n'ont pas toujours été aussi fructueux que la grandeur des sacrifices accomplis permettait de l'espérer. La France a réussi cependant, en s'associant à ce mouvement de colonisation qui, depuis vingt ans surtout, entraîne, comme par une fatalité singulière, toutes les nations de l'Europe, à reconstituer un empire colonial qui lui assure encore le second rang parmi les Etats du globe.

Par l'occupation de la **Cochinchine** (1862-1867), du **Tonkin** (1885), du **Laos** (1893-1896), par l'établissement de son **protectorat sur le Cambodge** (1863) et sur l'**Annam** (1883), elle a fondé dans l'Indo-Chine cet empire colonial que Dupleix avait médité d'établir pour elle dans les Indes.

En **Afrique la prise d'Alger**, sous Charles X (1830), a été le signal de la **conquête de l'Algérie**, poursuivie lentement sous Louis-Philippe et sous le second Empire; l'**occupation de la Tunisie** (1881) a fortifié la position de la France sur la Méditerranée.

Nos comptoirs disséminés du Sénégal sont devenus, par une conquête militaire dont Faidherbe a préparé l'extension, l'**empire du Sénégal et Soudan français**, aujourd'hui divisé en plusieurs colonies distinctes (1854-1898).

Savorgnan de Brazza nous a assuré pacifiquement, au **Congo**, un territoire plus étendu que la métropole (1875-1894). L'occupation d'**Obock** (1862), l'occupation de **Madagascar** (1885 et 1895) et l'établissement du **protectorat français aux îles Comores** (1886) nous ont assuré d'importantes positions dans l'océan Indien.

Enfin, sous Louis-Philippe, Napoléon III et la troisième République, la France a occupé plusieurs îles ou **archipels d'Océanie**, dont l'ouverture d'un canal à travers l'Amérique centrale ne peut manquer d'accroître l'importance.

Malgré cette œuvre de relèvement colonial, les fautes du

passé n'ont pu être complètement réparées, et tandis que l'empire colonial anglais, si largement enrichi de nos dépouilles, s'étend d'une façon démesurée, et compte plus de 350 millions d'habitants, les possessions françaises n'ont qu'une étendue très inférieure, malgré les annexions récentes, avec une population de plus de 33 millions d'habitants.

En obéissant à ce mouvement irrésistible d'expansion, qui est le trait le plus remarquable de la fin du dix-neuvième siècle, la France, l'Angleterre, l'Allemagne et l'Italie, se sont préoccupées d'ouvrir à leur industrie et à leur commerce des débouchés qu'elles avaient jusque-là trouvés chez les diverses nations de l'Europe, dans les pays étrangers, et qui leur font aujourd'hui défaut.

Dans l'exploitation des colonies qu'elle a acquises, **la France, usant de procédés doux et humanitaires** qui ont fait chérir son nom et persister son influence, même dans les colonies perdues, telles que le Canada et l'île de France, n'a déployé ni l'avidité rapace, ni l'intolérance religieuse des Espagnols, ni l'égoïsme orgueilleux et brutal de l'Angleterre. Mais, par le chiffre des naissances qui, diminuant sans cesse, arrête l'accroissement de la population, par l'affaiblissement de l'émigration, elle est depuis longtemps très inférieure à l'Angleterre, à l'Allemagne, et même à l'Italie, qui fournissent annuellement à l'émigration un contingent considérable, et cette infériorité ne peut qu'inspirer des craintes sérieuses et malheureusement trop justifiées pour l'avenir.

CHAPITRE II

Colonies méditerranéennes : Algérie. — Tunisie. — Sahara français.

Répartition des colonies françaises. — La France, dont l'influence **dans la Méditerranée** remonte aux Croisades, possède dans cette mer deux de ses plus importantes possessions extérieures, l'Algérie et la Tunisie, les plus rapprochées de la métropole.

Autour de l'océan Atlantique elle a formé en Afrique deux vastes colonies : le Sénégal et Soudan français et le Congo. Mais elle n'a conservé en Amérique que des débris de son ancienne puissance, Saint-Pierre et Miquelon, quelques Antilles et la Guyane.

Sur les côtes de l'océan Indien, La Réunion, Madagascar, les Comores et le territoire d'Obock lui appartiennent en Afrique; mais elle n'a plus dans l'Inde que cinq comptoirs sans importance.

Enfin, **dans le Grand Océan** sont placées les colonies les plus éloignées de la métropole : l'Indo-Chine française et les archipels océaniens.

Il importe de remarquer que c'est en Afrique que la France possède les plus vastes territoires, et en Asie les plus peuplés.

I. — L'Algérie

1° Conquête de l'Algérie (1830-1880).

Prise d'Alger (1830). — L'injure faite par le dey d'Alger à la France dans la personne de son consul, Deval, qu'il avait publiquement frappé d'un coup d'éventail, et l'attaque d'un navire français venu en parlementaire décidèrent Charles X à préparer une importante expédition qui débarqua à Sidi-Ferruch, occupa le plateau de Staouëli et força Alger à capituler (5 juillet 1830).

Conquête de l'Algérie (1830-1848). — Le gouvernement de Louis-Philippe, occupé de difficultés intérieures, et obligé de compter avec l'opposition des Chambres, suivit d'abord une politique timide et hésitante durant la **période de l'occupation restreinte** (1830-1840); les principaux ports (Oran, Bougie, Bône) et la Métidja reçurent des garnisons françaises. Puis les différents gouverneurs généraux qui se succédèrent de 1834 à 1840 soutinrent, avec des succès divers, contre le prophète **Abd-el-Kader**, une lutte difficile qui fut marquée par de brillants faits d'armes : après une première tentative infructueuse, Constantine fut prise d'assaut (1837).

Avec le **général Bugeaud**, qui inaugure un nouveau système de guerre, marqué par des attaques incessantes et

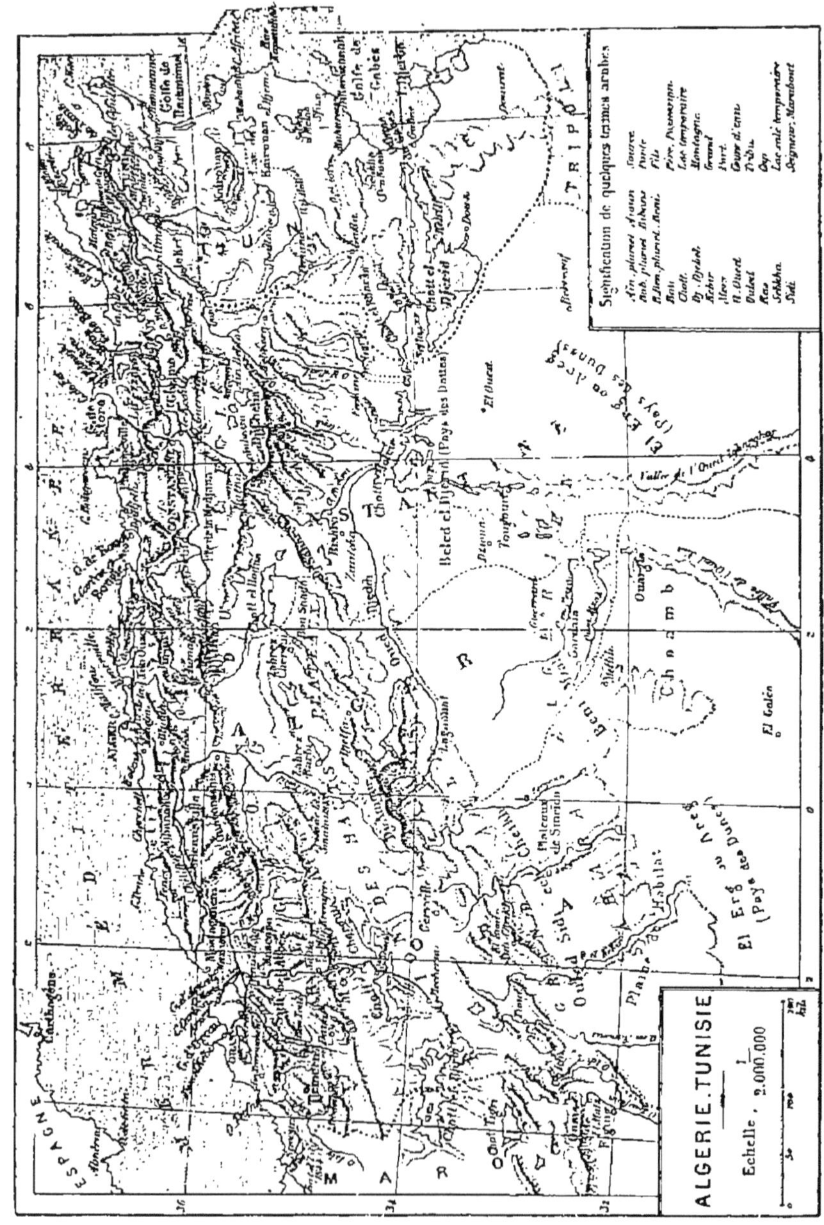
ALGERIE. TUNISIE
Echelle, 1/2.000.000
Signification de quelques termes arabes

méthodiquement dirigées, commence la **période de l'occupation étendue** (1840-1848). Abd-el-Kader, battu à Taguin, perd Mascara, sa capitale, ses principales places fortes, et la conquête s'étend dans toute la région des Hauts-Plateaux. Expulsé du Maroc, dont le sultan, battu par nos troupes à la bataille de l'Isly (1844), avait dû renoncer à le soutenir, Abd-el-Kader, traqué de toutes parts, se rend (1847), et est interné en France. La région de l'Aurès est soumise et Biskra occupé (1847).

Répression des insurrections (1848-1880). — Depuis 1848, la France a eu à réprimer des **insurrections partielles** qui ont éclaté sur trois points principaux : dans le Sahara, dans la Kabylie et dans le sud oranais.

Dans le Sahara on s'empara, après de terribles combats, des oasis de Zaatcha (1848), de Laghouat, de Tuggurt, de Ouargla, et le général de Gallifet occupa El-Goléa (1873); plus au sud des forts ont été créés dans le Sahara.

Dans la Kabylie, soumise par le général Randon (1857) qui y fonda le poste de Fort-National, El Mokrani excita en 1871 une grande insurrection qui fut réprimée par le général Lallemand.

Enfin, **dans le sud de la province d'Oran**, ont éclaté plusieurs soulèvements : le plus dangereux a été, en 1880, celui fomenté par Bou-Amama qui, chassé d'Algérie, s'est réfugié dans les oasis du Touat occupées en 1900 par la France.

2° Géographie physique[1].

Situation et limites. — **L'Algérie** est moins une colonie française qu'un **prolongement de la France** au delà de la Méditerranée. Limitée au nord par la mer, à l'est par la Tunisie, à l'ouest par le Maroc, avec lequel la frontière, tout à fait conventionnelle, a été récemment prolongée

---

1. Afin d'éviter les répétitions inutiles, nous nous bornerons à résumer dans ces chapitres les principaux traits physiques des diverses colonies françaises, renvoyant pour de plus amples détails aux deux volumes qui sont la suite et le complément de cet ouvrage, et dans lesquels notre collègue et ami M. Lanier a développé la géographie physique de ces différentes contrées.

jusqu'à l'est de Figuig, oasis laissée au Maroc (1901); elle comprend, depuis les conventions franco-anglaises de 1890 et de 1898, tout le Sahara central jusqu'à la ligne tracée du Niger en amont d'Ilo, jusqu'au nord de Barroua sur le lac Tchad. Aussi la **superficie** de l'Algérie est-elle diversement estimée, suivant qu'on lui rattache ou non les territoires sahariens compris dans la zone d'influence française : mais la partie vraiment occupée et colonisée ne dépasse pas 400 000 kilomètres carrés.

Le dernier recensement (1901) a donné une **population** de 4 739 000 habitants.

Constituant, avec le Maroc et la Tunisie, l'îlot montagneux de la **Berbérie**, qui était jadis réuni à l'Europe, vers le détroit de Gibraltar, vers Malte et la Sicile, l'Algérie comprend trois régions très distinctes par l'aspect du sol, la densité de la population et le développement des cultures : le Tell, les Hauts-Plateaux et le Sahara.

Le Tell. — **Le Tell**, qui comprend les côtes et la région montagneuse de l'intérieur jusqu'à l'endroit où les steppes succèdent aux cultures, est, par excellence, le pays de la colonisation, la partie la plus riche et la plus peuplée et dont la fertilité est merveilleuse partout où l'eau ne fait pas défaut.

Des massifs montagneux très confus, très irrégulièrement disposés, mais dont la direction générale est du sud-ouest au nord-est, constituent ce que, par convention, on appelle la **chaîne de l'Atlas**. Les uns bordent les côtes (massif du Dahra, 900 mètres au nord d'Orléansville, monts de Mouzaia au sud de la Métidja, **Jurjura** (2 300 mètres) en Kabylie, sur la rive gauche de l'oued Sahel, massif des Babors (2 000 mètres), sur sa rive droite, Djebel Edough, à l'ouest de Bône.

D'autres se développent entre le Tell et les Hauts-Plateaux (monts de Tlemcen, de Mascara, de Saïda dans la province d'Oran, massifs de l'Ouarsenis dans celle d'Alger, des Bibans traversé par le défilé des Portes de Fer). **Les fleuves** ne sont, pour la plupart, que des torrents au débit irrégulier (Tafna, Sig et Habra, oued Sahel, oued el Kebir) qui traversent par des gorges et isolent les massifs montagneux du Tell et qui sont impropres à la navigation. Quelques-uns sont permanents comme le **Chéliff**, le plus long de tous, qui, après avoir traversé les Hauts-Plateaux, pénètre dans le Tell par la gorge de Boghar, et comme la **Seybouse**. Des barrages établis dans la vallée de plusieurs de ces rivières permettent d'utiliser leurs eaux pour l'irrigation.

Hauts-Plateaux. — Entre les massifs montagneux de l'Atlas tellien et de l'Atlas saharien (monts des Ksours, Djebel Amour, **Djebel Aurès, 2312** mètres) s'étendent les **Hauts-Plateaux**. Plus larges et plus arides dans la province d'Oran que dans celle de Constantine, situés à une **altitude de 800 à 1100 mètres**, ils ont un **climat essentiellement continental**, froid en hiver, très chaud en été, et sont caractérisés par **les chotts** (chotts el Rharbi, el Chergui, Zahrez, chott du Hodna), cuvettes peu profondes, remplies d'eau en hiver, desséchés et couverts, en été, d'une épaisse couche de sel. **L'alfa**, plante textile utilisée pour la fabrication du papier, des prairies qui servent à l'élevage des troupeaux et quelques cultures dans la région du Hodna couvrent les Hauts-Plateaux, où circulent les tribus d'Arabes nomades et que surveillent, au nord et au sud, de nombreux postes militaires. Dans la province de Constantine, la **plaine des Sbakh** est couverte de ruines romaines.

Sahara algérien. — Dans la province d'Oran le **plateau du Sahara** s'abaisse assez régulièrement du nord au sud vers la dépression du Touat. Dans les provinces d'Alger et de Constantine, **la dépression occupée par le chott Melrhir**, et entourée de plateaux plus élevés, est le point vers lequel se dirigent les **cours d'eau temporaires** (oued Djeddi) ou **les rivières**, qui, coulant jadis à ciel ouvert, **ont aujourd'hui un cours souterrain** (oued Igharghar). **Laghouat**, sur l'oued Djeddi, **le Mzab** avec Ghardaia, **Biskra**, où arrive le chemin de fer de Philippeville, l'oued Rhir avec **Tuggurt, le Souf** avec El Oued, **Ouargla** et **El Goléa** sont les principales oasis du Sahara algérien, dont le nombre augmente sans cesse grâce au forage des puits artésiens. Les oasis du Touat ont été occupées en 1900.

3° Géographie politique.

Gouvernement. — A part une courte période durant laquelle a été pratiqué un essai prématuré de **gouvernement civil** (1848-1851), l'Algérie, depuis le commencement de la conquête jusqu'en 1871, a été soumise au

régime militaire. Elle est gouvernée depuis cette époque par un **gouverneur général civil** assisté d'un **conseil supérieur** et des délégations algériennes, composées des représentants des colons. Depuis 1901 l'Algérie possède un budget indépendant.

Divisions politiques; villes. — L'Algérie est divisée en trois provinces dans chacune desquelles il convient de distinguer : 1° **le territoire civil** qui, correspondant à peu près à la région du Tell, comprend les trois départements administrés par des préfets et divisés en arrondissements administrés par des sous-préfets; 2° **le territoire militaire** qui comprend, dans les Hauts-Plateaux et sur le versant saharien, les régions où les insurrections sont encore à craindre et qui dépend des trois divisions militaires d'Oran, Alger, Constantine et de leurs subdivisions commandées par des généraux. **L'administration indigène**, composée des caïds, des cheiks et des aghas, fonctionne sous la surveillance de l'autorité militaire.

La justice a été organisée à peu près comme en France; les impôts sont moins nombreux et moins lourds que dans la métropole; l'enseignement a été développé. Alger est le siège d'une académie et du 19e corps d'armée.

Oran (85000 habitants), chef-lieu du département de ce nom, ville plutôt espagnole que française, a été pourvu d'un bon port défendu par des forts.

Nemours est le port le plus rapproché du Maroc; Mers-el-Kébir était jadis, avant la création de ports artificiels, la meilleure rade de l'Algérie; Arzeu exporte comme Oran l'alfa que lui amène la voie ferrée prolongée dans l'intérieur jusqu'à Aïn-Séfra, puis jusqu'à Djenian-Bou-Reszg en 1900. Mostaganem est un mauvais port.

Dans l'intérieur se remarquent Tlemcen, jadis capitale d'un puissant royaume arabe et qui a conservé de belles mosquées; Sidi-bel-Abbès, centre d'une riche région agricole; Mascara, ancienne capitale d'Abd-el-Kader, qui fabrique les tapis; Saïda, centre principal de l'exploitation de l'alfa.

Les Hauts-Plateaux sont dominés au nord et au sud par des postes militaires, dont les principaux sont El Aricha, Sebdou, Tiaret, au nord; Aïn-Séfra, Méchéria et Géryville au sud. El Abiod, dans l'Atlas saharien, est le centre religieux de la tribu des Ouled-Sidi-Cheikh.

Alger (100 000 habitants), complètement transformé depuis la conquête, doté d'un port que défendent des forts, des batteries et la vieille citadelle de la Kasbah, est la capitale de la colonie; siège d'une académie et du 19e corps d'armée, la ville s'étend de plus en plus dans une campagne pittoresque, fertile et peuplée.

Tenez et Cherchell sont les ports d'Orléansville, marché agricole de la vallée du Chéliff, au-dessus de laquelle s'élève, sur le plateau, Miliana, Blida, qui exporte les oranges,

Constantine.

est le centre de la riche plaine de la Métidja, au sud-ouest de laquelle est Médéa. Dellys est le port de la Grande Kabylie, dont Tizi-Ouzou est la ville principale et Fort-National la forteresse.

Les Hauts-Plateaux sont surveillés par les postes de Boghar, d'Aumale et de Djelfa.

Laghouat et Ghardaia, capitale du Mzab, sont les principales oasis du Sahara dans le département d'Alger.

Constantine (52 000 habitants) est située sur un plateau que le Rummel entoure de presque tous les côtés. Bougie, placée à l'embouchure de l'oued Sahel, sert de port aux deux Kabylies; Djidjelli est le débouché de la

Petite Kabylie ; Philippeville, qui a remplacé la rade dangereuse de Stora, est le point de départ d'une voie ferrée

Philippeville.

qui pénètre jusqu'à Biskra et doit être prolongée jusqu'à Tuggurt et Ouargla. Bône (34 500 habitants), dont le port a été amélioré et fortifié, fait un grand commerce ;

la Calle est le débouché du pays Tunisien de la Khroumirie.

Dans l'intérieur, Sétif s'élève sur un plateau fertile; Guelma est un grand marché de bestiaux. Souk-Aras, Batna, Tebessa sont des postes militaires; Biskra et Tuggurt, des oasis du Sahara.

Populations. — Les 4 739 000 habitants de l'Algérie peuvent être répartis en deux groupes : les indigènes et les Européens.

Parmi les indigènes **les Berbères** sont les plus anciens possesseurs du sol qui ont, depuis les Carthaginois jusqu'aux Vandales, absorbé tous les anciens conquérants du pays. Braves et intelligents, ils sont en général sédentaires et monogames. Les Kabyles, les Mzabites, les Aurasiens et même les Touaregs sont des Berbères.

Les Arabes qui, après la mort de Mahomet, ont conquis l'Afrique du Nord, sont également intelligents mais perfides et vindicatifs; ils mènent en général la vie nomade, soumis au régime de la tribu, et pratiquent la polygamie. Parmi les Arabes on peut citer les Ouled-Sidi-Cheykh, les Ouled-Nayl et les Chaambas, ces derniers autour de Ouargla.

Les Maures, issus du mélange de toutes les races qui se sont succédé sur le sol algérien, habitent surtout les villes et exercent le commerce.

Les Nègres, jadis importés du Soudan par la traite, diminuent et supportent mal le climat du Tell et des Hauts-Plateaux.

Le nombre des **Couloughis**, métis de Turcs et d'indigènes, est également en décroissance.

Parmi **les Européens**, dont l'augmentation très sensible a été constatée par le dernier recensement [1], les Français sont les plus nombreux; après eux viennent les Espagnols, que l'on trouve surtout dans la province d'Oran, les Italiens dans celle de Constantine, les Maltais un peu partout. Ce sont les populations du midi de l'Europe qui s'acclimatent le mieux en Algérie.

Les Juifs, longtemps persécutés par les Turcs et les Arabes, ont été naturalisés en bloc en 1871.

Malgré leur diversité et l'absence d'unité politique, toutes

1. Il y a en Algérie environ 300 000 Français, 158 000 Espagnols, 40 000 Italiens, 20 000 Maltais, un peu plus de 3 500 Allemands et 45 000 Juifs.

les races indigènes sont rapprochées par la langue et par la religion de Mahomet. Les marabouts, sortes de prêtres musulmans, et les confréries religieuses des Khouans, des Aissaoua et des Snoussia ont souvent, par leur fanatisme, suscité de sérieuses difficultés à l'administration française.

4° Géographie économique.

Climat. — Le **climat** de l'Algérie subit **deux influences contradictoires : celle de la Méditerranée** qui, s'exerçant uniquement dans la région du Tell, lui donne un climat maritime et presque tempéré; **celle du Sahara** qui donne à la région saharienne et aux Hauts-Plateaux un climat tout à fait continental.

Les vents de mer rafraîchissent la température et apportent la pluie; **le siroco**, ou vent du Sahara, qui souffle heureusement en hiver, dessèche tout, crevasse le sol et répand au loin la poussière.

Sur les sommets les plus élevés de l'Atlas et dans les Hauts-Plateaux il y a souvent de la neige. **Les pluies**, trop rares dans certaines régions, et qui tombent sous la forme de grands abats d'eau, diminuent à mesure qu'on s'éloigne de la mer et à mesure que l'on se dirige de l'est vers l'ouest[1].

Dans la région du Tell, la température d'hiver est fort douce, mais l'été est marqué par de très fortes chaleurs[2].

Les Hauts-Plateaux sont soumis à un froid parfois excessif pendant l'hiver et à des chaleurs torrides pendant l'été[3]. Dans le Sahara le climat est essentiellement continental, le froid est moins vif mais la chaleur encore plus forte, et il y a fréquemment des écarts de température de 30 degrés dans la même journée.

Agriculture. — **L'Algérie** est surtout **un pays**

---

1. A La Calle il tombe une moyenne annuelle de 0m,84 de pluie ; mais la moyenne n'est plus que de 0m,79 à Philippeville, de 0m,71 à Alger, et de 0m,51 à Oran.

2. La moyenne de température à Alger est de + 18° et à Oran de + 17°.

3. Dans les Hauts-Plateaux le thermomètre descend en hiver à — 10°, et monte en été à + 50°. A Biskra, à la limite du Sahara, il y a un écart de 55° entre la journée la plus froide et la journée la plus chaude de l'année.

agricole, et à chacune de ses régions physiques correspondent des productions différentes. Le Tell, fertile, partout où les irrigations sont possibles, produit les céréales, la vigne, l'olivier, les fruits. Dans les Hauts-Plateaux pousse l'alfa et dominent les pâturages; les palmiers, les oasis sahariennes fournissent les dattes; l'invasion des sauterelles dites **criquets** est malheureusement un fléau redoutable pour les récoltes.

Les **forêts**, trop fréquemment dévastées par des incendies désastreux, et qui fournissent le chêne-liège, le pin d'Alep, le thuya et l'olivier sauvage, se trouvent principalement dans les montagnes de l'Aurès et de l'Edough. Le reboisement a chassé les fièvres de la plaine de la Métidja, et diminué la chaleur de l'été à Orléansville.

Les **céréales** constituent la culture principale de l'Algérie et se trouvent dans toutes les plaines et vallées du Tell.

La culture de la vigne a pris depuis quelques années une rapide extension : les vins d'Algérie entrent de plus en plus dans la consommation française et leur production annuelle est déjà de plus de 3 200 000 hectolitres.

L'**olivier** réussit dans tout le Tell; mais les procédés de fabrication de l'huile sont encore assez défectueux.

Dans la Métidja, Blida exporte en abondance les **oranges** et les **citrons**.

La culture des légumes, qui a pris un grand développement, permet d'expédier les primeurs en France. Enfin les oasis du Sahara produisent d'énormes quantités de **dattes**.

Parmi les **cultures industrielles** il convient de citer : le tabac, dont la production égale celle de la France, l'alfa, qui pousse dans les Hauts-Plateaux, surtout autour de Saïda, et que les ports d'Arzeu et d'Oran exportent en grande quantité en Angleterre, le coton, le lin, la ramie et les graines oléagineuses.

Les **prairies et pâturages** nourrissent des bœufs, des chevaux, mais surtout de nombreux troupeaux de moutons et de chèvres; l'élevage des autruches, tenté en vue du commerce des plumes, a également réussi.

La chasse et la **pêche** sont fructueuses : la France, avant de conquérir l'Algérie, possédait d'importantes pêcheries de corail près de la Calle.

Industrie. — **L'absence de la houille** ne permettra pas à l'Algérie de devenir un pays industriel.

Des mines de **fer** sont exploitées à Aïn Mokra (à l'ouest de Bône) et à Beni-Saf (près de Nemours). Le cuivre et le plomb argentifère se trouvent près de la Calle ; le mercure à Ras-el-Ma (province d'Oran) ; le **sel** se rencontre en abondance dans tous les chotts ; les eaux minérales sont très nombreuses.

L'Algérie se suffit à peu près pour **les objets de fabrication courante** ; mais à part quelques manufactures de tapis et de tissus indigènes (Mascara, Ouargla, Ghardaia), une fabrique de bouchons de liège (Philippeville), quelques tuileries et briqueteries, la grande industrie n'existe pas.

Commerce ; voies de communication. — Le **réseau des voies de communication**, commencé par la France après 1830, **est loin d'être assez développé.** Les **routes** sont rares et souvent mal entretenues ; aucun cours d'eau n'est navigable, et les seuls canaux qui existent servent à l'irrigation.

Parmi les **voies ferrées** (3 320 kilomètres environ), **les unes ont été construites parallèlement à la côte** pour relier entre elles les parties fertiles du Tell, les autres sont des **lignes de pénétration**, atteignant déjà le Sahara qu'elles réunissent ainsi au littoral.

Les **deux grandes voies parallèles à la côte** sont :

1° La ligne d'**Alger à Oran**, par Blida, Miliana, Orléansville et Saint-Denis-du-Sig ;

2° La ligne d'**Alger à Tunis**, par Beni-Mansour (sur l'Oued-Sahel), Sétif, Guelma, Duvivier, Souk-Aras et la vallée de la Medjerda.

On distingue, parmi les **voies de pénétration**, les lignes :

1° **D'Oran à Ras-el-Ma**, par Sidi-Bel-Abbès, qui envoie un embranchement sur Tlemcen ;

2° **D'Arzeu à Ben-Zireg**, par Mascara, Saïda, le Kreider (au milieu du Chott-el-Chergui), Méchéria, Aïn-Séfra, Djenian-Bou-Reszg, Duveyrier et Beni-Ounif (près de Figuig) ;

3° De **Mostaganem à Tiaret** ;

4° **D'Alger à Tizi-Ouzou** en Kabylie ;

5° De **Bougie à Beni-Mansour** ;

6° De **Philippeville à Biskra**, par Constantine et

Batna, avec prolongement projeté sur Tuggurt et Ouargla. Ce sera le commencement du futur transsaharien.

7° De **Bône à Aïn-Mokra**, servant à l'exploitation des mines de fer;

8° De **Bône à Tebessa**, par Duvivier et Souk-Aras.

Plusieurs **câbles** unissent Marseille à Alger et Bône.

Des **paquebots** partant de Port-Vendres, Cette et Marseille, aboutissent à Oran, Alger, Philippeville et Bône ; une ligne de cabotage dessert également tous les ports du littoral d'Oran à Tunis.

La nécessité pour les habitants du Sahara et des Hauts-Plateaux de se procurer les produits du Tell, produit à l'intérieur un mouvement d'échanges assez considérable ; mais, à cause de la suppression de l'esclavage, les caravanes venant du Soudan évitent l'Algérie pour aboutir à Tripoli et au Maroc.

La **valeur du commerce extérieur**, qui n'était que de 8 millions en 1831, est à peu près aujourd'hui de 700 millions. Les exportations consistent en céréales, fruits, primeurs, alfa, vins, fer, huiles, laines. Les importations consistent en produits manufacturés, vêtements, meubles, machines, houille, denrées coloniales. Depuis 1884, les échanges entre la France et l'Algérie sont à peu près exempts de droits; l'octroi de mer, taxe locale, n'est perçu qu'une fois pour toutes à l'entrée des ports algériens.

C'est la France qui profite le plus du commerce avec l'Algérie ; elle lui fournit ce qui lui manque et lui achète les produits agricoles (chiffre du commerce : environ 550 millions). Après elle viennent, mais à un degré très inférieur, l'Angleterre qui vend à l'Algérie la houille et lui achète l'alfa, puis l'Espagne, l'Italie et la Tunisie. Alger et Oran sont les principaux ports pour l'exportation.

En résumé, l'Algérie, pays essentiellement agricole, ne donne pas encore, malgré les grands progrès accomplis depuis 1830, tout ce qu'elle pourrait donner. Pour subvenir aux dépenses de cette colonie, la France a été longtemps obligée de fournir annuellement 19 à 20 millions. Mais, malgré ce déficit pour le budget de la métropole, déficit qui ira d'ailleurs en diminuant sans cesse, l'Algérie enrichit la France par le commerce considérable auquel elle donne lieu et qui s'accroît tous les ans. Aussi, sans parler des avantages politiques et militaires que sa possession nous assure, on peut affirmer que dans l'avenir, l'Algérie, mieux cultivée et mieux exploitée, indemnisera largement la France des sacrifices qui, depuis 1830, ont été prodigués pour elle.

II. — Tunisie.

1° Conquête de la Tunisie (1881).

La Tunisie, riche, prospère et peuplée sous la domination de Carthage et de Rome, a subi une profonde décadence depuis que Hussein fonda en 1705 la dynastie qui règne encore dans ce pays.

Les droits de la France sur la Régence remontent à Louis XIV, qui envoya en 1664 une flotte sous le duc de Beaufort pour châtier les pirates barbaresques et qui conclut deux traités suivis d'un très grand nombre d'autres au dix-huitième siècle, puis plus tard sous le Consulat.

Avant même que le sultan, en renonçant au tribut qui lui était jadis payé, eût reconnu officiellement (1871) l'indépendance de la Tunisie, **une lutte d'influence** avait éclaté entre les **représentants de la France et de l'Italie.** Grâce à l'activité de ses consuls, la France avait réussi à installer dans la Régence les services des postes et des télégraphes et commencé la construction de la grande ligne de chemin de fer de Tunis à Alger. De son côté l'Italie, dont les nationaux étaient nombreux à Tunis, avait établi la ligne de chemin de fer unissant la capitale à la Goulette, son port avancé.

Lorsqu'au **congrès de Berlin** (1878), l'Angleterre et l'Allemagne eurent laissé toute liberté d'action en Tunisie à la France, celle-ci prit pour prétexte l'hostilité du Bey au sujet de l'achat par une compagnie marseillaise du domaine de l'Enfida et les pillages des Kroumirs sur le territoire algérien pour intervenir dans la régence.

Une petite **armée**, commandée par le **général Forgemol,** occupa le pays des Kroumirs (1881). Puis, pour triompher de l'opposition du Bey, **le général Bréart débarqua à Bizerte** avec un autre corps de troupes, et, s'avançant sur Tunis, imposa au bey **le traité du Bardo** (12 mai 1881), qui plaçait la régence sous le protectorat français.

Le rappel imprudent d'une partie des troupes provoqua des **insurrections**. **Sfax** fut bombardé et pris d'assaut; trois colonnes **marchèrent** en même temps **sur Kairoan**, la ville sainte, qui fut occupée sans combat. Depuis cette époque la paix n'a cessé de régner, et les divers ministres de France qui se sont succédé ont réussi, en pratiquant loyalement le protectorat, à accomplir d'utiles réformes dans l'administration de la régence et à développer rapidement sa prospérité.

2° Géographie physique.

Situation; étendue. — Prolongement naturel de l'Algérie, mais mieux située qu'elle grâce à ses côtes qui dominent les deux bassins de la Méditerranée, la Tunisie occupe une **superficie** d'environ 116 000 kilomètres carrés. Sa **population**, qui s'élevait au moins à 15 millions d'habitants sous les Romains, atteint à peine aujourd'hui le chiffre de 1 600 000 habitants.

Par suite de la disposition des chaînons de l'Atlas, la Tunisie ne possède pas, comme l'Algérie, de région de Hauts-Plateaux et la rareté des pluies dans le sud de la Régence permet au Sahara de s'avancer bien plus loin vers le nord qu'en Algérie et de réduire ainsi l'étendue des parties cultivables. Mais les progrès merveilleux qu'elle a réalisés en quelques années laissent clairement prévoir qu'elle arrivera plus rapidement que l'Algérie à dédommager la France des sacrifices qui ont été prodigués pour son développement.

Les régions de la Tunisie.

On peut distinguer en Tunisie **cinq régions principales** :

La **Kroumirie**, située entre la frontière algérienne, la Medjerda et la mer, est couverte par des montagnes élevées de 1 500 mètres, au milieu desquelles on a élevé le fort d'**Aïn-Draham**; sur la côte, que borde l'île de Tabarcah, un fort commande l'issue des vallées du pays. Les Khroumirs sont des Berbères nomades.

Dans le Mogod, que continue la Kroumirie vers l'est, les collines viennent finir au cap Blanc près duquel s'ouvre le golfe de Bizerte ou Tindjar dont on a approfondi le chenal d'entrée, en créant ainsi à Bizerte un port militaire et de commerce accessible aux cuirassés. A l'intérieur, **Béja** (l'ancienne Vacca) et Mateur sont les localités principales.

Le **Tell tunisien** compris entre les monts des Khroumirs et du Mogod au nord, et au sud les prolongements de l'Atlas saharien (Djebel Hallouk, Jougar, plateau de Zaghouan) qui vont se terminer dans la presqu'île du cap Bon, est traversé par le principal fleuve de la Régence, **la Medjerda.** Venu d'Algérie, où il laisse au nord le poste militaire de Souk-Aras, ce torrent traverse une succession de

Tunis.

bassins lacustres à partir de **Ghardimaou,** arrose **Testour,** puis la riche **plaine de la Manouba** et finit par un delta ensablé près de **Porto-Farina** qui exploite des salines. Au sud des ruines de l'ancienne Carthage, **Tunis** (157 000 habitants) a été doté d'un port auquel aboutit le chenal traversant le lac Bahira. **La Goulette,** qui lui est unie par un chemin de fer, formait jadis la rade avancée. **Zaghouan,** sur le plateau de ce nom, possède les sources qui servent à l'alimentation de la capitale. **Le Kef** est une ancienne place forte près de l'Oued Mellègue, affluent de la Medjerda.

La côte orientale appelée « **Sahel** », région riche et peuplée où prospèrent les céréales, la vigne et les oliviers, présente les ports de Hammamet; de **Sousse** (28000 habitants), qui est reliée par un chemin de fer avec la principale ville de l'intérieur, **Kairoan** (25000 habitants), la cité sainte qui fabrique les tapis; de **Monastir**, qui pêche le thon et qui est célèbre par ses mosquées et ses écoles; de **Sfax** (42000 habitants), entouré de magnifiques jardins et qui a été doté d'un excellent port (1898). Les îles de Kerkenna et de Djerba, qui produisent des dattes et près desquelles on pêche les éponges, se rattachent à la Tunisie.

Le Sahara tunisien est couvert de chotts (chotts Rharsa, Djérid, Fejej), que les commandants Roudaire et Landas se proposaient de réunir pour établir une vaste mer intérieure dans le sud de l'Algérie et de la Tunisie; mais les dépenses énormes, qu'auraient nécessitées les travaux, ont fait renoncer à leur exécution. **Gabès** est le port du Sahara, dont **les oasis** (Gafsa, 10000 habitants, Tozeur, Nafta) exportent les dattes et fabriquent des tissus de laine et de soie.

3° Géographie politique.

Population. — **La population** de la Tunisie, qu'à défaut de recensement on évalue à 1600000 habitants, et qui était jadis dix fois plus forte, se compose de **Berbères** et d'**Arabes** plus sédentaires, en général, et moins fanatiques qu'en Algérie, parce qu'ils sont d'un sang plus mêlé. Les **Maures** exercent l'industrie dans les villes. Le nombre des **Européens** (20000 Français, 15000 Italiens, 11000 Maltais) a rapidement augmenté depuis l'établissement du protectorat. **Les Juifs** sont nombreux, surtout à Tunis et à Sfaks.

Gouvernement. — Depuis 1881 la Tunisie est placée sous le **régime du protectorat.**

Le Bey, dont le pouvoir a été limité par les **traités du Bardo** (1881) et **de la Marsa** (1883), est assisté d'un **résident général de France**, qui dirige les relations extérieures de la Régence, et de ministres, les uns français, les autres indigènes.

Administration; réformes accomplies par la France. — La Tunisie est divisée en circonscriptions nommées « **outans** », à la tête desquelles sont des **caïds** qui administrent et lèvent les impôts sous la surveillance de **six contrôleurs français**; les tribus sont gouvernées par des **cheikhs**. Quelques municipalités ont été créées dans les principales villes.

Les principales réformes accomplies par la France en Tunisie sont :

1° **La suppression des capitulations** (1883-84), par lesquelles les étrangers, dépendant de leurs tribunaux consulaires respectifs, étaient soustraits aux juridictions indigène et française;

2° **La création d'une justice française**, comprenant deux tribunaux de première instance (Tunis, Sousse) et des juges de paix dont la compétence est plus étendue que celle des juges de paix de France;

3° **La conversion et l'unification de la dette tunisienne**, qui a été désormais garantie par la France et qui a entraîné la réorganisation de tous les services financiers;

4° **Le développement de l'instruction publique** par l'établissement d'une direction de l'enseignement, la création de collèges (Sadiki, Saint-Charles, Alaoui), d'écoles primaires, de cours supérieurs français et de cours publics de langue arabe;

5° **L'organisation du service des antiquités** et des beaux-arts (1890) destiné à conserver les monuments historiques, les musées et à diriger les fouilles;

6° **L'organisation du corps d'occupation** de la Régence comprenant une brigade, divisée en trois commandements militaires.

Ces réformes ont rapidement développé la prospérité de la Tunisie qui, à l'heure actuelle, subvient aux dépenses de ces différents services à l'exception de l'entretien du corps d'occupation, et dont le budget se solde chaque année par des excédents de recettes.

4° Géographie économique

Climat. — Grâce à sa position entre les deux bassins de la Méditerranée, la Tunisie a un **climat plus doux et**

plus humide que celui de l'Algérie : les saisons se succèdent régulièrement comme en France, mais l'hiver est plus court, l'été plus long et plus chaud. Les vents du nord et du nord-est, qui règnent une partie de l'été, tempèrent la

Exploitation du liège.

chaleur ; le vent du sud est moins fréquent et moins brûlant qu'en Algérie. A l'exception de quelques points fiévreux, le climat est partout salubre et la Tunisie pourra devenir une excellente station hivernale.

Agriculture. — Ce climat ne permet pas de délimiter en Tunisie aussi régulièrement qu'en Algérie les régions agricoles. Dans la Kroumirie dominent les forêts; dans la vallée fertile de la Medjerda, les céréales et les oliviers. Les villes du Sahel sont entourées de magnifiques jardins qui produisent les fruits en abondance; c'est aussi la région des oliviers. Enfin, Gabès et les oasis du Sahara produisent l'alfa et les dattes.

La création de routes et de sentiers a permis de commencer l'**exploitation des forêts**, surtout les **chênes-lièges** de la Kroumirie. C'est un revenu considérable assuré à l'Etat Tunisien de qui elles dépendent.

La Tunisie, qui était jadis le grenier de Rome, produit en abondance et exporte **les céréales** cultivées surtout dans la vallée de la Medjerda et sur les côtes.

Les **plantations de vignes** faites surtout dans les grandes propriétés achetées par les Européens, telles que l'Enfida et le domaine de Gafoux, ont pleinement réussi. Les vins de Tunisie sont déjà estimés, et les Chambres françaises ont, par la loi de 1891, accordé l'entrée en franchise d'une partie des vins de Tunisie.

Grâce à l'abondance des **oliviers** cultivés, surtout dans la vallée de la Medjerda et dans le Sahel, la Tunisie exporte pour 7 à 8 millions d'huile d'olive, bien que les procédés de fabrication laissent encore à désirer.

La Tunisie exporte aussi beaucoup de fruits et des **dattes**, dont l'excellence est attribuée à la présence de sources thermales qui arrosent les palmiers.

L'alfa, la principale culture industrielle, est exporté en Angleterre.

L'élevage est moins développé qu'en Algérie; des essais sont tentés pour améliorer les races de chevaux, de bœufs et de moutons.

Sur les côtes, on **pêche** la sardine (Mehdia), le thon (île Kerkennah), les éponges, le corail, et la pêche dans le lac de Bizerte est affermée par l'Etat à des particuliers.

Industrie. — La Tunisie possède une **mine d'or** (Bou Hedma), du **plomb argentifère** dans la vallée de la Medjerda, du **fer** dans la Kroumirie et le Mogod, des **carrières de marbre** (Chemtou, près de la Medjerda), d'**argile** (presqu'île du cap Bon), des **gisements de phosphates** (Le Kef, Gafsa), et de nombreuses eaux minérales.

L'industrie tunisienne, peu développée, comprend la fabrication des bonnets rouges dits chéchias (Zaghouan), des tissus de soie (Tunis, région du Sahel), des tissus de laine (île Djerba, oasis du Sahara), des tapis (Kairoan), des broderies, objets de sellerie et parfums (Tunis).

Commerce; voies de communication. — Si la France s'est préoccupée d'assurer à la Tunisie des débouchés maritimes en faisant creuser les ports de Tunis et de Bizerte, la construction des routes et des voies ferrées a été conduite assez lentement depuis l'établissement du protectorat.

Les **principales lignes de chemins de fer** sont celles de **Tunis à la Goulette**, de **Tunis à Alger**, par Béja, la vallée de la Medjerda, Ghardimaou et Souk-Aras, de **Tunis à Bizerte**, de **Sousse à Kairoan** et de **Tunis à Sousse** par Hammamet. La ligne de Sfax à Gafsa a été construite par la Compagnie des phosphates de Gafsa.

Des **paquebots** unissent Tunis à Marseille, à Palerme et à Bône.

Le **commerce** de la Tunisie, qui dérive surtout des productions agricoles, a accompli, dans ces dernières années, de très grands progrès.

Les exportations (céréales, huile d'olive, alfa, vins, éponges), qui représentaient en 1889 une valeur de 18 millions de francs, ont, depuis la loi de 1891, par laquelle le Parlement français a accordé l'entrée presque libre de la métropole aux produits du sol tunisien, augmenté dans des proportions considérables.

Les importations consistent en coton, soie laine, tissus de coton, denrées coloniales, farines.

Le commerce total de la Tunisie atteint aujourd'hui le chiffre de 100 millions.

Il est à remarquer que le **commerce de la Tunisie profite surtout à la France.**

L'Angleterre achète à la Tunisie l'alfa et lui fournit les cotonnades.

L'Italie envoie ses vins et ses céréales.

Ainsi, grâce à une administration sage et régulière, aux progrès de la colonisation par l'achat de terres, le perfectionnement des cultures et la plantation de vignes, grâce au développement rapide de l'élément français dans la Régence, la Tunisie, dotée de nouveaux ports, et avec des finances prospères, est appelée à un grand avenir, et apparaît dès maintenant comme une des meilleures colonies de la France.

III. — Sahara français

Géographie physique. — **La convention du 5 août 1890** et **celle de 1898** par laquelle l'Angleterre a accepté comme devant servir de limite à l'influence française **la ligne d'Ilo au lac Tchad**, a cédé à la France théoriquement tout le Sahara central, mais dont la possession réunira dans l'avenir l'Algérie et la Tunisie avec notre grand empire du Sénégal et du Soudan français.

Il a été émis, **au sujet de la nature et de l'aspect du Sahara, beaucoup d'idées fausses** que les explorations accomplies depuis vingt ans contribuent heureusement à détruire.

Le Sahara n'est pas, comme on l'a répété longtemps, **une plaine unie et sablonneuse.** Il a des montagnes dont l'altitude dépasse 2000 mètres (monts du Tibesti et d'Ahaggar), et le plateau qui le constitue a en moyenne 500 mètres d'élévation au-dessus du niveau de la Méditerranée; si l'on y rencontre des lignes de dunes (les Areg, dans le sud de la province d'Oran), on peut y marcher des journées sans rencontrer de sables.

Il n'est pas davantage **un ancien fond de mer :** son altitude moyenne le prouve, et les restes organiques, trouvés à la surface sont des débris de coquilles terrestres ou fluviales.

Loin d'être une région à la chaleur torride, il a souvent des nuits très fraîches; par suite de l'irrégularité des pluies, l'air est sec et le climat est caractérisé par d'énormes écarts de température[1].

Enfin, à ceux qui représentent le Sahara comme un désert improductif, on peut répondre **que le sol est fertile par-**

---

1. Flatters a observé, en avril, jusqu'à 40° de différence de température dans une même journée.

tout où il y a de l'eau, et qu'une grande partie du Sahara algérien a vu, grâce au forage de puits artésiens, se développer rapidement ses oasis.

Dans le sol du Sahara on rencontre **trois natures diverses** : le **Hamada**, sol argileux et dur, dépourvu d'eau et de végétation et d'un aspect désolé; l'**Erg**, région des sables; et les **sebkhas** ou **chotts**, tour à tour remplis d'eau et desséchés.

Des cours d'eau au régime irrégulier, à sec en été, se perdant généralement dans les sables, ayant même parfois un **cours souterrain**, le traversent. Tels sont l'**oued Messaoud** qui, venu du Maroc, coule souterrainement jusque dans les oasis du Touat qu'il alimente; l'**oued Djeddi** qui, après avoir longé en Algérie les derniers chaînons de l'Atlas saharien, se jette dans le chott Melrhir; l'**oued Ighargar**, le plus long, qui prend naissance dans le massif d'Ahaggar, passe à Amguid et disparaît dans les sables, tandis que jadis il se prolongeait par Tuggurt jusqu'au chott Melrhir et recevait, à gauche, une autre rivière, l'**oued Mya**, dans l'ancienne vallée de laquelle s'élève Ouargla.

Populations; oasis. — Le Sahara central est le domaine des **Touaregs**, population nomade et pastorale, au visage voilé, divisée en tribus[1] dont plusieurs ont, en commettant de nombreux assassinats, prouvé leur hostilité à la France. L'explorateur **Duveyrier** avait jadis signé un **traité** avec leurs chefs (1862). Tout récemment les **missions Méry** (1892-1893), **d'Attanoux** (1893-1894) et **Foureau** (1892-1896) ont tenté de renouer avec eux les anciennes relations, car, guerriers redoutables, ils détiennent les routes du Sahara dont la France convoite la possession.

Parmi les plus importantes **oasis du Sahara** français on peut citer l'oasis de Figuig disputée entre la France et le Maroc, celles du Touat (cap. In-Salah) occupées en 1900, celles du Sahara algérien (oasis des Ouled-si-Cheikh, de Laghouat, de Biskra, du Mzab, de Ouargla, d'El-Goléa, du Souf) et tunisien (Gafsa, Gabès, Tozeur).

Aux sources de l'oued Ighargar est l'oasis d'Ahaggar (cap. Idelès) que l'on a surnommée la Suisse africaine, celle d'Aïr

---

1. On distingue les Touaregs Azdjer, les Hoggar, les Kéloui et les Aouelliminden.

(cap. Agadès) et au nord du lac Tchad le Damerghou, les oasis de Kaouar et de Bilma où l'on exploite le sel.

Oasis d'Ouargla.

Les voies commerciales du Sahara. — Le Sahara, à cause de son climat continental qui est marqué par de grands écarts de température, à cause de la sécheresse excessive qui provient des pluies rares et irrégulières, ne peut avoir qu'une valeur économique très faible.

Le sel constitue la principale richesse minérale (salines de Bilma et d'Amadghor). Dans les oasis, outre les palmiers qui fournissent les dattes, on cultive le blé, les légumes, le tabac, l'alfa. Le chameau est employé par les caravanes, et le méhari (chameau coureur) est renommé par la rapidité de son allure ainsi que sa sobriété.

Séparant très nettement la race blanche de la race nègre, **le Sahara est un obstacle aux communications.** Le commerce consiste dans les échanges entre le Soudan et la région méditerranéenne. Mais, depuis l'établissement de la France en Algérie et en Tunisie, les routes commerciales se sont déplacées, et les caravanes qui, parties du Soudan, font le trafic des esclaves, interdit dans nos possessions, les contournent pour arriver à Maroc, à Fez et Tanger ou à Tripoli.

Le **premier projet de chemin de fer transsaharien,** formé en 1875 par l'**explorateur Soleillet** et l'**ingénieur Duponchel,** consistait à rattacher Alger à Saint-Louis du Sénégal par une voie ferrée traversant le désert et arrivant au grand coude du Niger. Mais chaque chef-lieu des départements algériens revendiquant le droit et l'honneur d'être le point de départ du futur chemin de fer, des missions furent organisées pour étudier le tracé le plus facile et le plus avantageux.

Tandis que **M. Pouyanne** parcourait le Sud-Oranais (1880), **la mission Choisy** explorait la région du Mzab, de Ouargla et d'El Goléa. Dans deux expéditions successives (1880-81), **le colonel Flatters** s'avançait en plein Sahara jusqu'à Bir el Gharama, où il fut massacré avec la plus grande partie de son escorte. Cet assassinat, qui est resté impuni, eut pour conséquence déplorable de faire renoncer au transsaharien.

Mais, en 1890, **le général Philebert et l'ingénieur Rolland** conçurent un projet de voie ferrée qui reparut entièrement transformé.

Tous deux écartèrent **le tracé dit « occidental »** à cause des complications politiques que sa construction pourrait provoquer avec **le Maroc, le tracé central** par le département d'Alger, où tout eût été à construire, et **le tracé oriental,** proposé par l'explorateur Edouard Blanc (ligne de la baie de Bou-Grara, en Tunisie, à Ghadamès,

Ghat et Bilma), comme trop voisin de la frontière tripolitaine. **Le meilleur tracé**, d'après eux, est la prolongation de la ligne qui atteint actuellement Biskra, vers le Tchad, par Tuggurt, Ouargla et Amguid.

Les difficultés que l'on croyait jadis devoir s'opposer à la construction d'un transsaharien apparaissent aujourd'hui comme moins sérieuses : les sables peu nombreux peuvent être franchis, et l'entente avec les Touaregs apparaît maintenant comme possible. Mais **la convention du 5 août 1890**, en cédant à l'Angleterre toute la partie fertile, riche et peuplée du Soudan, **semble avoir désormais rendu inutile l'établissement de cet immense « siphon »**, long de 2 500 à 2 700 kilomètres, destiné à amener dans nos colonies de l'Afrique du Nord les produits du Soudan. Il semble, en effet, peu probable que ces produits du Soudan, pouvant se détourner vers le sud par les voies fluviales de la Benoué et du Niger que détient l'Angleterre, se dirigent vers le nord pour traverser, en acquittant des droits élevés, tout le Sahara, et pour subir à Alger un transbordement qu'il est facile d'éviter vers le Bas-Niger. Dans ces conditions, le transsaharien, ne pouvant être fort productif, devra être construit ou par une compagnie qui exigera, sans aucun doute, une forte subvention de l'Etat, ou par l'Etat lui-même qui ne consentira guère à entreprendre une œuvre aussi longue et aussi coûteuse après les difficultés de toute nature qui ont si longtemps retardé l'exécution des chemins de fer du Sénégal.

CHAPITRE III

Colonies françaises de l'océan Atlantique : Colonies d'Amérique. — Sénégal et Soudan. — Congo français.

I. — Colonies d'Amérique.

Les colonies perdues. — La France, qui possédait au dix-septième siècle un vaste empire

colonial en Amérique (Terre-Neuve, Acadie, Canada, îles de l'embouchure du Saint-Laurent, Louisiane, petites Antilles, Guyane), **le perdit** presque complètement **aux traités d'Utrecht** (1713), qui nous prirent Terre-Neuve, l'Acadie, le territoire de la Baie d'Hudson, **et de Paris** (1763), qui nous enleva le Canada et prépara la perte de la Louisiane.

Mais si la France a perdu le Canada, la **race française s'est maintenue** et développée **dans la province de Québec** et **dans le Manitoba**, conservant sa langue et sa religion. Les 65000 colons français du dix-huitième siècle, bien que n'étant renforcés par aucune grande émigration venue de France, ont dépassé, grâce à la fécondité des mariages, le chiffre de 1500000 auxquels il faut joindre environ 1300000 Franco-Canadiens situés dans les territoires septentrionaux des Etats-Unis les plus voisins des possessions anglaises. Cet accroissement merveilleux, qui atteste encore, malgré tant d'erreurs répandues, la puissance colonisatrice de la France, permet de prévoir le jour où le nombre des Franco-Canadiens dépassera celui des colons de race britannique.

Colonies conservées : Saint-Pierre et Miquelon. — Au sud de Terre-Neuve le groupe des îles **Saint-Pierre et Miquelon**, avec quelques îles voisines, est demeuré Français.

La rade de **Saint-Pierre**, abritée par l'île aux Chiens et par une digue, offre un excellent abri aux navires et aux barques au moment de la pêche de la morue.

Ces îles françaises doivent leur importance **aux bancs de sables et de rochers** (grand banc de Terre-Neuve, banc de Saint-Pierre) situés au sud de Terre-Neuve, et formés par les alluvions qu'apportent depuis des siècles le courant polaire et le gulf-stream qui se rencontrent dans ces parages.

La **population** est en temps ordinaire d'environ 6000 habitants, mais durant la campagne de pêche il y a en outre une population flottante évaluée de 8000 à 10000 habitants.

La colonie est administrée par **un gouverneur** assisté d'un conseil général et d'un conseil privé. Elle est représentée par un délégué au Conseil supérieur des colonies.

Le climat est très froid durant l'hiver; la neige persiste de décembre à avril, et les îles sont parfois enfermées dans un cercle de glaces. Enfin les vents du nord et du nord-est amènent des tempêtes soudaines et terribles[1].

La principale ressource de ces îles est la **pêche**, qui se fait d'avril à septembre. **La grande pêche** se fait sur les bancs à bord des goélettes et autres navires; **la petite pêche**, sur les côtes au moyen de pirogues. Par le **traité d'Utrecht** (1713), dont les conditions avaient été renouvelées à plusieurs reprises, avait laissé à la France le droit de pêche sur le banc de Terre-Neuve et le droit de créer des établissements temporaires pour la préparation des morues sur la côte occidentale et septentrionale de cette île. L'hostilité des habitants de Terre-Neuve ayant rendu fréquemment l'exercice de ces droits difficile, la France, en échange de concessions accordées sur d'autres points, a renoncé par la Convention du 8 avril 1904 à ces établissements provisoires.

La pêche, la préparation et l'exportation de la morue produisent un revenu de plus de 14 millions; la pêche du homard est également très fructueuse.

Un service de bateaux français relie depuis peu Saint-Pierre à Halifax et à l'île du Cap-Breton.

Les Antilles françaises. — Richelieu et Colbert avaient donné à la France la plus grande partie des petites Antilles, **mais le traité de Paris** (1763) nous enleva la Dominique et Saint-Vincent; le **traité de 1814**, Tabago et Sainte-Lucie.

Les Antilles demeurées françaises sont divisées en **deux gouvernements** : 1° **celui de la Guadeloupe** avec ses dépendances; 2° **celui de la Martinique**.

La Guadeloupe est formée de deux îles séparées par la rivière Salée; la **Basse-Terre**, montueuse, volcanique (volcan de la Soufrière, 1560 mètres) et arrosée par de nombreuses rivières; la **Grande-Terre**, plate, marécageuse et presque dépourvue de cours d'eau.

La capitale, la **Basse-Terre** (7700 habitants), est beaucoup moins importante que la **Pointe-à-Pitre** (17000 habitants), port très sûr, qui fait presque tout le commerce.

A la Guadeloupe se rattachent : **Marie-Galande**, qui

---

1. La température des mois d'hiver varie entre — 14° et — 16°. En juillet, le thermomètre monte jusqu'à + 24°.

porte le nom d'un des vaisseaux de Christophe Colomb ; la **Désirade**, dont le climat est très salubre ; les **Saintes**, qui pourraient devenir une importante position militaire ; **Saint-Barthélemy** (capitale Gustavia), acquise en 1878 sur la Suède ; enfin la **partie nord de Saint-Martin**, dont le reste appartient à la Hollande.

La **population** de la Guadeloupe et des îles qui en dépendent est d'environ 167 000 habitants.

A la Basse-Terre, siège d'un évêché et d'une cour d'appel, réside le **gouverneur** assisté d'un conseil colonial.

Le **climat**, très chaud, est tempéré le jour par la brise de mer, la nuit par la brise de terre. Pendant l'hivernage, saison chaude et pluvieuse qui dure de juillet à novembre, se produisent fréquemment des ouragans et des tremblements de terre.

La Guadeloupe, colonie essentiellement **agricole**, produit surtout la canne à sucre et le café ; les cultures secondaires sont le cacao, la vanille et le coton.

Les industries, dérivées de ces produits agricoles, sont surtout la fabrication du sucre et du tafia.

Le commerce atteint une valeur d'environ 50 millions et se fait surtout avec la France. La Guadeloupe exporte le sucre, et importe surtout des machines, des vins, des tissus et des denrées alimentaires. Un service de paquebot unit la Pointe-à-Pitre et la Basse-Terre à Saint-Nazaire.

La Martinique, couverte de montagnes volcaniques (montagne Pelée, 1350 mètres), a des côtes très découpées, un sol fertile et bien arrosé.

Fort-de-France (17 000 habitants), port très sûr et fortifié, mais très éprouvé par le grand incendie de 1890, est la capitale de la colonie ; le port très actif de Saint-Pierre a été détruit en mai 1902 par une terrible éruption volcanique.

La **population**, qui s'élevait à 190 000 habitants, est composée de créoles, de mulâtres et de noirs.

Fort-de-France, siège d'une cour d'appel, est la résidence du gouverneur assisté d'un conseil colonial.

Le climat, chaud mais sain, est à peu près semblable à celui de la Guadeloupe. D'épaisses forêts fournissent des bois de construction, d'ébénisterie et, surtout pour l'exportation, le bois de campêche.

L'île produit la canne à sucre, le café, le cacao. De nombreuses usines fabriquent le sucre ; des distilleries préparent le rhum et le tafia.

Le commerce, qui était jadis plus considérable, a subi une sensible diminution depuis qu'une maladie a ravagé les plantations de café ; sa valeur totale est d'environ 55 millions.

Des services de bateaux unissent la Martinique à Saint-Nazaire.

Guyane française. — La Guyane française, découverte par Vincent Pinçon (1500), ne fut visitée que par des aventuriers jusqu'au moment où **Colbert chercha à développer sa prospérité** en y introduisant la culture de la canne à sucre, du coton et de l'indigo.

Au dix-huitième siècle, le déplorable échec de la **tentative de colonisation** dirigée par **de Chanvallon** vers le fleuve Kourou, tentative qui coûta la vie à 12 000 personnes, contribua à donner à la Guyane la mauvaise réputation qu'elle a conservée jusqu'à nos jours.

Devenue, à partir de la Révolution française, **colonie de déportation**, elle fut très éprouvée par la **suppression de l'esclavage** (1848) ; bientôt la **découverte de mines d'or** y attira quelques aventuriers ; mais le climat malsain pour les Européens la fit abandonner à partir de 1867 comme colonie pénitentiaire.

Dans ses deux premiers voyages (1876-1878) **Crevaux** explora le Maroni, l'Oyapok, et, franchissant les monts Tumuc-Humac, atteignit l'Amazone. Ses explorations furent continuées par **Coudreau** (1885-1892), qui étudia les diverses tribus d'Indiens, découvrit les prairies placées entre les montagnes et le fleuve des Amazones, et fit revivre la question du « **Territoire contesté** » adjugé en 1900 au Brésil par le tribunal arbitral de Berne.

Située entre le Maroni, dont la source occidentale (le Tapanahoni) a été, par une sentence arbitrale du tzar, attribuée à la Hollande (1891), et l'Oyapok, la Guyane, qui occupe une superficie d'à peine 150 000 kilomètres carrés, se partage en **trois régions fort distinctes** : 1° le **littoral**, peu découpé, forme, jusqu'à 40 kilomètres de la mer, une vaste plaine, sèche l'été, mais inondée pendant l'hivernage; 2° **les terres hautes**, qui s'élèvent par gradins jusqu'aux monts Tumuc-Humac, sont généralement couvertes de forêts vierges à travers lesquelles les cours d'eau (Maroni, Oyapok) descendent par une série de chutes et de rapides; 3° **les savanes** ou prairies qui s'abaissent vers l'Amazone, possédant un climat plus sain, semblent, plus que les deux régions précédentes, susceptibles de colonisation.

Cayenne (12 000 habitants), située dans une île; Sinnamary, sur la côte, et Saint-Laurent, centre des pénitenciers de la vallée du Maroni, sont les principales villes. En vertu d'une clause obscure du traité d'Utrecht, que des négociations poursuivies depuis près de deux siècles n'avaient pas réussi à éclaircir, le territoire entre l'Oyapok et l'Amazone formait le **territoire contesté** qui a été adjugé tout entier au Brésil.

La **population** n'est que de 29 000 habitants. Des tribus d'Indiens habitent la côte (les Galibis) et l'intérieur de la Guyane (Roucouyennes, Emerillons).

La colonie est administrée par **un gouverneur** assisté d'un conseil général élu.

Le climat, très chaud et très humide[1], est malsain pour les Européens, qui sont exposés aux fièvres paludéennes, à la dysenterie, à l'anémie et à la fièvre jaune.

La Guyane possède des **mines** de houille, de fer, de plomb et de cuivre presque inexploitées : les mines d'or, découvertes en 1854, constituent la principale richesse du pays.

Dans la plaine se rencontrent la canne à sucre, le café, l'indigo, le poivre; les forêts fournissent les bois précieux (acajou, ébène), le quinquina et la salsepareille.

L'extraction de l'or, qui constitue la seule industrie de la colonie, produit annuellement, malgré la fraude provoquée par de fortes taxes, un revenu d'environ 5 millions.

---

1. La température varie durant toute l'année entre 23 et 31 degrés; il pleut de 160 à 180 jours par an, et la moyenne des pluies atteint de 3 à 4 mètres.

Le commerce, qui avait été assez longtemps en décroissance, s'est relevé depuis quelques années et atteint le chiffre de 12 millions et demi.

Cayenne est reliée par un service de bateaux avec Saint-Nazaire.

La Guyane ne pourra se développer que par l'extension des cultures, la création de voies de communication qui font absolument défaut, et une surveillance sévère des déportés dont la présence éloigne naturellement les colons.

II. — Sénégal. — Soudan français. — Guinée française

1° Fondation de l'empire colonial français de l'Afrique occidentale.

La France a accompli au dix-neuvième siècle au Sénégal, dans le Soudan et sur la côte de Guinée des conquêtes coloniales qui continuent chaque jour et tendent à la **constitution** dans l'Afrique occidentale d'un vaste empire français qui sera réuni un jour à l'Algérie et au Congo.

Le Sénégal jusqu'en 1875. — Les **premiers établissements français** du Sénégal (Saint-Louis, Gorée) remontent à Colbert; mais les comptoirs, négligés par la métropole, furent, au dix-huitième siècle et pendant la république et l'empire, tour à tour pris par les Anglais et restitués par eux.

De 1815 à 1854, le grand nombre de gouverneurs[1] qui se succédèrent, les incursions des Maures, les vexations faites aux colons par les chefs indigènes, empêchèrent le développement de nos possessions dont la propagande musulmane excitée vers le Haut-Niger et le Haut-Sénégal par le prophète El-Hadj-Omar vint bientôt menacer l'existence.

Le commandant **Faidherbe**, devenu gouverneur du Sénégal (1854-1864), sauva par son énergie la domination française menacée, étendit les comptoirs français et indiqua à ses successeurs la politique à suivre.

Après une **guerre sans trêve ni merci** qui dura trois ans, **les Maures** s'engagèrent, par des traités qu'ils ont observés, à reconnaître la suzeraineté de la France et à rester cantonnés sur la rive droite du Sénégal.

1. On n'en compte pas moins de trente et un.

Faidherbe fit construire sur le cours moyen du Sénégal le **fort de Médine** (1856), qui, assiégé par El-Hadj-Omar, résista héroïquement durant trois mois et fut délivré par le gouverneur lui-même qui rejeta définitivement le prophète musulman dans le Soudan.

La colonisation fut alors développée. Rufisque, Portudal, Joal furent construits sur la côte ainsi que l'excellent port de **Dakar**, protégé par la presqu'île du cap Vert; Matam fut élevé sur le Sénégal; le royaume de Cayor placé sous le protectorat français. Faidherbe méditait la construction d'une route devant aboutir au Niger, jalonnée de postes militaires et de comptoirs commerciaux qui eussent peu à peu fait pénétrer dans le Soudan l'influence française. Dans ce but, des missions furent organisées : le lieutenant Lambert engagea des relations avec les chefs du Fouta-Djalon et le lieutenant Mage fut envoyé auprès du sultan de Ségou.

Les progrès du Sénégal et du Soudan de 1880 à 1894. — Abandonnée pendant près de quinze ans, la **politique de pénétration au Soudan** fut reprise par le gouverneur Brière de l'Isle au moment où était formé le projet de réunir Alger à Saint-Louis par un chemin de fer transsaharien.

Dès 1879, le fort de Bafoulabé était fondé sur le Haut-Sénégal. Le **capitaine Galliéni** était chargé de se rendre à Ségou, qu'il n'atteignit qu'avec peine après avoir été attaqué à Dio par les Bambaras (1880). Dans trois campagnes successives (1880-1884), le **colonel Borgnis-Desbordes** châtia les auteurs de l'attaque de Dio, fonda de nouveaux postes (**Kita, Badoumbé**), et, commençant la lutte contre Samory, établit la domination française sur les bords du Niger par la création du **fort de Bamakou.** En même temps, le docteur **Bayol** plaçait le **Fouta-Djalon** sous le protectorat de la France et signait des traités avec les chefs du **Grand Bélédougou.** Depuis cette époque, chaque année, une colonne parcourt la ligne des postes du Haut-Sénégal et du Haut-Niger, ravitaille les forts, réprime les révoltes et, secondée par des missions particulières chargées de signer des traités de protectorat avec les chefs indigènes, étend de plus en plus les territoires soumis à la France.

Les faits les plus importants qui depuis 1883 ont marqué cette extension lente mais continue des possessions françaises sur le Niger et sur les bouches du fleuve sont :

1° L'extension des postes et du protectorat

français : Niagassola a été créé entre le Niger et le Haut-Sénégal; Siguiri, Kouroussa sur le Haut-Niger; Kankan, à droite du fleuve; Tombouctou a été occupé par le colonel Bonnier au début de l'année 1894. Le Kénédougou, le Mossi, le pays de Kong ont été soumis au régime du protectorat;

2° **La lutte soutenue** par les commandants des diverses colonnes, d'abord **contre Ahmadou**, dont le colonel Archinard a détruit l'empire en s'emparant de ses capitales, Ségou et Nioro (1890-91); puis **contre Samory** (1891-94), qui a été rejeté au nord de la colonie anglaise de Sierra-Leone, puis, fait prisonnier, a été déporté au Congo français où il est mort.

3° **Le transport jusqu'au Niger supérieur**, de deux canonnières françaises qui, sous le lieutenant Caron (1887) et le commandant Jaime (1889), se sont avancées sur le Niger jusqu'à Koriomé, port de Tombouctou;

4° **L'organisation de missions pacifiques** : le **capitaine Binger** (1886-89) s'est rendu à travers les États de Samory, de Bamakou à Grand-Bassam; le **docteur Crozat** (1889-90) a établi le protectorat français sur le Kénédougou et le Mossi; le **commandant Monteil** (1891-93), parti du Sénégal, traversa la boucle du Niger, atteignit Saÿ, puis par Sokoto, Kano et Kouka, arriva au lac Tchad, d'où il revint en traversant tout le Sahara jusqu'à Tripoli; enfin le **lieutenant de vaisseau Hourst** a relié entre elles toutes les expéditions faites sur le Niger depuis un siècle, en descendant le grand fleuve soudanien de Bamakou jusqu'à la mer (1894-1896).

Par la **convention de 1890** la France a cédé à l'Angleterre la partie la plus riche et la plus peuplée du Soudan au sud de la ligne allant de Saÿ sur le Niger à Barroua sur le lac Tchad. La **Convention de 1898** a légèrement rectifié cette frontière au profit de la France sur le moyen Niger (limite portée jusqu'auprès d'Ilo en amont de Saÿ) et à ses dépens vers l'État de Sokoto et le lac Tchad (limite reportée au nord de Barroua). La **Convention franco-anglaise de 1899** a reconnu dans la zone d'influence française les pays du Ouadaï et du Baghirmi, qui bordent à l'est et au sud le lac Tchad.

Enfin la mission **Foureau-Lamy** (1898-99) a tenté de traverser le Sahara de l'Algérie au lac Tchad, et le capitaine **Joalland** a placé le Kanem sous le protectorat de la France (1900).

Acquisition des établissements français de

la Côte de Guinée. — Sous **Louis-Philippe**, des postes français furent installés à Grand-Bassam et Assinie (1843). Plus tard, le second Empire fit occuper Grand-Popo (1857), soumit le **royaume de Porto-Novo** au protectorat français (1863) et se fit céder par le roi de Dahomey, au **traité de Whydah**, le port de **Kotonou** (1868). Un de ses successeurs, Behanzin, essaya de le reprendre (1890) ; mais, à la suite d'une expédition dirigée par le **général Dodds**, le **Dahomey** a été conquis et divisé en deux royaumes soumis au protectorat de la France (1893-1894).

Le **lieutenant Mizon** (1890-1892), envoyé par le comité de l'Afrique française, a remonté le Niger puis la Bénoué. De Yola il a traversé par Ngaoundéré la région inconnue qui sépare le Bénoué du bassin du Congo et a rejoint M. de Brazza dans l'île de Comasa, sur la Sangha.

Cette expédition, jointe à celle de M. Maistre, qui est allé de l'Oubangui au Chary et au Bas-Niger, a préparé la réunion des possessions du Soudan au Congo français.

Plus récemment encore (1895), le **capitaine Toutée**, parti du Dahomey, a atteint et remonté le Niger jusqu'à Tibi-Farca, constatant la facilité de la navigation à travers les rapides de Boussa réputés jusque-là infranchissables.

Enfin le **lieutenant de vaisseau Hourst** a descendu (1894-1896) tout le cours du Niger jusqu'à la mer et étudié son hydrographie.

2° Géographie physique.

Montagnes et plateaux. — Entre les cours d'eau qui forment le Sénégal, la Gambie et les rivières du Sud, se développe le **massif du Fouta-Djalon** (2000 mètres) dont les vallées accidentées et pittoresques constituent une véritable « Suisse africaine ». Il se prolonge jusqu'à la source du Niger par le massif du Loma et vers la Gambie par le plateau du Lobé. L'expédition du capitaine Binger a prouvé que les **monts de Kong**, qui semblaient établir sur les cartes une barrière continue entre la côte de Guinée et les pays du Niger **n'existent pas** : toutes ces régions se composent de plateaux peu élevés que les fleuves, venus de l'intérieur (Akba, Volta), traversent en formant des rapides, et que dominent quelques sommets ou massifs isolés atteignant 1 800 à 2 000 mètres. Le **plateau des Mandingues**, qui s'étend au nord de la république de Libéria jusqu'au Niger, est encore très imparfaitement connu.

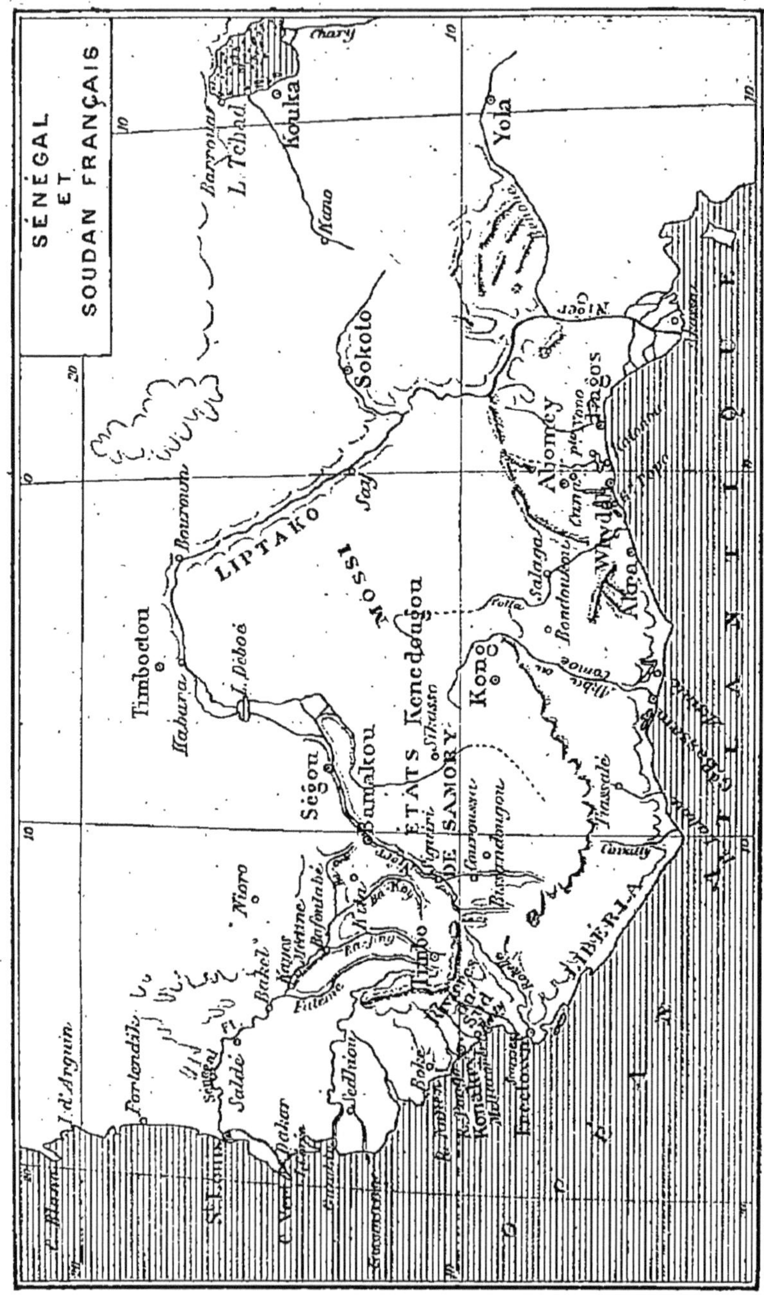
SÉNÉGAL
ET
SOUDAN FRANÇAIS
L. Tchad
Kouka
Yola
Kano
Sokoto
Niger
Lagos
Abomey
Whydah
Akra
Salaga
LIPTAKO
MOSSI
Bourroum
Timboctou
Kabara
L. Deboé
Kenedougou
Kong
Ségou
Bamakou
ETATS DE SAMORY
Siguiri
Nioro
Bakel
Kayes
Médine
Timbo
Saldé
Portendik
C. Blanc
I. d'Arguin
St Louis
Dakar
C. Vert
Gorée
Gambie
Sedhiou
Boké
Freetown
LIBERIA
Cavally
Tiassalé
Grand Bassam
Assinie
Yolla
Bondoukou
Kano
Atlantique

Le Sénégal. — Sur la **côte du Sahara**, basse et bordée de dunes, **Arguin**, près du **cap Blanc**, en avant duquel, sur le **banc d'Arguin**, eut lieu, en 1817, le naufrage de la *Méduse*, et **Portendik** où les Maures apportent le sel et la gomme, sont deux comptoirs français.

Le Sénégal est constitué par le **Ba-Oulé**, le **Ba-Koy**, le **Ba-Fing**, la branche la plus longue et la plus abondante, qui passe près de Timbo, et la **Falémé**. Sur ces rivières ou près d'elles ont été élevés de nombreux forts et postes militaires qui assurent les communications avec le Niger (**Kondou, Niagassola, Kita, Bafoulabé**). Le pays du **Bouré**, sur le **Ba-Koy**, et le **Bambouk**, entre le Ba-Fing et la Falémé, ont d'importantes mines d'or.

Coulant sur différents plateaux séparés l'un de l'autre par des différences de niveau, le Sénégal forme les **chutes de Félou**, hautes de 16 mètres, avant d'atteindre **Médine**, point d'arrêt de la navigation pour les bateaux à vapeur venant de Saint-Louis; de **Kayes**, qui est devenu la résidence du gouverneur du Soudan français, par la **voie ferrée** qui, exécutée au prix d'énormes dépenses jusqu'à Bafoulabé, doit être prolongée jusqu'au Niger. Les villages ou postes de **Bakel, Matam, Saldé, Podor, Dagana, Richard-Toll**, gardent le cours du fleuve qui forme des îles et de longs golfes ou marigots avant de finir dans une lagune séparée de la mer par la langue de Barbarie; la passe qui y conduit est devenue presque inaccessible grâce à un banc de sable qui se déplace fréquemment. Sur une île de cette lagune, **Saint-Louis** (25 000 hab.), malgré son climat malsain et l'accès très difficile de son port, est la capitale politique du Sénégal.

Après la **côte** sablonneuse **du Cayor**, qui se termine au cap Vert, **Dakar**, fondé en 1863, abrité par deux jetées, pourvu de dépôts de charbon, est le grand port du Sénégal, relié à Saint-Louis par une voie ferrée, à Bordeaux et à Rio-de-Janeiro par des paquebots. Rufisque est devenu un important centre commercial. Portudal et Joal sont de simples postes.

Les rivières du Sud. — Au sud de la Gambie dont, par la Convention de 1904, la vallée moyenne et inférieure appartient à l'Angleterre et la vallée supérieure est laissée à la France jusqu'au point où la rivière devient navigable, se développe une côte composée d'alluvions, le long de laquelle les fleuves finissent par de vastes estuaires dont une barre sablonneuse rend, en général, l'entrée très difficile. Les rivières françaises, séparées par des territoires portugais ou anglais dont des traités conclus en 1885 ont fixé les limites, constituent la **colonie de la Guinée française.**

La ville française de **Sedhiou** est située sur la Casamance, à l'embouchure de laquelle s'élève le poste de **la Carabane** dans une île.

Au sud des possessions portugaises, la France possède : **le Rio Nunez** avec le poste de **Boké, le Rio Pongo** avec l'établissement de **Boffa**, puis au delà de **Konakry**, capitale de la colonie et port prospère, la **Mellacorée** avec **Benty** : par sa vallée, le capitaine Brosselard a étudié le tracé de la voie ferrée le plus court permettant d'atteindre le cours supérieur du Niger.

Côte de Guinée. — Le long de la côte de Guinée, que bordent des lagunes peu profondes dont quelques-unes communiquent avec la mer par d'étroits passages, les navires ne peuvent aborder à cause de la barre, ligne continue de vagues qui se brisent avec violence sur les bas-fonds.

La colonie française de la Côte d'Ivoire, dont une convention récente a fixé la limite avec la république de Libéria à la rivière Cavally, communique au nord avec le Soudan ; les deux comptoirs de **Lahou**, ceux de **Dabou, Grand-Bassam** et **Assinie** en sont les ports. La longue rivière du **Comoé** a maintenu libre le grau de Grand-Bassam.

Sur la côte des Esclaves, la France, maîtresse de **Grand-Popo**, de **Kotonou**, où un wharf[1] neutralise la barre, et du **protectorat** sur le **royaume de Porto-Novo**, a, dans deux campagnes habilement dirigées par le général Dodds (1893-1894), pris possession du royaume du Dahomey, réorganisé et partagé entre des chefs vassaux. Le port de **Whydah** est devenu possession française.

Le Niger. — **Le Niger** (4200 kilomètres), dont le cours jusqu'à Saÿ appartient à la France, prend naissance à **la colline sainte de Tembi** et, après avoir arrosé des plateaux pierreux que dominent les postes français de **Kouroussa** et de **Siguiri**, passe à **Bamakou**, au delà duquel, à **Koulikoro**, il est navigable pour les bateaux à vapeur. Décrivant alors une grande courbe, il forme dans la campagne

1. Long appontement en fer prolongé jusqu'au delà de la barre. On en a construit un à Kotonou, et l'on se propose d'en établir un autre à Grand-Bassam.

d'innombrables marigots et des lacs où ne se rencontre le plus souvent qu'une eau stagnante. **Ségou** est l'ancienne capitale des Toucouleurs, prise en 1890 par le colonel Archinard.

Koriomé et **Kabra** sont les ports avancés de **Tombouctou** qui, occupé en janvier 1894 par le colonel Bonnier, est déjà situé en plein désert. Le Niger, par une série de rapides et par une grande courbe dont **Bouroum** occupe le sommet nord-est, rentre dans le Soudan. Il passe à Saÿ, occupé par les troupes françaises, puis à partir d'Ilo il est compris, ainsi que son affluent **la Bénoué**, dans la zone d'influence anglaise où prédomine l'intolérante Compagnie britannique du Niger.

Le Mayel-Balevel, presque aussi long que le Niger et encore mal connu, traverse les **anciens Etats de Samory** avant de rejoindre le fleuve principal; la plupart des pays compris dans la « **boucle du Niger** » sont liés par des traités avec la France.

L'expédition du commandant Monteil a fait pénétrer l'influence française jusqu'au **lac Tchad**, vaste nappe d'eau marécageuse entourée d'Etats qui sont depuis longtemps partagés entre la France, l'Angleterre et l'Allemagne (**Bornou**, **Baghirmi**, Kanem, Ouadaï).

La **convention du 14 juin 1898** a fixé avec précision les limites entre la Côte d'Or, le Lagos anglais et les territoires de la Compagnie anglaise du Niger d'une part et le Soudan français de l'autre. Elle laisse à la Côte d'Or anglaise le point contesté de Oua, abandonne à la France Bondoukou et Kong. Le Gourounsi est partagé entre les deux puissances. Entre le Dahomey et le Lagos, la frontière partant à l'est de Porto-Novo laisse Nikki, ville si vivement disputée à la France, coupe le Niger à 16 kilomètres en amont d'Ilo, s'écarte au nord de Sokoto au profit de l'Angleterre, aboutit au lac Tchad au nord de Barroua, mais reconnaît à la France le Tessaoua avec Zinder, et lui accorde deux enclaves en territoire anglais, sur le Niger, à Léaba (près de Boussa) et à l'embouchure du fleuve.

3° Géographie politique.

Divisions politiques. — A la suite de divers essais et de plusieurs traités de délimitation conclus avec le Portugal, l'Angleterre et l'Allemagne, la France a réparti les territoires du Sénégal, du Soudan et de la boucle de Niger en quatre colonies distinctes, administrées chacune par un gouverneur civil.

1° Sénégal, cap. **Saint-Louis.**
On y rattache le protectorat du Fouta, du Cayor méridional et de plusieurs petits États vers la Gambie supérieure.
2° Rivières du Sud, cap. **Konakry.**
Protectorat du Fouta-Djalon, cap. **Timbo.**
3° Colonie de la Côte d'Ivoire, cap. **Grand-Bassam.**
Pays protégés de Kong et de Boudoukou.
4° Colonie du Dahomey et dépendances, cap. **Whydah.**
Protectorat du Dahomey divisé en deux parties (royaumes d'Abomey et d'Allada).

Les territoires du Soudan ne forment plus une colonie spéciale et sont partagés entre les quatre colonies précédentes; on y a organisé trois territoires militaires.

Population. — La population des divers pays soumis à la France, dont il est impossible d'indiquer le chiffre approximatif, appartient à trois races :

1° La **race blanche**, qui a pour représentants les Maures, fixés sur la rive droite du Sénégal, les Arabes, fort nombreux dans le Soudan central, et les colons européens.

2° A la **race nègre** se rattachent les Nalous (près du Rio Nunez), les Dahoméens, les Bambaras (Haut Sénégal), les Soninké (entre Sénégal et Falémé) et les Mandingues (dans la région intérieure, entre la Gambie et la république de Libéria).

3° Les **Peuhls** ou **Foulah**, très différents des nègres par leur teint brun rougeâtre et leurs cheveux à peine laineux, habitent tout le Fouta-Djalon et sont musulmans : les Toucouleurs, qui proviennent du mélange des Peuhls avec les nègres, avaient fondé les États du Kaarta et de Ségou, récemment détruits par la France.

4° Géographie économique.

Climat. — Les pays du Sénégal, du Soudan et de la côte de Guinée ont **deux saisons** très distinctes, la saison sèche et la saison des pluies; **la température**, qui est presque continuellement de 27 à 28°, augmente, et **les pluies** deviennent de plus en plus rares en allant du sud au nord. Toutefois, grâce aux brises de mer, la chaleur est plus tolérable le long des côtes que dans les régions intérieures.

Agriculture. — Le sol du Soudan est loin d'avoir en général la fertilité que lui attribuaient les anciennes légendes.

Les forêts, nombreuses surtout dans le Fouta-Djalon et au nord de la côte de Guinée, fournissent les bois d'ébénisterie, les gommes, le caoutchouc, la noix de kola, stimulant énergique, le beurre végétal ou karité et l'huile de palme qui est l'objet d'un commerce très actif.

Tous ces pays produisent les céréales, le **café** (Rio Nunez), les **arachides** (rivières du Sud) envoyées surtout à Marseille, le coton, le tabac et l'indigo.

L'élevage est développé dans le Soudan intérieur.

Industrie. — Les mines, fort nombreuses, sont encore inexploitées pour la plupart. **L'or** se trouve dans le **Bouré**, le **Bambouk** et au nord de la côte qui a pris son nom. Le Fouta-Djalon possède de l'argent, du fer, du cuivre et de l'étain.

L'**industrie indigène**, peu active, est réduite à la fabrication des cotonnades, des bijoux et à la préparation des cuirs.

Commerce. — Parmi les **voies de communication** de nos possessions du Sénégal, du Soudan et de la côte de Guinée, il faut citer : le Sénégal, navigable pendant une partie de l'année jusqu'à Médine, et le Niger dont la navigation commence en aval de Bamakou à Koulikoro ; les marchandises importées au Sénégal empruntent le **chemin de fer de Dakar à Saint-Louis**, un **autre tronçon de voie ferrée** unit **Kayes à Kita** et doit être prolongé jusqu'à Bamakou. Le Haut-Sénégal est uni au Niger supérieur par une **route de terre.** Après la pacification du Soudan, les produits de cette région arriveront par la vallée du Sénégal jusqu'à Dakar. De ce port, des paquebots conduisent en huit jours à Bordeaux. Des services de bateaux mensuels unissent également Bordeaux et Marseille aux ports de la côte de Guinée.

Le **commerce** pour l'ensemble de ces colonies est en progrès ; il atteint actuellement 165 millions de francs.

Les **exportations** comprennent les arachides et graines oléagineuses, les amandes et l'huile de palme, les gommes, le caoutchouc, la poudre d'or, les peaux, le café, la cire, l'ivoire.

Les **importations** consistent en tissus, armes, vins, spiritueux, verroteries.

Le mouvement commercial s'est considérablement développé dans la Guinée française (25 millions), et dans le Dahomey (28 millions). Il est de 80 millions pour le Sénégal, de 17 millions pour la Côte d'Ivoire et seulement de 15 millions pour les territoires du Soudan.

III. — Le Congo français

1° Formation de la colonie du Congo français.

Le Gabon. — Dans la seconde moitié du dix-neuvième siècle, la France a occupé au nord du Congo un vaste territoire qui, dépassant déjà en 1885 l'étendue de la France, n'a cessé de s'accroître depuis, grâce aux missions qui ont par-

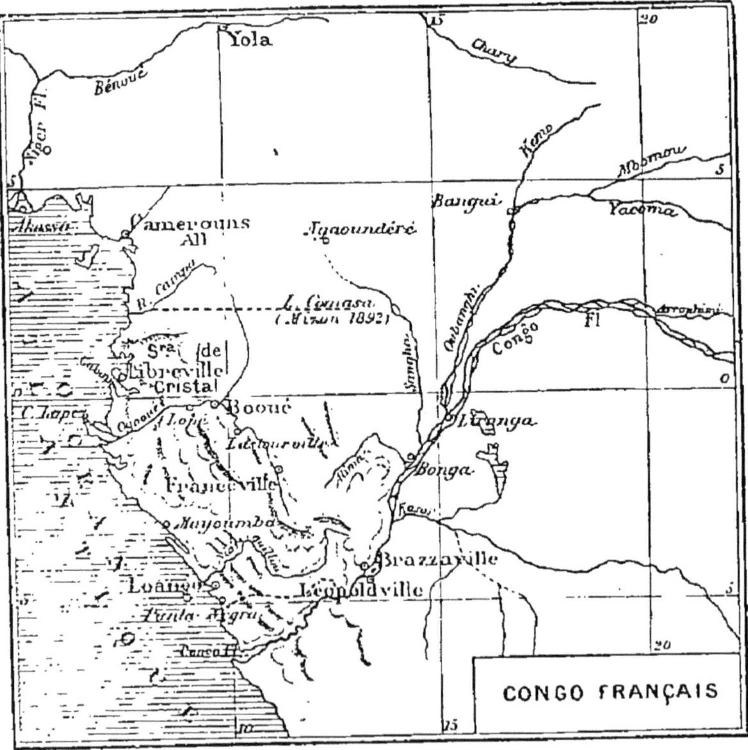

couru et parcourent encore ce pays dans le but de le réunir au nord avec le Soudan français.

L'origine de la colonie du Congo français est l'**occupation du golfe du Gabon** faite en 1839 par le commandant Bouet-Villaumez, pour donner à la France un port de relâche destiné à surveiller la traite des nègres. On y fonda bientôt l'établissement de **Libreville** (1848).

Le gouvernement avait à plusieurs reprises songé à évacuer cette colonie à cause de son peu de prospérité et de son climat meurtrier, lorsque l'exploration de l'Ogooué, les explorations de Savorgnan de Brazza et la descente du Congo par Stanley vinrent attirer sur ces contrées l'attention de l'Europe.

Les explorations de Savorgnan de Brazza (1876-1885). — L'Ogooué avait été déjà partiellement exploré par l'Anglais **Walker** (1873), par le **marquis de Compiègne et Alfred Marche** (1874), enfin par l'Autrichien **Lenz** (1876), lorsque **Savorgnan de Brazza** entreprit les trois grandes explorations qui eurent pour résultat la constitution de la colonie du Congo français.

Dans un **premier voyage** (1876-1878), accompagné du docteur Ballay et d'Alfred Marche, de Brazza remonta l'Ogooué, et constata que ce fleuve, encombré de rapides, et prenant naissance par deux branches à un point relativement assez rapproché de la côte, ne pouvait servir de voie de pénétration vers l'intérieur. Quittant alors le fleuve, il découvrit l'Alima, la Licona et revint à la côte.

Dans une **deuxième expédition** (1879-1882), tandis que Stanley, après avoir découvert et descendu le Congo, faisait construire une route à l'embouchure du fleuve pour tourner les rapides qui interceptent sa navigation, de Brazza résolut de le prévenir en occupant le point où commencent ces rapides, et où la navigation s'étend sur tout le cours moyen du fleuve. Remontant l'Ogooué, il fonde dans sa vallée supérieure le poste de Franceville, puis atteint le Congo : sur ses bords il signe avec Makoko, chef suprême des Batékés, un traité qui cède à la France un territoire où il élève la station de Brazzaville; puis, revenu à la côte, il remonte encore l'Ogooué, fait établir une route entre son cours supérieur et l'Alima et découvre le fleuve du Niari-Quillou.

Lorsque le parlement français eut ratifié le traité signé avec le chef Makoko et voté des crédits, de Brazza, accompagné de la mission de l'Ouest Africain qui comprenait un personnel de plus de quatre cents hommes, commence **une véritable entreprise de colonisation** (1883-1885). Les ports de Loango et de Punta-Negra sont occupés ; une station destinée à ravitailler toutes les autres est fondée au cap Lopez. Une ligne de postes[1] est établie dans les vallées de l'Ogooué, de l'Alima, du Niari et sur le Congo lui-même, et des traités sont signés avec tous les chefs indigènes.

Les conventions diplomatiques. — L'organisation de la colonie du Congo français fut complétée par des actes diplomatiques de la plus haute importance.

Tout d'abord **par un traité l'association internationale du Congo** s'engagea à donner à la France un droit de préférence, si, par des circonstances imprévues, elle était amenée un jour à vendre ses possessions (1884).

La conférence internationale de Berlin (1884-1885) proclama la liberté de commerce dans tout le bassin du Congo et décida qu'à l'avenir toute puissance qui voudrait procéder à une occupation de territoire sur les côtes d'Afrique devrait préalablement en avertir les autres puissances qui pourraient ainsi faire valoir leurs droits.

Une **convention avec l'Allemagne** (1885) établit pour limite septentrionale du Congo français la rivière Campo, laissant vers le nord-est la frontière indéterminée.

Le traité de 1886 avec le Portugal fixe la limite entre le Congo français et le territoire portugais de Cabenda un peu au nord du Rio Chiloango.

Une **nouvelle convention avec l'Etat libre du Congo** (1887) confirme à la France son droit de préemption sur cet Etat et fixe pour limite entre ces deux territoires la rivière de l'Oubanghi jusqu'à l'endroit où elle est coupée par le 4° de latitude nord. L'Allemagne et la France ont réglé par la Convention de 1894 la frontière entre la colonie de Camerouns et le Congo français.

Enfin une convention signée la même année entre la France et l'Etat indépendant du Congo a cédé à la France le pays entre l'Oubangui et le M'bomou et reculé les limites du Congo français jusqu'à la ligne de partage des eaux entre les deux bassins du Congo et du Nil.

La convention franco-anglaise de 1899, après avoir stipulé l'évacuation par la France du poste de **Fachoda** sur le Nil, occupé un moment par la **mission Marchand** qui était allée du Congo au Nil, fixa la limite du Congo français à la ligne de faîte entre les bassins du

---

1. Il y eût vingt-six postes ou stations créés par la mission de l'Ouest africain.

Congo et du Nil, et laissa à la France la rive orientale et méridionale du lac Tchad.

L'extension du Congo français. — Après ces traités de délimitation, et la convention anglo-française du 5 août 1890 qui fixait comme limite à l'influence française la ligne de Say à Barroua, plusieurs missions, en explorant les territoires situés au nord du Congo et de l'Oubanghi jusqu'au Chary, ont préparé la réunion des deux colonies du Congo et du Soudan français sur les bords du lac Tchad.

De 1890 à 1891, les missions **Cholet, Fourneau, Husson** et **Gaillard** explorèrent la rivière de la Sangha, qui forme une voie importante de pénétration vers le nord.

Connu déjà par un voyage du cours moyen de l'Ogooué à la rivière Campo par la vallée de l'Ivindo (1888), l'explorateur **Crampel** fut chargé par le comité de l'Afrique française d'aller du Congo français en Algérie par le Chary et le lac Tchad. Après avoir du port de Loango gagné Brazzaville et Bangui, le dernier poste français, Crampel et Biscarrat, l'un des Européens qui l'accompagnaient, furent massacrés avec une partie de la mission : l'arrière-garde seule, dirigée par M. Nebout, put regagner le Congo (1891).

M. Dybowski, avec les débris de l'expédition précédente auxquels avaient été adjoints des renforts, obtint des renseignements précis sur l'assassinat de Crampel, dont il tira vengeance en faisant fusiller des prisonniers musulmans qui avaient en leur possession des objets provenant du pillage de la mission Crampel; puis il explora plusieurs affluents de l'Oubanghi (1891).

Après lui, **M. Maistre**, parti de Bangui, atteignit le Chary et son affluent le Logone, et, en traversant l'Adamawa, parvint à l'embouchure du Niger (1892-1893). Enfin la mission **Gentil** (1897) a accompli l'exploration, l'occupation et l'organisation de la vallée du Chary et du lac Tchad.

Ces diverses expéditions, jointes à la mission du **lieutenant Mizon**, qui parti du Niger arriva au Congo par la Benoué, le pays d'Adamawa et la rivière de la Sangha, ont permis à la France de régler par une **convention** (1894) les frontières entre la colonie allemande de Camerouns et le Congo français. Si l'Allemagne touche vers l'est à la Sangha supérieure, au Chary et à la rive sud-ouest du lac Tchad, la France obtient tout le pays situé entre l'Oubangui et le Chary et peut étendre son influence sur la rive méridionale, orientale et septentrionale du lac.

2° Géographie physique

Relief. — Le Congo français, après les traités de 1885, occupait déjà une **superficie** de 670 000 kilomètres carrés, superficie considérablement augmentée depuis cette époque par l'acquisition de nouveaux territoires.

A une distance de 200 à 400 kilomètres de la côte se développent des chaînons montagneux parallèles formant le talus occidental du plateau intérieur de l'Afrique, et dont la partie la plus connue est la **Sierra de Cristal** située au nord de l'Ogooué.

Au sud de ce fleuve les plateaux peu élevés s'abaissent en pente douce vers le cours moyen du Congo.

Côtes; fleuves; stations. — A l'exception des prairies du Loango et des plateaux sablonneux où poussent de hautes herbes, la contrée est en général couverte de forêts vierges; la côte est presque partout marécageuse. Au sud de la **rivière Campo**, les Espagnols, maîtres de l'île Corisco, élèvent des prétentions sur les embouchures des rivières **San-Benito** et **Mouni**, où ils n'ont d'ailleurs aucun établissement.

Sur l'estuaire du Gabon, qui forme une rade naturelle, **Libreville** (1 500 habitants), un des rares bons ports de la côte occidentale d'Afrique, ancienne capitale de la colonie.

L'**Ogooué** (1 200 kilomètres), sur lequel, grâce au service de portage organisé par M. de Brazza, le transit est assez considérable, est encombré de rapides. Navigable seulement pour des pirogues pendant la plus grande partie de son cours, il passe successivement aux postes de **Franceville, Lastourville, Booué, Niolé,** jusqu'où peuvent toute l'année remonter les barques, puis à **Lambaréné** et finit par un delta près duquel s'élève l'importante station du **cap Lopez.**

Sur la côte bordée de lagunes, qui s'étendent assez loin dans l'intérieur comme l'a constaté la récente exploration de M. Dybowski (1893), sont les **ports de Sette-Kama** et de **Mayoumba.**

Le **Niari-Quilliou**, qui présente de grandes facilités à l'établissement d'une route pouvant atteindre le Congo à Brazzaville, a dans sa vallée les postes de **Loudima, Ngotou** et **Bas-Quilliou.**

Plus au sud, **Loango** est le point de départ de la route qui conduit à Brazzaville et que l'on se propose actuellement de doubler d'une voie ferrée qui attirerait dans ce port français une partie du commerce de l'Etat libre du Congo. **Punta-Negra** est le dernier port avant le territoire portugais de Cabenda.

La France possède aussi la rive droite du Congo entre le confluent de l'Oubangui et Manyanga.

Parmi les postes dont plusieurs ont été supprimés on remarque **Liranga** et **Brazzaville**, capitale de la colonie, située près du Stanleypool, au point où commence la navigation du fleuve moyen.

Dans le Congo aboutissent : 1° l'**Oubangui** qui, d'après le traité de 1887, doit former la limite entre les possessions françaises et celles de l'Etat libre ; le poste le plus avancé de la France est Bangui ; la limite est ensuite formée depuis la convention de 1894 par le M'bomou, affluent de l'Oubangui ; 2° la **Sangha** qui, formée de plusieurs branches, sert de route de pénétration vers l'Adamawa et, un moment, de frontière avec la colonie allemande de Camerouns. Dans la vallée sont les deux postes de Carnot et de Ouesso ; 3° la **Likoualla**, explorée en partie par le frère de M. de Brazza ; 4° l'**Alima**, descendue par le docteur Ballay, qui communique par une route avec l'Ogooué supérieur et sur laquelle s'élèvent les postes de Diélé et de Lékéti.

3e Géographie politique.

Le décret de janvier 1904 a modifié l'ancienne organisation administrative du Congo français. On y distingue actuellement quatre divisions :

1° Le moyen Congo, placé sous l'autorité directe du Commissaire général français, qui réside à **Brazzaville** ;

2° Le Gabon, administré par un lieutenant-gouverneur, qui réside à Libreville ;

3° Les territoires de l'Oubangui-Chary, où le commissaire général est représenté par un délégué civil résidant à Bangui ;

4° Les territoires du Tchad, où l'autorité appartient au commandant des troupes de la région.

Populations. — Le Congo français est peuplé par la race nègre. Parmi les principales tribus, on peut citer les M'Pongués vers le Gabon, les Ubenga au nord de ce golfe, les Chaké et les Pahouins vers l'Ogooué, les Loango le long de la côte, les Batékés sur les hauts plateaux et les Bafourous le long du Congo jusqu'à l'Oubanghi.

Tous ces indigènes, formant des tribus sans liens politiques entre elles, vivent dans un état social primitif caractérisé par l'esclavage, la polygamie et le fétichisme.

4° Géographie économique.

Climat. — Le climat, très chaud et malsain sur la côte, est beaucoup meilleur sur les plateaux. L'année comprend la **saison sèche**, de mars à septembre, et la **saison humide**, le reste de l'année, caractérisée par des **pluies fréquentes** qui atteignent au Gabon une moyenne annuelle de 3 mètres et qui vont en diminuant graduellement du nord au sud.

Productions, industrie, commerce. — Le Congo français, **pays neuf**, est encore dans sa période de formation. On y trouve de nombreuses forêts où abondent les bois de construction, d'ébénisterie, le caoutchouc et les plantes médicinales. On tente de développer la culture du cocotier et du café. L'ivoire, l'huile et les amandes de palme donnent également lieu à un commerce assez actif qui est exercé par des maisons françaises, anglaises, portugaises et allemandes : ce commerce, qui atteint 15 millions, profite peu à la France. Mais cette colonie manque de voies de communication. L'Ogooué, le Niari-Quilliou et le bas Congo étant encombrés de rapides, c'est par la route de Loango à Brazzaville que passent voyageurs et marchandises : aussi doit-on la remplacer par une voie ferrée. Une autre route unit l'Ogooué supérieur à l'Alima. On avait projeté l'établissement d'une voie ferrée de Loango à Brazzaville; mais l'inauguration en 1898 du chemin de fer du Congo belge de Matadi au Stanleypool semble rendre ce projet inutile et devoir nuire au développement commercial du Congo français.

Depuis 1889, un service mensuel, partant alternativement du Havre et Marseille, aboutit à Libreville, qu'un service annexe relie à Loango en desservant les principaux comptoirs de la côte. Le Congo français pourra devenir plus tard un important débouché du plateau de l'Afrique centrale.

CHAPITRE IV

Colonies de l'océan Indien : Iles africaines. — Obock. — Comptoirs de l'Inde.

I. — ILES AFRICAINES

1° Madagascar.

Rivalité de l'Angleterre et de la France à Madagascar. — Connue, dès le huitième siècle, des Arabes, la grande île de **Madagascar fut découverte**, en 1506, par le Portugais **Suarez**. Pendant le seizième et au commencement du dix-septième, des tentatives d'établissements sur les côtes de l'île furent faites sans succès par les Portugais, les Hollandais et les Anglais.

Lorsque Richelieu eut accordé (1642) au capitaine dieppois **Ricault** l'autorisation de créer des établissements à **Madagascar,** qui est l'origine de nos droits sur cette île, **Pronis** prit possession de Fénérife, de la **baie d'Altongil,** de l'**île Sainte-Marie,** et fonda **Fort-Dauphin.** Son successeur, **Flacourt,** soumit tout le sud de l'île et publia le premier livre sérieux sur Madagascar.

Sous Colbert, plusieurs essais de colonisation échouèrent à cause de la dureté des gouverneurs et aboutirent au massacre des Français dans Fort-Dauphin (1672).

Au dix-huitième siècle, la tentative faite par **Beniowski** (1774-1785) pour créer un établissement sur la baie d'Altongil ne réussit pas davantage.

Avec le dix-neuvième siècle commence la **lutte des deux influences française et anglaise.** Le gouverneur de l'île de France, cédée à l'Angleterre par les traités de 1815, osa réclamer Madagascar comme une dépendance de cette île, il fit envoyer au roi des Hovas, **Radama Ier**, une **mission anglaise** qui disciplina ses troupes et obtint l'**admission des pasteurs protestants** à Tananarive.

Sous la reine **Ranavalo Ire** (1828-1861), **deux Français, de Lastelle et de Laborde,** ayant acquis une grande influence, établirent dans l'île des exploitations agricoles, des usines et des manufactures; mais un complot formé contre la reine amena l'expulsion de tous les Européens.

Louis-Philippe fit occuper, de 1840 à 1842, **Mayotte,** plusieurs îles voisines de Madagascar (Nossi-Bé, Nossi-Mitsiou), et les **Sakalaves** acceptèrent le **protectorat de la France.**

Radama II (1861-1863), après avoir rappelé les Européens, entama avec Napoléon III des négociations dont celui-ci ne sut pas profiter pour établir définitivement à Madagascar l'influence française. Bientôt, après l'assassinat du roi, les Européens furent une seconde fois chassés de l'île.

Sous **Ranavalo II** (1868-1883), les relations furent reprises avec l'Europe et un **traité** signé avec la **France.** Les missions protestantes anglaises, soutenues activement par la métropole, accomplirent d'importantes conversions, parmi lesquelles celle de la reine, qui accepta un évêque anglican à Tananarive, multiplia les vexations contre les missions catholiques, non soutenues par la France, et fit saccager les propriétés des Français dans l'île, en leur interdisant à l'avenir d'y acquérir des terres.

Ces **violations** flagrantes **des traités,** le **massacre du voyageur français Parent,** enfin les **intrigues des agents anglais** pour pousser la reine à exiger l'hommage des Sakalaves, nos protégés, chez lesquels les drapeaux français furent arrachés par des officiers hovas, provoquèrent l'intervention de la France (1882-1885).

Le **commandant de Timbre** fait enlever les drapeaux hovas partout où ils avaient été arborés, et une ambassade hova se rend en Europe, sans réussir à trouver un appui.

Le blocus est établi autour des côtes de Madagascar, puis l'escadre française, malgré les difficultés que les agents anglais s'efforcent de susciter, occupe Majunga, Tamatave, bombarde Vohémar, Fénérife, Foulepointe.

Par le **traité du 17 décembre 1885,** la France reconnaissait Ranavalo III comme reine de toute l'île de Madagascar, mais le protectorat français était proclamé sur l'île entière par l'établissement, à Tananarive, d'un résident général de France, chargé des relations extérieures du gouvernement hova. La baie de Diégo-Suarez était cédée en toute propriété à la France, dont les troupes devaient occuper Tamatave jusqu'au paiement d'une indemnité de 10 millions.

Le premier résident général de France, **M. le Myre de Vilers**, a poursuivi énergiquement l'exécution de ce traité; par la **convention de 1890**, l'Angleterre a reconnu le protectorat français à Madagascar, qui a été la même année accepté par l'Allemagne.

Mais l'opposition inqualifiable du premier ministre, Rainilaiarivony, empêcha l'application régulière du protectorat. La mission pacifique de M. le Myre de Vilers ayant échoué (octobre 1894), un crédit fut voté par les Chambres françaises, et un corps expéditionnaire dirigé par le général Duchesne s'avança de Majunga sur Tananarive (mai-octobre 1895) par Marovoay, Suberbieville, Andriba et Kinajy. Tananarive fut occupée (30 septembre 1895). La reine signa un premier traité de protectorat (1ᵉʳ octobre), puis une nouvelle convention avec M. Laroche, ministre de France (18 janvier 1896), qui rendait le protectorat plus étroit et plus effectif.

Pour annihiler l'opposition des Etats-Unis et de l'Angleterre, le gouvernement français a proclamé Madagascar terre française (juin 1896). C'est une sorte d'annexion qui remplace le protectorat. Des insurrections partielles ayant éclaté, M. le général Gallieni a été placé à la tête des troupes pour rétablir l'ordre et a déporté la reine à la Réunion, consommant ainsi l'annexion complète de Madagascar (1897).

Géographie physique. — **Plus étendue que la France**[1], **Madagascar** a près de 1 600 kilomètres de long avec une largeur de 470 kilomètres.

Du cap d'Ambre à Fort-Dauphin, une **chaîne de montagnes** court parallèlement à la côte orientale, à quelques lieues du rivage. Plus à l'ouest, une seconde chaîne, dont l'altitude atteint 1 400 mètres, forme le talus oriental d'un

1. On évalue la superficie de Madagascar à 600 000 kilomètres carrés, et celle de la France est de 536 000 kilomètres carrés.

vaste plateau qui porte le nom d'Emyrne vers le centre et des Betsiléos vers le sud. Il est dominé par le **pic de Tsiafaiavona** (2 700 m.), le point culminant de l'île, et, par une pente très rapide, s'abaisse à l'ouest vers le canal de Mozambique et au nord-ouest vers la **grande plaine sakalave.**

La **côte orientale**, basse, où aboutissent des torrents impropres à la navigation et dont les deltas marécageux exhalent des émanations putrides funestes aux Européens, présente d'abord, à partir du cap d'Ambre, de bons ports : le **golfe de Diégo-Suarez**, qui se ramifie en une multitude de baies secondaires, est une des meilleures rades de l'océan Indien ; aussi la France y a-t-elle créé une ville qui prospère rapidement. **Vohémar** exporte des bestiaux ; Fénérife, Foulepointe, précèdent **Tamatave** (26 500 habitants), le principal port de la côte orientale, d'où l'on se rend à Tananarive, à laquelle l'unit une ligne télégraphique. Au sud-est, la baie Sainte-Luce et **Fort-Dauphin** furent les centres de la colonisation française au dix-septième siècle.

Sur la côte occidentale, moins découpée, **Tuléar** est le port de la baie de Saint-Augustin, et dans la baie de Bombétok aboutit le plus grand fleuve de l'île, l'**Ikopa.** Près de ses sources, dans le plateau d'Emyrne, s'élève **Tananarive** (50 000 habitants) [1], immense village, mal bâti, capitale politique des Hovas, dont le palais de la reine et l'église des missionnaires sont les principaux monuments. A l'embouchure de l'Ikopa, que les barques peuvent remonter assez loin, **Majunga** est le port de Tananarive. La profonde **baie de Passandava** est commandée par **Nossi-Bé** et quelques autres îles françaises.

Géographie politique. — Depuis que la reine Ranavalo III a été déportée à la Réunion, puis en Algérie, le pouvoir appartient à un gouverneur général qui a poursuivi avec le plus grand succès l'œuvre de pacification et de colonisation. L'ancien royaume des Hovas était une monarchie féodale et les habitants sont divisés en castes profondément séparées l'une de l'autre.

Population. — La population, évaluée à **6 millions d'habitants**, appartient à plusieurs races : 1° la **race nègre**, venue probablement d'Afrique, et représentée par les **Sa-**

---

1. La population de Tananarive, que l'on évaluait avant l'expédition de 1895 à 175 000 habitants, ne paraît guère dépasser 50 à 60 000.

kalaves, les plus anciens possesseurs du sol, et les **Malgaches**, doux et hospitaliers; 2° la **race malaise**, à laquelle se rattachent les **Hovas** qui ont conquis le plateau central de l'île, intelligents, capables de s'assimiler la civilisation de l'Europe, mais arrogants, cruels et perfides; 3° la **race blanche** : les **Arabes** venus à une époque très ancienne, ont formé, par leur mélange avec les Malgaches, la population des **Antaïmoros**; les **colons européens** sont encore peu nombreux.

Géographie économique. — Le **climat**, malsain sur la côte orientale à cause des chaleurs excessives et des pluies abondantes, est beaucoup plus salubre dans les plateaux de l'intérieur. On distingue, à Madagascar, la saison sèche (avril à novembre) et la saison des pluies.

L'explorateur **Grandidier** a montré que Madagascar possédait **une faune et une flore originales** qui la rattachent plutôt aux îles de l'Océanie qu'à l'Afrique. De **vastes forêts** qui entourent le plateau central contiennent les bois d'ébène et de rose, le palissandre et le caoutchouc. Le riz est la culture la plus développée : mais l'absence de routes en empêche l'exportation; les autres céréales, les légumes et les arbres à fruits d'Europe ont été introduits par les missionnaires. La vigne avait bien réussi, mais plusieurs reines ont arrêté son développement pour combattre l'ivrognerie des Hovas. L'île produit aussi le café, la canne à sucre, le tabac, l'indigo et les épices.

Madagascar est un **pays d'élevage** : les bœufs à bosses ou zébus sont exportés à la Réunion et Maurice et pourraient être envoyés en Europe. On élève aussi des moutons à grosse queue.

Les défenses des souverains, l'absence de capitaux et de voies de communication ont empêché jusqu'à ce jour l'exploitation des mines. Un vaste **bassin houiller** s'étend autour de la baie de Passandava; le fer et le cuivre abondent dans les montagnes : il y a aussi quelques mines d'or (Suberbieville), de cristal de roche et de sel gemme.

L'**industrie** est tout à fait dans l'enfance. Les Hovas, qui se prétendent protégés dans leurs plateaux par deux excellents généraux, « la Fièvre » et « la Forêt », se sont toujours opposés à l'ouverture de voies de communication. Il fallait de quinze à seize jours pour aller à Tananarive, soit de Tamatave, soit de Majunga. Des routes ont été faites de Tananarive à Tamatave d'une part, à Majunga de l'autre. Enfin, l'on poursuit la construction de la voie ferrée de Tamatave à Tananarive.

Le **commerce** a fait, grâce à la sécurité assurée par le général Galliéni, de très grands progrès ; il a atteint actuellement 50 millions. L'île exporte des bestiaux, de la gomme, du caoutchouc, du café ; elle importe des objets manufacturés et du rhum. La moitié du commerce environ appartient à la France. Tamatave et Majunga sont les deux grands ports.

Tamatave et Diégo-Suarez sont unis à Marseille et à la Réunion par un service mensuel de paquebots.

2° — Iles secondaires de l'océan Indien.

La Réunion. — Dans le groupe des Mascareignes, la France a possédé, au dix-huitième siècle, l'île de France (aujourd'hui île Maurice), cédée en 1815 à l'Angleterre, et a conservé l'**île de la Réunion** (ancienne île Bourbon), colonie française depuis 1642.

Elle est couverte de **montagnes volcaniques** dont les deux sommets principaux sont : le **Piton des Neiges** (3 070 m.) et le **Piton de la Fournaise**, séparés par le plateau connu sous le nom de **plaine des Cafres.**

Les côtes peu découpées ne présentent aucune bonne rade naturelle ; les cours d'eau sont des torrents qui n'ont de l'eau que pendant l'hivernage. Au nord, **Saint-Denis** (30 000 habitants), la capitale, est un mauvais port ; sur la côte occidentale s'élève **Saint-Paul**, au nord duquel a été construit le port très sûr de la **Pointe des Galets**. De grands travaux ont été également accomplis pour donner un port à **Saint-Pierre** sur la côte sud. Dans l'intérieur, **Salazie** et **Cilaos**, placés dans de vastes cirques d'effondrement, ont des eaux thermales.

Administrée par **un gouverneur** assisté d'un **conseil privé**, l'île est divisée en deux arrondissements : du Vent au nord ; sous le Vent au sud.

La **population** qui est de 173 000 habitants se compose de Français, de créoles, puis d'Hindous, de Cafres et de Malgaches jadis introduits dans l'île pour travailler le sol.

Pendant l'hivernage tombent des pluies abondantes, surtout au sud-est, et se produisent de **terribles cyclones** qui ravagent trop fréquemment l'île : la neige recouvre souvent les hauts sommets de l'intérieur. La moyenne générale de température est + 24°.

La Réunion produit la **canne à sucre**, le **café**, la **vanille**; les forêts ont beaucoup diminué; sur les plateaux se rencontrent les céréales et les fruits d'Europe.

A part quelques sucreries, distilleries et tanneries, l'industrie est peu active.

Une **route** dite de ceinture unit entre elles toutes les villes situées sur le bord de la mer. Saint-Denis est uni avec Saint-Pierre par un **chemin de fer** qui passe à la Pointe des Galets. Saint-Denis est relié à Marseille par une ligne de paquebots qui passent à Tamatave, Diégo-Suarez, Mayotte, Zanzibar et Obock.

Le **commerce** atteint le chiffre d'environ 35 millions. L'île exporte le sucre, la vanille, le café; elle importe les produits manufacturés, les vins et liqueurs et les denrées alimentaires.

Petites îles voisines de Madagascar. — Sur la côte orientale de Madagascar la France possède depuis 1643 l'île très marécageuse de **Sainte-Marie**, qui a pour capitale **Port-Louis** et qui dépend du gouverneur de Diégo-Suarez. Au nord-ouest Louis-Philippe fit occuper en 1841 l'île de **Nossi-Bé**, qui possède la bonne rade de **Hellville** et qui est entourée de quelques petits îlots également franbais (Nossi-Mitsiou, Nossi-Cumba).

Dans l'**archipel des Comores** qui barrent le canal de Mozambique, l'**île Mayotte** appartient à la France depuis 1841; les autres îles (**Grande-Comore, Anjouan, Mohéli**) ont été placées en 1886 sous le protectorat français. Le sol produit la canne à sucre, le café et la vanille.

3° Colonie de la côte des Somalis et dépendances.

En 1862, la France acheta à un chef du golfe de Tadjourah le **territoire d'Obock** placé sur la côte d'Afrique à l'entrée de la mer Rouge, qui s'agrandit des ports de **Sagallo** (1882), de **Tadjourah** (1884), d'**Ambado** (1884) et de **Djibouti** (1888). Une **convention avec l'Angleterre** nous permit d'occuper les îles Mouscha et fixa la frontière française qui, partant à l'est de Djibouti, passe par Harrar pour gagner le royaume de Choa; sur la mer Rouge la limite de la colonie est au cap Doumeirah.

Autour de la côte s'étendent des plateaux que sillonnent plusieurs torrents; il existe dans le sous-sol de vastes nappes d'eau.

Obock est dans une situation bien supérieure à celle d'Aden et des divers ports du golfe de Tadjourah : sa rade, protégée contre les vents du nord-est et du sud qui soufflent alternativement, est très sûre; l'eau y est abondante et un dépôt de charbon y a été installé.

Obock, port de relâche important entre l'Europe et l'Inde, peut devenir un centre de commerce maritime et le point de départ d'une route commerciale conduisant vers l'Éthiopie méridionale, vers ce royaume de Choa avec lequel Louis-Philippe avait jadis signé des traités.

Tadjourah est le village où se forment les caravanes qui pénètrent dans l'Éthiopie méridionale. Enfin **Djibouti** est le débouché du pays longtemps fermé du Harrar et est devenu en 1896 la capitale de la colonie désignée maintenant sous le nom de possessions françaises de la côte des Somalis et dépendances. Cette colonie peut également acquérir une **importance militaire** : des fortifications établies vers sa limite septentrionale, au cap Doumeirah, et sur la côte d'Arabie, à Cheikh-Saïd, que la France occupa jusqu'en 1870, pourraient rendre inutiles les défenses de l'île anglaise de Périm qui est dominée par ces deux points.

Depuis 1886, la colonie des Somalis est administrée par un gouverneur. Le chemin de fer de Djibouti à Addis-Harrar a été terminé en 1903.

La région est peuplée par les **Danakils**, musulmans fanatiques, qui ont à plusieurs reprises massacré des voyageurs européens.

Le **climat** est chaud, mais très sec, et par suite assez sain. Les **productions** sont celles du Sahara (palmiers, dattiers, légumes et plantes d'Europe).

Un service mensuel de paquebots réunit la colonie à Marseille.

4° Comptoirs de l'Inde française.

La France qui, au dix-huitième siècle, grâce aux efforts de Dupleix, possédait presque le tiers de l'Inde, n'a conservé, **par le traité de Paris** (1763), que **cinq comptoirs** et **quelques loges**.

Sur la côte occidentale, dite côte de Malabar, **Mahé** est un très sûr mouillage; la France y possède les **loges de Surate** et de **Calicut**.

Sur la côte de Coromandel ; **Karikal** (70 000 habitants), à l'embouchure du Cavery, fait un assez grand commerce.

Plus au nord, le **territoire de Pondichéry** comprend la ville de ce nom (48 000 habitants), capitale de nos comptoirs de l'Inde, avec les villages de **Bahour** et de **Villenour**, dont elle est séparée par des possessions anglaises.

A 12 kilomètres de la mer, sur un des bras du Godavery, que peuvent remonter les navires, s'élève **Yanaon**.

Enfin, dans le Bengale, sur l'Hougly, bras occidental du Gange, à 28 kilom. au nord de Calcutta, **Chandernagor**, entouré de jardins, est surtout une ville de plaisance.

A ces comptoirs, il faut joindre les **loges de Mazulipatam** et de **Francepett**, près des bouches de la Krichna, et, dans le Bengale, les **loges de Balasore**, **Dacca** et **Patna**.

La **population** de tous les comptoirs est à peine de 280 000 hab., parmi lesquels un millier environ de Français.

Un gouverneur, assisté d'un conseil privé, réside à Pondichéry, et des administrateurs dirigent les autres établissements. Un décret de 1883 a organisé dans les villes françaises le régime municipal.

Pondichéry est le siège d'une cour d'appel, d'un collège colonial et d'un archevêché.

L'année est divisée en **deux saisons**, la saison sèche et l'hivernage, et deux grands courants aériens se succèdent : la mousson du nord-est, d'octobre à avril, et la mousson du sud-ouest, le reste de l'année. La température de Chandernagor est plus fraîche et plus saine que celle des autres comptoirs.

Les possessions françaises de l'Inde produisent le riz, les graines oléagineuses, le tabac, l'indigo, la vanille.

Des mines de lignite sont exploitées à Bahour.

Pondichéry, qui possède des filatures, des manufactures de cotonnades, des teintureries et des tanneries, est un port assez sûr, relié à Madras par un chemin de fer anglais. C'est aussi le principal centre du commerce, dont le développement est dû à son caractère de « port franc ».

Le commerce total de nos possessions de l'Inde est d'environ 33 millions de francs, dont près de la moitié se fait avec la France et les colonies françaises.

La France dépense pour ses comptoirs de l'Inde une somme annuelle d'à peu près 314 000 francs.

CHAPITRE V

Colonies du Grand Océan : Indo-Chine française. — Archipels d'Océanie.

I. — Fondation de l'empire colonial de la France en Indo-Chine

Premiers rapports de la France avec l'Annam. — Les premiers rapports de la France avec l'Indo-Chine remontent au dix-septième siècle. Dès 1683, Louis XIV recevait solennellement, à Versailles, une ambassade envoyée par le roi de Siam.

Sous Louis XVI, l'empereur d'Annam Gia-Long, par un traité que négocia l'évêque d'Adran, devait, en échange de munitions et de vaisseaux, céder à la France la baie de Tourane. La Révolution française empêcha son occupation, et quand, sous la Restauration, on réclama de l'empereur d'Annam l'exécution du traité, il refusa de le reconnaître.

Acquisition de la Cochinchine française (1858-1867). — En 1858, l'empereur d'Annam, Tu-Duc, en molestant des négociants et des missionnaires, provoqua une intervention de la France. Les troupes françaises enlevèrent les lignes fortifiées de Ki-Hoa et s'emparèrent de Saïgon où fut signé (1862) le traité qui nous cédait les trois provinces de Saïgon, de Mytho, de Bien-Hoa, dans la basse Cochinchine.

Quelques années plus tard, les mandarins annamites ayant tenté d'exciter des insurrections dans les possessions devenues françaises, l'amiral La Grandière annexa trois autres provinces avec leurs capitales Vinh-long, Chau-doc et Ha-tien (1867).

Etablissement du protectorat français sur le Cambodge (1863). — Pour combattre l'influence siamoise, qui menaçait de prédominer dans le Cambodge, le même amiral fit placer, par le commandant de Lagrée, ce royaume sous le protectorat français (1863).

En 1884, des modifications importantes introduites dans l'administration rendirent le protectorat plus étroit, sous la surveillance du résident général de France.

Conquête du Tonkin (1874 et 1883-1885); **éta-**

blissement du protectorat français sur l'Annam (1883). — L'intervention de la France au Tonkin a eu pour origine les **tentatives des Anglais et des Français pour relier leurs possessions des côtes d'Indo-Chine avec les provinces méridionales de la Chine**, le Kouang-si, le Yun-nan, le Sé-tchuen, provinces populeuses, fertiles, et dont les produits (céréales, coton, tabac, soie, thé, forêts, mines) devaient naturellement exciter la convoitise des puissances européennes. Jusqu'en 1860, **la seule voie suivie pour pénétrer dans l'intérieur de la Chine** était le **cours du fleuve Bleu**. Mais **cette route** était **longue**, car, la navigation à vapeur n'existant pas, les jonques mettaient cinq mois pour remonter le fleuve; elle était **coûteuse** à cause des douanes qui prélevaient des taxes énormes à l'entrée de chaque province, et **dangereuse** à cause des rapides et des insurrections fréquentes qui arrêtaient le commerce.

Les Anglais avaient conçu les premiers le projet de chercher une route plus courte, moins coûteuse et moins difficile. Mais les **explorations** qu'ils organisèrent dans les **vallées du Tigre de Canton** (Bullok, 1859, Bickmore, 1860), **du Brahmapoutre** (expédition du major Cotton), **de l'Iraouaddy** (Sladen, 1868, Brown et Margarb, 1876) **et du Salouen** (Richardson, Barker Williams), furent arrêtées par des rapides infranchissables, par des populations hostiles, et constatèrent que par ces différentes routes il faudrait de cinquante à soixante-dix jours de marche pour atteindre la province chinoise de Yun-nan. Toutefois, loin de renoncer à leurs projets, les Anglais accomplirent la **conquête de la Birmanie** (1884-1885), qui les a conduits jusqu'au delà de Bhamo sur le Haut-Iraouaddy.

La France chercha à son tour le moyen de détourner vers Saïgon le commerce des provinces méridionales de la Chine. La **grande expédition** dirigée par le **commandant de Lagrée et Francis Garnier** (1866-1868) remonta le Mé-kong jusqu'à Xien-Hong, puis, par Yun-nan-tsen, atteignit le fleuve Bleu qu'elle descendit pour gagner Chang-Haï, ayant constaté que le Mé-kong, à cause de la longueur de son cours et des rapides qui interceptent sa navigation, ne peut servir de route commerciale pour pénétrer en Chine.

C'est de 1868 à 1873, qu'un négociant français établi en Chine, **Jean Dupuis**, eut l'idée d'explorer dans deux voyages successifs le **cours du fleuve Rouge** et **trouva** dans le fleuve du Tonkin la **voie courte et navigable** que l'on cherchait depuis si longtemps. Pour utiliser sa découverte, il s'établit à Hanoï et commença des transactions commerciales; mais l'empereur d'Annam adressa de pressantes réclamations au gouvernement de la Cochinchine. Francis Garnier, envoyé à Hanoï comme médiateur, et bientôt indigné de la perfidie des mandarins annamites, accomplit, avec Dupuis et une centaine d'Européens, la **première conquête du delta du Tonkin** (1873). Mais quand Francis Garnier eut été massacré par une bande de pirates, les Pavillons Noirs, le lieutenant Philastre, son successeur, ordonna, malgré Dupuis, l'**évacuation du Tonkin**. Puis le **traité de 1874** donna des armes et des munitions à l'empereur d'Annam, qui promettait en échange d'ouvrir le Tonkin au commerce.

Ce traité demeura lettre morte : le Tonkin resta plus fermé que jamais, et des milliers de Tonkinois qui avaient soutenu les représentants de la France furent massacrés par ordre des mandarins.

En 1883, le **commandant Rivière**, qui était à la tête d'une petite garnison française placée à Hanoï, **ayant été**, comme Garnier, **massacré** par des Pavillons Noirs, la **France intervint** pour le venger et fut obligée de combattre la Chine, qui affichait des prétentions inacceptables et injustifiées sur l'empire d'Annam.

Une **expédition**, dirigée **sur Hué**, obligea le successeur de Tu-Duc à accepter, par **le traité de 1883**, le protectorat de la France.

Dans la lutte contre la Chine (1883-1885), **l'amiral Courbet prit** au Tonkin **Son-tay**, la forteresse des Pavillons Noirs, **occupa** une partie de l'**île Formose** et **bombarda** le port militaire chinois de **Fou-tchéou**. Malgré un échec de nos troupes à Langson, la paix fut signée. Par le **traité de Tien-tsin** (1885), la Chine reconnaissait la prise de possession du Tonkin par la France et le protectorat français sur l'Annam; une commission devait arrêter les nouvelles limites entre le Tonkin et la Chine, et le gouvernement chinois s'engageait à indiquer deux localités, l'une au delà de Lao-kay, l'autre au delà de Langson, par où devrait à l'avenir se faire le commerce entre le Tonkin et la Chine.

Acquisition du Laos. — La contrée du Laos, située dans la vallée du Mé-kong, visitée pour la première fois par

Mouhot (1858-1861), puis par l'**expédition du Mé-kong** (1866-1868), par **le docteur Harmand** (1877) qui, le premier, alla du Mé-kong à la côte d'Annam, par le **docteur Neïs** (1882-1884) qui, de Luang-Prabang, capitale du pays, tenta vainement d'atteindre le Tonkin, par **Camille Gautier** (1887-1888), qui descendit le Mé-kong, de Luang-Prabang au Cambodge, enfin par la **mission Pavie** (1886-1891), qui étudia et fit connaître presque tout le pays compris entre le Mé-kong et la côte de l'Annam, avait été également envahie par les Siamois, qui, profitant des hésitations de la France, avaient débordé sur la rive gauche du Mé-kong.

Les empiétements des Siamois, auxquels vint bientôt s'ajouter le meurtre de l'inspecteur français Grosgurin et de son escorte, décidèrent la France à demander réparation. Plusieurs navires français franchirent la barre du Mé-nam, parurent devant Bang-kok, et M. Pavie remit au gouvernement siamois **un ultimatum** (20 juillet 1893), dont la non-acceptation entraîna le blocus du Mé-nam. Le gouvernement siamois consentit alors à reconnaître à la France la **possession de toute la rive gauche du Mé-kong**, et accordait, avec une indemnité de trois millions, toutes les satisfactions réclamées au sujet du meurtre de l'inspecteur français, et l'occupation du port de Chantaboun.

La France, devenue maîtresse d'une partie du Laos, a fait occuper **Khone** (1893) et **Luang-Prabang** (1894). Déjà les **rapides de Préa-Patang**, dans le royaume de Cambodge, avaient été rendus navigables, grâce aux études et aux travaux des officiers de marine Réveillère, de Fésigny et Heurtel (1885-1890). Ceux de **Khone**, malgré les efforts du lieutenant Guissez (1890-91), sont demeurés infranchissables et le seront tant qu'un canal à écluses n'aura pas été établi. Mais deux vapeurs français ont été lancés sur le Mé-kong, en amont des rapides de Khone, pour affirmer la prise de possession du fleuve par la France, et le **lieutenant Simon**, après avoir, dans un voyage de plus de deux ans (1893-1895), remonté le Mé-kong à partir des chutes de Khone, franchi les rapides de Kemmarat, a conduit les deux canonnières françaises jusqu'à Tang-tao, près de la frontière de Chine, point où cesse toute navigation.

L'Angleterre a reconnu alors à la France par une convention (15 janvier 1896) la possession de toute la rive gauche du Mé-kong.

II. — Géographie physique

On peut distinguer cinq parties dans les territoires qui composent l'Indo-Chine française :

La Cochinchine, ancien golfe comblé par les alluvions du Mé-kong, est une plaine basse, au climat chaud, humide et malsain. Le long de la côte, s'étend d'abord une région composée de boue liquide où ne séjournent que les pêcheurs : derrière, de vastes plaines très arrosées sont couvertes de rizières; enfin sur les premières ondulations du terrain sont cultivés le coton, le tabac, le pavot et la canne à sucre.

Saïgon (75 000 habitants avec la banlieue), situé sur la rivière de ce nom à 90 kilomètres de la mer, est un bon port, une ville aux belles maisons et aux larges rues et la capitale de toutes nos possessions indo-chinoises. **Cholon**, qui communique avec elle par un tramway à vapeur, est un important marché où domine la population chinoise. **Bien-Hoa** est situé sur le Dong-naï. Sur les divers bras du Mé-kong, **Mytho**, **Vinh-long**, **Chau-doc** et **Ha-tien** sont ensuite les principales localités.

Le royaume de Cambodge, qui a conservé son souverain, est couvert d'épaisses forêts. Le Mé-kong forme, dans cet Etat, les rapides de Préa-Patang qui ont été rendus navigables. Le lac **Tonlé-Sap**, qui reçoit au moment des crues les eaux du Mé-kong, s'écoule aux basses eaux dans le fleuve. **Pnom-penh** (40 000 habitants), situé aux quatre bras (confluent du Tonlé-Sap avec le Mé-kong), est la capitale qui a succédé à **Oudong**, placé un peu plus haut sur la rivière. **Kampot** est le port du Cambodge.

Le royaume d'Annam se compose de trois parties principales : 1° la côte est basse, découpée par une multitude de baies qui constituent d'excellents mouillages, jadis repaire des pirates. **Bin-thuan** est le port le plus rapproché de la Cochinchine. **Quin-Hone** est le débouché d'une industrieuse province. **Tourane**, excellent port, a dans son voisinage des mines de houille qui sont exploitées. **Hué** (30 000 habitants), à quelques kilomètres de la mer sur une rivière, est protégé par les **forts de Thuan-An** qui en défendent l'entrée. Aux environs de **Vinh**, sont exploitées des forêts, et, dans la province de **Than-Hoa**, des mines d'argent.

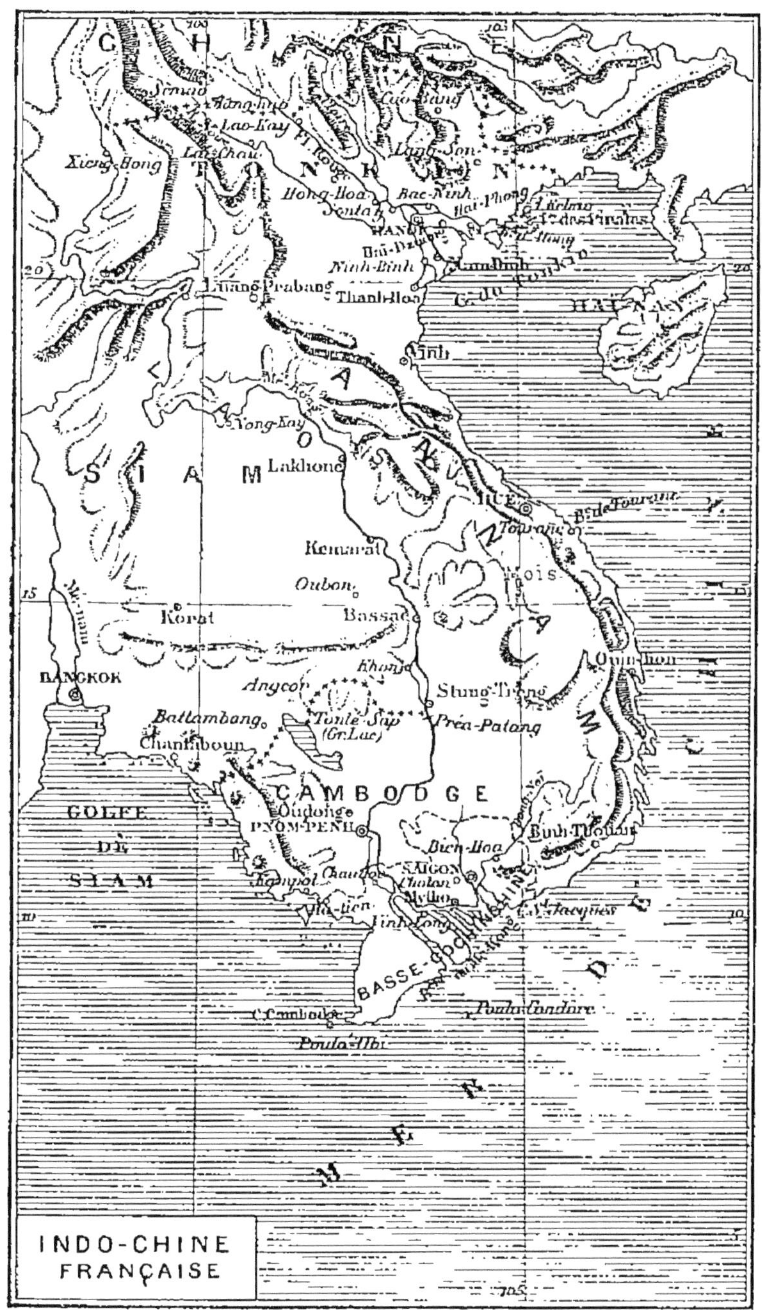

INDO-CHINE FRANÇAISE

2° La région des montagnes et des plateaux, si minutieusement explorée par la mission Pavie, est habitée par les **Moïs**, populations douces et pacifiques. Elle produit le coton, l'indigo, le tabac et le thé.

3° A l'ouest, les plateaux de l'Annam atteignent le Mé-kong, qui, sur plusieurs points, les franchit en formant de nombreux rapides. Les villes importantes ne se trouvent que le long de la côte.

Le Tonkin correspond à la vallée du **fleuve Rouge.** Issu de la province chinoise de Yun-nan, et formant des rapides qui ne sont pas assez dangereux pour arrêter la navigation, le fleuve, dont la vallée est limitée au loin sur les deux rives par des massifs montagneux, traverse d'abord une **importante région minière** (centre : **Mon-tse,** en Chine) avant de franchir la frontière entre **Mang-Hao** (douane chinoise) et **Lao-kay** (douane française). Puis il coule au milieu des forêts jusqu'à Hong-Hoa. Près de là aboutissent à droite, la **rivière Noire** (principal poste : **Laï-Chau**) qui ouvre une route vers Luang-Prabang; à gauche la **rivière Claire** sur laquelle **Tuyen-Quan** rappelle la belle défense du commandant Dominé. **Son-tay** est l'ancienne forteresse des Pavillons Noirs sur le fleuve Rouge qui se divise à **Hanoï** (100 000 habitants)[1], la capitale du Tonkin, entourée de riches cultures et de rizières.

Le Delta est la partie la plus fertile et la plus populeuse de tout le pays : couvert de rizières que traversent une multitude de digues, il présente l'aspect d'un vaste damier. Le fleuve se partage en une multitude de bras tous plus ou moins exposés à l'ensablement. Sur l'un d'eux, **Haï-phong** est le seul port du Tonkin, médiocre d'ailleurs, puisque les gros navires ne peuvent y arriver. **Bac-Ninh,** au nord du canal des Rapides, est situé sur la ligne de chemin de fer qui aboutit à Langson. Dans le Delta se remarquent encore les villes populeuses de **Nam-dinh, Haï-zuong** et **Ninh-binh.** Au delà du delta du fleuve Rouge, la **baie d'Along** est un excellent mouillage où l'on a projeté d'élever à Hone-Gay le futur port du Tonkin, qui serait placé près des mines de houille dont l'exploitation assurerait sa prospérité.

Pour répondre à l'occupation de Kiao-Tchéou par l'Allemagne, de Port-Arthur par la Russie, de Weï-Haï-Weï par

1. Ce chiffre de population est donné par l'Annuaire de l'Indo-Chine française.

l'Angleterre, la France a obtenu à proximité du golfe du Tonkin la cession de la baie de **Kouang-Tchéou** et l'autorisation de construire une voie ferrée reliant le Tonkin à Yun-nan-tsen (1898).

Langson et **Cao-bang** sont situés dans les montagnes, près des rivières dont les eaux vont aboutir dans le Tigre de Canton.

Le Laos, région disputée entre l'Angleterre, le Siam et la France, est traversé par le Mé-kong et ses affluents. Venu de la Chine par des sources demeurées inconnues jusqu'à ce jour, le Mé-kong, qui, en formant de nombreux rapides, coule sur des plateaux situés à des niveaux différents, réunit entre elles des régions très diverses d'aspect et de ressources.

Dans la vallée supérieure, **Xien-Hong** est le point d'arrivée de la Chine centrale et du Thibet; un peu au nord de la frontière chinoise, Semao est un marché assez important du Yun-nan, et Pou-Eurl produit un thé très estimé. **Luang-Prabang** (6000 habitants), situé sur la rive gauche du Mé-kong, en territoire français, près du confluent du Nam-hou et du Nam-chane, est la capitale du Laos septentrional. Des routes, relevées par la mission Pavie, permettent d'aller à Hanoï par le Nam-hou et la rivière Noire. Le commerce de cette ville, très déchue depuis sa destruction partielle par les Hos, en 1888, a abouti jusqu'à ces derniers temps à Bang-kok.

Dans la seconde partie du cours du Mé-kong, encombrée de rapides peu dangereux et que dominent des plateaux boisés, **Non-kay** est un marché important dont les produits (coton, benjoin, gomme, laque, soie, ivoire, peaux, tabac, etc.), au lieu d'arriver à Saïgon, leur débouché naturel, ont été longtemps dirigés sur Bang-kok, par Korat.

Entre Non-kay et Kemmarat, le Mé-kong, très large, est accessible aux bateaux à vapeur : c'est la région la plus riche et la plus peuplée du Laos. Au delà de Lakhone, le poste de **Savan-Nakek**, centre politique du Laos, communique par une route avec Quang-tri et Hué. **Kemmarat** est en relations avec Bang-kok.

La vallée du fleuve, au-dessous de ce point, est loin de présenter la même richesse, bien que les mines d'or d'**Attopeu** et le voisinage des provinces d'**Oubone** et de **Bassac** puissent servir à créer plus tard un courant commercial. **Bassac** est la capitale politique et le principal centre commercial du Laos méridional.

Près de l'**île de Khone** le Mé-kong est barré par une série de chutes qui, malgré toutes les tentatives faites depuis 1890, sont restées jusqu'à ce jour infranchissables. Dans la passe la plus praticable, le fleuve est embarrassé par sept lignes de rochers que recouvre à peine, parfois, une nappe d'eau de $0^m,80$ à $0^m,90$ de profondeur; la différence de niveau entre le bief supérieur et le bief inférieur du Mé-kong est d'environ 20 mètres. Camille Gautier a proposé de tourner ces rapides soit par un canal latéral, soit par un chemin de fer de 5 kilomètres, traversant du sud au nord l'île de Khone. Les paquebots des messageries fluviales de Cochinchine arrivent jusqu'au pied des chutes, au-dessus desquelles ont été transportés des bateaux à vapeur français qui pourront remonter jusqu'à Luang-Prabang.

Après Khone, le Mé-kong traverse des forêts noyées et la population disparaît jusqu'à **Stung-Treng**, qui est placé sur la rive gauche, près de la frontière du Cambodge. Au delà, les rapides de Préa-Patang ont été rendus navigables grâce aux travaux des lieutenants de vaisseau Réveillère, de Fésigny et Heurtel (1887-1889). Le Mé-kong reçoit alors, à Pnom-penh, capitale du Cambodge, la rivière Tonlé-Sap et se divise en une multitude de bras qui couvrent la Cochinchine française.

III. — Géographie politique

Gouvernement. — Jusqu'en 1887 les possessions de la France en Indo-Chine ont formé deux groupes comprenant, l'un, la Cochinchine et le protectorat du Cambodge, l'autre, le Tonkin et le protectorat de l'Annam.

Afin d'assurer l'unité de direction des services dans les différents pays, le décret du 17 octobre 1887 créa **l'union Indo-Chinoise**; celui de 1890 maintint le double régime de l'annexion et du protectorat; enfin le décret de 1898 fait de l'Indo-Chine une personnalité civile ayant son conseil, son budget et ses services unifiés pour les divers pays qui la composent. Un budget lui a été constitué et, pour aider le gouverneur général à l'administrer, on a fait du conseil supérieur de l'Indo-Chine réorganisé une assemblée consultative.

Les pouvoirs les plus étendus appartiennent à un **gouverneur général** civil, qui dépend du ministre des colonies et a, au-dessous de lui, un lieutenant gouverneur et des résidents supérieurs. Le gouverneur, disposant des troupes de terre et de mer stationnées en Indo-Chine, est responsable de la défense intérieure et extérieure de ce pays et préside le conseil supérieur par lequel il est assisté.

Un général de brigade commande le corps d'occupation, et un capitaine de vaisseau, la division navale de l'Extrême-Orient. La cour d'appel de l'Indo-Chine reçoit les appels de tout le pays : au-dessous sont des tribunaux criminels (avec le jury) et des tribunaux de première instance. Il y a deux missions catholiques, celle de la Cochinchine et celle du Cambodge.

Les mandarins sont surveillés par le **résident supérieur** et par les résidents.

Le Cambodge et l'Annam ont conservé chacun leur souverain que surveille également, dans chaque pays, un résident supérieur.

Populations. — Evaluée à environ **23 millions d'habitants**, la population appartient à **deux races** distinctes : les **Annamites** et les **Cambodgiens.**

Les Annamites, qui habitent la Cochinchine, l'Annam et le Tonkin, se rattachent à la race jaune. De petite taille, maigres et d'apparence faible, ils sont doux, capables de progrès, courageux, mais en général ignorants, craintifs, menteurs et frivoles ; la langue annamite est monosyllabique. Tandis que les lettrés observent la doctrine de Confucius, le peuple pratique le culte des ancêtres.

Les Cambodgiens, dont le teint rappelle celui des Malais, descendent des Khmers dont les ruines grandioses, qui subsistent dans les forêts, rappellent la merveilleuse civilisation. Leur religion est généralement le bouddhisme.

Les Chinois, habiles commerçants et travailleurs infatigables, sont nombreux dans l'Indo-Chine, surtout à Cholon, à Saïgon et au Tonkin.

La région montagneuse est habitée par des tribus sauvages fort douces dont les principales sont les **Moïs**, dans l'Annam, et les **Muongs** au Tonkin, sur la rivière Noire.

Les **colons européens** sont encore peu nombreux.

IV. — Géographie économique

Climat. — Située dans la zone torride, l'Indo-Chine ne pourra devenir une colonie de peuplement; son **climat**

chaud et humide est, surtout dans les deltas du Mé-kong et du fleuve Rouge, malsain pour les Européens.

Dans la Cochinchine et le Cambodge il n'y a que deux saisons : la saison des pluies et la saison sèche. La température varie entre 20° et 36°.

Dans l'Annam, le climat, chaud sur les côtes, est beaucoup plus tempéré et plus salubre sur les plateaux.

Le Tonkin a quatre saisons qui rappellent celles d'Europe, mais avec une durée parfois un peu différente.

La **température**, qui varie entre 14° et 31°, présente à Hanoï une moyenne de +24° ; mais le delta, bien que formant la partie la plus peuplée, est moins salubre que la région intérieure.

Les maladies à redouter sont, pour les indigènes : la variole et le choléra ; pour les Européens : les insolations, les ophtalmies, la dysenterie, les maladies de foie et les fièvres.

Agriculture. — **La fertilité des terrains d'alluvions dans** les deltas des fleuves supplée aux procédés encore très primitifs de la culture.

Le **riz**, dont la production pourrait être beaucoup plus grande, prospère partout et constitue la plus grande partie des exportations.

L'Indo-Chine française produit encore la canne à sucre (au Tonkin), le coton, le tabac (dans les régions d'alluvions), la cannelle (dans l'Annam), le café et le thé (sur les plateaux). Des **forêts**, dont plusieurs sont déjà exploitées (près de Vinh), fournissent le bambou, les bois de tek, de fer, de rose et d'ébène.

Industrie. — Entre le Tonkin et le Yun-nan s'étend une vaste **région minière**, à peine exploitée.

L'**or** se trouve dans la vallée du Fleuve Rouge (Lao-Kay) et dans celle de la Rivière Noire (pays des Muongs) ; l'**argent**, dans la province de Than-Hoa ; le **fer**, dans le Yun-nan, au Tonkin et au Cambodge ; le **cuivre**, dans tout le Tonkin ; l'**étain**, à la frontière du Tonkin et du Yun-nan et dans cette province chinoise.

Les ingénieurs Fuchs et Saladin ont constaté la présence **d'énormes gisements houillers** parmi lesquels ceux de **Kebao**, de **Hone-Gay**, de **Tourane**, situés près de la mer, sont aujourd'hui exploités ; l'essai industriel de ces charbons a donné les meilleurs résultats.

L'**industrie**, peu active encore, comprend l'exploitation

des forêts, la fabrication du sucre, les industries indigènes des nattes, de l'orfèvrerie et des incrustations dont les produits sont exportés sur Saïgon et Hong-Kong. D'importantes pêcheries sont installées à l'embouchure des fleuves et sur le lac Tonlé-Sap.

Commerce. — De belles routes ont été construites dans la Cochinchine. L'ancienne **route royale ou mandarine** conduit de Mytho en Chine par Saïgon, Bien-Hoa, Hué, Hanoï, Bac-Ninh et Langson.

La **Compagnie des messageries fluviales de Cochinchine** dessert le Mé-kong inférieur jusqu'aux chutes de Khone. Au Tonkin, des **services réguliers de vapeurs** ont été établis de **Hanoï à Lao-kay.**

Les lignes de chemins de fer exécutées sont celles de Saïgon à My-tho et de Hanoï à Langson. Un emprunt a été conclu en France pour construire un vaste réseau de voies ferrées dont les premières à construire sont celles de Ha-noï à Haï-phong et de Ha-noï à Yun-nan-tsen.

Saïgon est desservie par les **navires de la Compagnie des Messageries maritimes**, qui vont de Marseille à Yokohama. Une ligne secondaire fait communiquer Saïgon et Haï-phong par Tourane.

Le commerce de l'Indo-Chine française a grandi depuis 1898 dans des proportions considérables ; de 471 millions de francs en 1900, il était passé à plus de 500 millions en 1902, mais a diminué dans d'assez fortes proportions. La part du commerce français, qui était jadis très faible, a beaucoup augmenté depuis 1898.

L'Indo-Chine a donc réalisé de sérieux progrès.

La Cochinchine et le Cambodge exportent le riz, le poisson salé, le poivre, les peaux, l'indigo, les plumes, l'ivoire, les bois ; ils importent les métaux et les outils, le thé, les huiles, les farines, la houille. Saïgon est le débouché du commerce du Cambodge.

L'Annam et le Tonkin exportent les produits des mines, le riz, le thé, les étoffes, les meubles incrustés, les bambous, la cannelle. Ils importent le thé, les tissus anglais, la mercerie, la verrerie, la parfumerie d'Europe, l'opium de l'Inde et de la Chine, etc. Le commerce du Tonkin dépasse 110 millions de francs.

Le **Tonkin** est surtout important comme **pays de transit** : aussi le commerce de Hanoï avec le Yun-nan, par la vallée du Fleuve Rouge, augmente chaque jour.

Quant au **commerce du Laos** (24 millions environ) qui, jusqu'à ces derniers temps, aboutissait à Bang-kok, la France cherche à l'attirer soit vers Saïgon, soit vers les ports de l'Annam, ses débouchés naturels, et dès 1897 ces efforts ont commencé à produire d'heureux résultats.

L'Indo-Chine française, la plus peuplée de nos colonies, a donc un grand avenir commercial, et sa prospérité se développera quand la France aura complètement confisqué à son profit le trafic avec le Yun-nan et les provinces méridionales de la Chine.

V. — Les colonies françaises en Océanie.

La France possède, en Océanie, des îles et des archipels moins importants par leur étendue (25 000 kilomètres carrés) et par leur population (90 000 habitants) que par la facilité de leur colonisation et par leur situation maritime.

1° Nouvelle-Calédonie et dépendances.

Découverte par Cook (1774), la **Nouvelle-Calédonie** fut occupée par la France en 1863, et remplaça, à partir de 1864, la Guyane comme colonie pénitentiaire.

Orientée du nord-ouest au sud-est, très allongée[1], mais très étroite, l'île est trois fois grande comme la Corse. A l'intérieur s'élèvent des massifs montagneux (**Pic de Humboldt**, 1650 mètres), d'origine volcanique, entre lesquels s'ouvrent des vallées étroites sur la côte orientale, plus larges sur la côte ouest. La principale rivière est, au nord, le **Diahot**. L'île est complètement entourée d'une ceinture de récifs madréporiques, coupée de passes et qui préserve de la houle du large cette sorte de mer intérieure très calme, qui fait le tour de l'île.

Nouméa, situé sur une rade très sûre que ferment une presqu'île découpée et l'île Nou, est la capitale de la colonie.

1. Longueur de la Nouvelle-Calédonie : 75 lieues ; largeur : 13 lieues.

A la Nouvelle-Calédonie se rattachent l'**île des Pins** et les **îles Loyalty**. Les **Nouvelles-Hébrides**, un moment occupées par la France, en 1886, ont été évacuées par elle sur la demande de l'Angleterre et, par une convention, les deux puissances se sont engagées réciproquement à respecter l'indépendance de cet archipel.

Le gouverneur est assisté d'un conseil privé et d'un conseil général élu.

La **population** de la Nouvelle-Calédonie et de ses dépendances est de près de 63 000 habitants; les indigènes, appelés Canaques, appartiennent à la race nègre.

Malgré sa latitude, la Nouvelle-Calédonie a un **climat très salubre**; les chaleurs de l'été sont tempérées par la brise du sud-est; mais l'île a parfois à subir de terribles cyclones.

Les principales **productions agricoles** sont le maïs, le coton, la canne à sucre et le tabac. Les forêts contiennent le caoutchouc, le bambou et le bois d'ébène. On élève des bœufs et des chevaux importés d'Australie.

La Nouvelle-Calédonie a des **mines** de cuivre, d'or, d'antimoine, de chrome, de cobalt. Il existe des gisements houillers, peu exploités. La principale production minière est celle du **nickel**, qui est fondu dans les hauts fourneaux de Nouméa. Mais, depuis quelques années, l'exportation des minerais a diminué.

Les routes à l'intérieur sont insuffisantes. Nouméa est uni par des **services de paquebots** avec l'Australie, avec Marseille et avec Saïgon. Des vapeurs desservent tous les points importants de la côte de l'île. Enfin un **câble sous-marin** va de Nouméa à Brisbane, rattachant ainsi la Nouvelle-Calédonie à la France.

Le **commerce** dépasse 18 millions; les exportations se composent de minerais, de peaux, de laines; les importations consistent en tissus, objets manufacturés, machines, vins et objets d'alimentation.

2° Taïti et dépendances.

Découvertes par Wallis (1767) et visitées ensuite par Cook (1769), qui leur donna le nom qu'elles portent en l'honneur de la Société de géographie de Londres, les **îles de la So-**

ciété se composent de deux groupes : les îles du Vent (Taïti, Moroëa) et les îles Sous le Vent.

Iles du Vent. — Taïti. — Placée sous le protectorat français en 1842, **Taïti** a été annexée en 1880.

Elle est formée de deux parties réunies par l'isthme étroit de Taravao; à l'intérieur s'élèvent de hautes montagnes (**Pic d'Orohena**, 2240 mètres), d'où descendent de nombreux torrents aux inondations parfois dangereuses. La population est concentrée sur les côtes, qui présentent des abris très sûrs : **Papeïti**, la capitale, est un bon port sur la côte septentrionale et le centre du commerce.

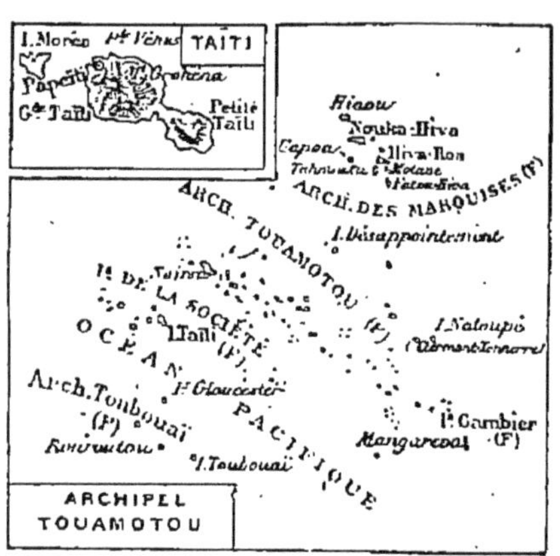

Les **décrets de 1885** ont institué un gouverneur, assisté d'un conseil privé et d'un conseil général des établissements de l'Océanie.

La **population** de Taïti, qui a légèrement augmenté depuis vingt-cinq ans, est d'environ 11000 habitants, dont 1700 blancs : les Taïtiens, qui forment une belle race, sont doux, peu travailleurs et avides de plaisirs.

Le **climat** de Taïti est tempéré (température moyenne + 24°) et très salubre; les pluies tombent abondamment pendant les mois de novembre, décembre et janvier.

Les **seules cultures importantes** sont le coton, la canne à sucre, le cocotier et la vanille. Dans le domaine assez vaste d'Atimaono, on élève le bétail.

Il n'existe, comme **industries**, que quelques usines à sucre, des usines à égrener le coton et pour la préparation de la fécule de coco, deux brasseries et une distillerie.

Le **commerce** est d'environ 9 millions et demi, mais il est fait principalement par les Allemands, les Américains et les Anglais.

Iles Sous le Vent. — La principale des îles sous le Vent, **Raiatéa**, possède un très bon mouillage; malgré la convention de 1847, par laquelle la France et l'Angleterre s'interdisaient réciproquement l'occupation de ces îles, l'archipel a été, en 1887, annexé à la France avec le consentement de l'Angleterre.

3° Autres possessions françaises en Océanie.

Les îles **Marquises**, découvertes par l'Espagnol Mendana (1595), ont été une première fois proclamées possession française par Marchand, qui les appela **archipel de la Révolution** (1791), et définitivement annexées par l'amiral Dupetit-Thouars (1842).

Ces îles sont montueuses et volcaniques; la principale est **Nouka-Hiva**, qui offre de bons mouillages. Les habitants, au nombre d'à peu près 5000, sont doux, indolents, et ont été convertis au catholicisme. Le commerce, qui est évalué à 2 millions, se fait uniquement avec San-Francisco (exportation de nacre, de poisson salé, de tabac, de laine, de cocos, bananes, oranges, etc.).

La France possède encore plusieurs groupes d'îles annexées à diverses époques et dont l'importance grandira quand sera ouvert un canal à travers l'Amérique centrale. Ce sont les **îles Wallis** (1842), l'archipel **Pomotou** ou îles Basses (1859), les **îles Gambier** (protectorat en 1844; annexion en 1881), les **îles Toubouaï** (1882), les **îles Fotouna** (1887), enfin les petites îles **Saint-Paul** et **Amsterdam** (1892).

TABLE DES MATIÈRES

LIVRE PREMIER. — Géographie physique.

LIVRE II. — Statistique.

LIVRE III. — Géographie économique.

LIVRE IV. — Les colonies françaises.

TABLE DES CARTES ET CROQUIS

TABLE DES GRAVURES

SAINT-CLOUD. — IMPRIMERIE BELIN FRÈRES.

www.ingramcontent.com/pod-product-compliance
Ingram Content Group UK Ltd.
Pitfield, Milton Keynes, MK11 3LW, UK
UKHW021059220726
13924UKWH00005B/2152

9 782019 911331